黄艺

公考面试全题型精讲

黄芳 著

清華大学出版社
北 京

图书在版编目（CIP）数据

公考面试全题型精讲 / 黄芳著 . -- 北京 : 清华大学出版社 , 2024. 7. -- ISBN 978-7-302-66577-9

Ⅰ . D630.3-44

中国国家版本馆 CIP 数据核字第 202436811Y 号

责任编辑：顾 强
封面设计：周 洋
版式设计：方加青
责任校对：宋玉莲
责任印制：刘海龙

出版发行：清华大学出版社

网 址：https://www.tup.com.cn，https://www.wqxuetang.com
地 址：北京清华大学学研大厦 A 座 邮 编：100084
社 总 机：010-83470000 邮 购：010-62786544
投稿与读者服务：010-62776969，c-service@tup.tsinghua.edu.cn
质 量 反 馈：010-62772015，zhiliang@tup.tsinghua.edu.cn

印 装 者：三河市东方印刷有限公司
经 销：全国新华书店
开 本：170mm×240mm 印 张：16.25 字 数：333 千字
版 次：2024 年 7 月第 1 版 印 次：2024 年 7 月第 1 次印刷
定 价：78.00 元

产品编号：101875-01

此书献给我的妈妈
我此生最爱的人

前言

FOREWORD

在公考（指公务员考试）竞争日趋白热化的今天，进面[1]变得越来越不容易。2024年国考（指国家公务员考试）平均录取率仅为1.75%，在可预见的将来，这一趋势会越来越明显。因此，每一个在笔试中突出重围的人都优秀到发光。

进面不易，要非常认真地对待。进面后到面试前的这1～3周（因不同报考单位而异），或短或长，一定要抓住，全力以赴。无论你是努力备考之后进面，还是草草准备就进面，都要把这当成你公考路上唯一一次进面的机会去对待。只有这样，你才能孤注一掷，才不会去计较付出收获比。专注公考教学以来，我见过太多既优秀又努力的学生，如果不是零距离接触，你很难想象他们的努力程度。真的是那句话：越优秀，越努力；越努力，越优秀。

摆正了心态，我们再来谈如何备考。知道你的时间很宝贵，所以我们长话短说。

在这个信息爆炸的时代，我们虽然不缺学习资料，但是太多的资料未必是好事情。资料太多一方面增添了我们甄别选择的成本，另一方面增加了我们的试错成本。从收到进面通知到考试，往往只有两三周的时间。很多单位，比如外交部，基本只有一周的时间。选错资料，几乎没有重头再学的时间和机会，几乎就等于错失了宝贵的机会。你可以轻松地买到上千道真题、上百本书，但很遗憾，你看不完，即使看完，无章法地学习也只会收效甚微。那如何精准高效备考？相信这本书一定能帮到你。

一、进面了，真正的竞争才刚开始

很多同学面试考场上败北后，才真正意识到：原来进面和上岸[2]是两回事。进面之后，真正的竞争才刚开始。

---

① 进面：进入面试。

② 上岸：考上公务员的一般说法。

公考笔试的竞争比其实有迷惑性。无论是 100∶1 还是 1000∶1，真正和你竞争的，就是那前 10% 左右的选手，而进入面试后，每一位竞争对手，你都得认真对待。他们同你一样，都非常珍惜这次宝贵的进面机会，也都铆足了劲背水一战。所以，面试才是一场真正的强者之间的较量。

公考面试，从最初的占总成绩 40%，到占比 50%，重要性愈加凸显。但这其实只是表面，面试的重要性远不止这 50%。比起笔试，面试拉开分差的可能性更大。一些有专业加试的岗位，面试更是一场重新洗牌。虽然一般情况下，专业能力测试的成绩一般不会超过总成绩的 15%，但这 15% 往往是谁能最终上岸的决定性因素。

这一点在国考部委面试中尤为明显。现在非常多的部委，只会公布最终录取结果，不会公布笔、面试综合成绩排名情况。其实这完全能够理解：笔试考查的是考生的智商，对考生的综合能力进行了初步的筛选；而用人单位亲自组织、参与的面试，才能真正帮其选拔出最适合自己单位的人才，用人单位对面试的看重，自然要高于笔试。

所以，记住这句话，笔试成绩只是一张入门券，面试才是重新洗牌。你进面的名次如何，其实并没有那么重要。如果你是笔试第一进面，切不可掉以轻心，要记住每年面试逆袭的人大有人在；如果你是压着面试线入围的，也要坚定信心，背水一战，要知道你和所有的进面者站在同一起跑线上。

二、为什么我每次面试都是第一名？

这里有必要说下我自己的公考经历，现在回想起来，感觉遥远又清晰。遥远是因为我第一次参加公考距今已经快 10 年，清晰是因为这几年在陪伴各种各样考生的过程中，将考公之路重新走了一遍又一遍。

第一次接触面试还是 2013 年。先是以应届毕业生的身份参加了国考、北京公务员考试、天津市公务员考试，三次考试都没有进面。痛定思痛，蛰伏后厚积薄发，后面再参加的甘肃省委组织部选调生考试、河北省考、市直机关遴选、甘肃省考、重庆市考和中央部委（外交部）面向全国遴选，竞争比从最高的 980∶1 到最低 139∶1，场场考试的笔试和面试成绩都是第一名。从那以后，在考公这条路上，我就像“开挂”了一样，成了周围人眼里无敌的存在。

于是，我就莫名其妙成了所有人心中眼中的“考霸”。紧接着，一传十，十传百，好多人来找我辅导考公（笔试、面试都有，但这本书专讲面试），也很奇怪，一辅导一个准，场场面试第一。那时真的切身体会到了，学生对我沉甸甸的信任，换来的是一家几代人能持续最少一年的欣喜与满足。那种充实和满足感，难以言表。也正是这样，我才机缘巧合地走上了专门的公考教学之路。

这么多年来，无论是作为曾经的面试者、面试考官，还是作为现在的面试辅导者，如果你问面试带给了我些什么，我可能一时回答不出来。但回头看去，我惊奇地发现，我的成长之路和面试之路基本吻合。两条看似完全不相关的轨迹，却呈完美的并行上升趋势，互相陪伴左右。

10 年前还未接触面试时，我从一个偏远落后的西北小镇去北京读书。那时我见到陌生人会紧张，在班级发言时会紧张到双腿颤抖，说一句话都要在心里打半天草稿，还说不利索。接触面试学习的 10 年后，我在任何场合发言，都不会露怯。我经历了各种各样的国家级和世界型大场面，为挪威国王和王后、新加坡副总理、尼泊尔副总统等多位外国政要访华期间做过贴身翻译。很多人说我身上有种气质，有气场，看了就让人舒服镇定。我不知道是否如此，但我能确定的是，现在，即使再大的场面，我都不会胆怯。而这些变化，正是从我在当初备考面试，敢于对着别人说出第一句话开始的。从这一点来说，面试真的改变了我。

当然，曾经的经历如今说起来云淡风轻，但要知道，在你眼中别人的毫不费力，却藏着别人的十分努力。你只看到我考试次次轻松第一，却没看到我之前连续三次的失败；你只看到我上岸后的轻松与惬意，却没看到我全部的公考复习资料垒起来超过两个成年人的身高。不要把自己的第一阶段和别人的第三阶段比较。回头再看，我才发现，我真正“上道”的时候，就是我放下走捷径的心思，肯踏实努力的时候。真希望我能早点知道这些。面试学习，容不得虚和假。当你放下急功近利、投机取巧的心思的时候，你的面试复习之路才真正开始。

三、不懂这些，面试学习再努力也是白搭

在正式开始面试学习之前，你可以花一分钟时间，记下我特意为你总结出的这十六个字，用这样的心态，开启你接下来的学习之路。那就是：沉下心来，厚积薄发，返璞归真，享受交流。

沉下心来。面试准备时间短，大家的心态普遍焦躁不稳，总想着用最短的时间获得最好的效果（当然这也无可厚非）。现在社会中有不少急功近利者，反映

到面试备考中，举个例子，就是连逐字稿都沉不下心来一字一句地认真去看，拿到题目都不愿认真动脑思考，却想快速得高分。凭什么呢？

当然，说这些并不是让大家不要追求高效，不去在乎结果。世界的运行遵循由量变到质变的规律，大自然的法则是春播秋收，极少有事情是立竿见影的，所以我们更要沉下心来，不要自认为聪明地企图走捷径。学习中，最聪明的人，是舍得下笨功夫的人，面试学习同样如此。面对公考面试这种决定人前途命运的考试，谁都会焦虑，这个时候，你能早一日沉下心来，摆正心态，你学习的效果就比别人好一天，你战胜对手的可能性就又会大一分。

所以，多点钝感力，少点玻璃心；多点实干，少点精神内耗；多点踏实认真，少点算计。我们骗得了自己，也骗得了别人，但唯独骗不了因果关系。结果往往最不会亏待你。

厚积薄发。对于面试备考，“积累”和“准备”这两个词太过重要。有一句话我会在这本书中反复地提到，那就是：做到你能提前做到的一切。面试中，一切超常发挥，皆因有备而来；一切完美表现，皆因日日练习；一切出其不意，皆有律可循。

面试是一场细节与细节的极致较量，决定你前途命运的，往往就是小数点后那微小的一两位。准备充分一点，你上了考场后的自信就会多一点，慌乱就会少一点，你上岸的胜算就会大一点。备考时举轻若重，在考场上才能举重若轻。加强日常的积累，在这短暂的复习期内，把回答面试题目当作你下意识的一个行为去养成。

返璞归真。面试中所有的题型都可以被分为两大类，即问“怎么看”和“怎么做”的题目，而所有问“怎么看”的题目，最后也都要落脚到“怎么做”上。所以答好面试题目的底层逻辑其实很简单，就是实实在在地解决好题目中的问题。

既然要解决问题，就要认真去思考如何解决，但多年的一线教学经验让我发现，太多人用力去学的，反而是如何逃避思考，沉溺于各种套路、技巧中无法自拔。其实这也怪不得同学们，“速成”的噱头到处都是，如何能教人不动心。但这完全背离了面试考查的本质。我们被误导丢掉了最本真的东西，丢掉了我们迎接面试挑战最大的秘密武器，那就是去解决题目中问题的真诚和能够很好解决问题的能力，而把过多的精力放在那些层出不穷的花架子上，本末倒置，南辕北辙。

时尚是一个轮回，面试也是。“抖机灵”的答题方式早已行不通，面试考官们也早已经练就了火眼金睛，执迷不悟的结果只能是抱憾落榜。现在，的确到了我们该返璞归真、回归面试本质的时候。这本书教你的底层逻辑之一，就是如何回归面试本质。

享受交流。面试的本质是交流，想要对竞争对手形成降维打击，就要抽离出面试来看面试。心向善，眼向远，学习面试不仅是为了考试上岸，也是全面提升自我的一个绝好机会，是正式步入工作岗位前的一场强化训练。其实这一点，和返璞归真有共通之处。既然面试的本质是交流，那最高最佳的答题状态，就是自然且真诚，要学会做自然真诚的表达者，享受与考官的交流，期待与考官分享你的见解。一旦进入这种状态，与这场考试有关的一切，都会在你的眼里变得可爱起来。你会从内心享受这种考查，你的这种发自内心的不排斥，考官看得见，也感受得到。

四、这本书用心学，成绩提升至少5分

很多同学可能会有这样的疑问：读完这本书后能获得什么样的效果？我可以认真负责地说：跟着这本书用心学，你的成绩在现有基础之上提高 5 分，不是问题。5 分在面试中意味着什么，懂的人都知道：那是云泥之别，是上岸与落榜两重天，是人生方向就此改写。之所以敢这样说，是因为这本书自身的特质和写作前期学员的反馈。除“讲练结合，层层深入，循序善导”这些基本方面，它还具有如下特点。

第一，方法落地，一学就会，全都用得上。我见过很多这样的公考面试老师，讲课时文采飞扬，但是学生的面试成绩就是不理想。原因其实也很简单：讲的答题原则、方法、技巧并不实用。讲课的目的是讲课漂亮，凸显自身实力，而不是让学生用得着，本末倒置，只能是花架子。所以，这本书里讲到的所有方法与技巧，都以实操性为前提标准，让你学得快，在答题中用得上，用得顺手，能提分。

第二，深谙面试本质和底层逻辑，返璞归真。这本书不光给你“术”的指导，也让你有“道”的领悟。它不会教你如何在面试中投机取巧，而是教你如何脚踏实地，回归面试本质。学习中，最大的投机就是不投机，面试学习同样如此。相信读完这本书后，你对这句话会有更深的理解。短时间内取得质的提升和钻空子这两件事从来不画等号，同样，快速提高和稳步踏实这两组词也并不矛盾。我不让学生有投机心态，一是因为这等于让学生拿着宝贵的进面机会去赌

博，二是我发现，我的每一位学生上岸成功之时，都是在他们放下走捷径的心态，肯踏实去做之后，次次如此，无一例外。

第三，沉浸式、系统化学习。碎片化阅读害人不浅，碎片化学习同样如此。碎片化学习只是“看上去很美”，感觉知道了很多，但若问懂了什么，却什么也说不出来。这本书涉及公考面试的方方面面，涉及公考面试中的5大类所有题型，从基础理论到答题低分雷区、拔高技巧再到出彩方法，由浅入深，进行全面体系化的深入讲解，帮你扎扎实实打好学习的基础。基础打得牢固，决定了你后续提升的上限。读完这本书，你的脑海中会有一幅完整清晰的面试脉络图，知其全貌，更懂其细节。

第四，花最短的时间，用最少的精力，解决最重要的问题。这本书分类明确，为问题导向型布局。无论你处于学习的任何阶段，无论是初学者，还是有学习基础的人，打开这本书的目录，都能一眼精准找到你最需要的章节，解决你自身最亟须解决的问题。备考中，可以时不时地回头翻翻这本书，随时对照、解疑、检查、复盘。对考生来说，备考的时间无比宝贵，怎么利用这段时间，决定了你会有怎样的面试结果。所以，这本书就是要让你花最短的时间，用最少的精力，来解决面试学习中最关键的问题，这也是这本书的写作初衷之一。

第五，语言简练，读起来省时省力。语言的简练来自内心的真诚，这是我在英国读书期间，写的论文被导师批评得体无完肤后的一个深刻感悟和教训，也是我之后写作坚持的一个原则。这本书在写作中尽量做到简洁：能用一句话解释清楚的内容，绝不用一句半；能少用一个字，绝不多用一个字。这样一来读起来省时，二来能提高读者的消化吸收率。这同样服务于这本书唯一的写作初衷，就是帮到你。

最后想嘱咐你的是，备考时举轻若重，真正上了考场才能举重若轻。记住一切超常发挥，皆因有备而来；一切完美表现，皆因日日练习；一切出其不意，皆有律可循。

总之，去学去练吧，狂练。心怀虔诚，要相信你进面不仅是因为努力和实力，也有运气使然，好运不常有，所以不要辜负这份运气。进面不易，这一宝贵机会，应该牢牢地抓在自己手里。

人生没有白走的路，行者常至，为者常成，你定能心想事成，过上自己想要的生活！

C O N T E N T S

第一章

10分钟快速了解公考面试

公考面试一般采取结构化面试的形式，即要求考生在规定的时间内回答规定的问题，并且所有考生的题目相同。考官通过答题情况对考生的综合能力进行评价评分，并作为最终是否录取的关键依据。考试中，一般情况下，考官和考生之间无互动，考官是纯粹被动的观察者，考生是纯粹的被考察者。考试时间一般为十五至二十五分钟，题量为三至五题。

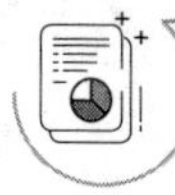

一、面试流程及规则

面试当天的基本流程。

首先是资格审查。按招考单位要求提前抵达考场，工作人员会依次核实考生的身份证、笔试准考证、面试准考证等相关文件。

然后是准备抽签。工作人员会组织抽签确定答题顺序，并根据考场指示考生到相应的候考室等待。轮到考生要面试时，引导员会引导其进入考场。进场后，考生要走到考生席向考官问好，一般需要报自己的考试顺序号，等考官下达“请坐”指令后落座。落座后，考官会宣读引导语，介绍考试注意事项，宣读完毕后开始计时。

答题结束后，考生要按照考场指示，退场到候分室候分。考官打分，交记分员统计、监督员审核后，进行成绩单打印。面试成绩当场就会出，考生签字确认后便可离开考场。

简单来说，流程如下：第一，面试报到及抽签；第二，候考；第三，进入考场；第四，主考官读引导语；第五，答题；第六，听分签字；第七，离场。

答题的一般流程

基本流程：敲门，入场，问候考官，鞠躬，开始答题，答题完毕致谢退场。具体示范如下：

考生向考官问好：“各位考官好，我是 ×× 号考生。”

考官向考生问好：“你好，请坐。”

考官讲读考试规则，询问考生是否准备好答题，考生回答“准备好了”，计时员开始计时。

如为听答题形式，考官提第一个问题，考生可以边听问题边做笔记（可能会有题本发放），并在草稿纸上简要列出答题要点，思考结束后作答；答完第一题后，考官继续提第二个问题，考生依次回答剩余题目。

如为视答题形式，一般情况下，工作人员会将印有全部题目的题本一次性发给考生，考生思考完毕之后，开始集中作答。

答题完毕，考官感谢考生参与，请考生离场。

考生起立，向考官表示感谢，鞠躬，放回板凳，离场。

当然，这只是一些相对常规的流程，目的是让大家对答题流程有一个基本的认识。具体情况，根据参加考试的不同，可能会有相应的变化。

面试最终得分的计算

在岗位无专业加试的情况下，考生只需要参加公共结构化面试，综合成绩计算方法为:（行测＋申论总成绩）÷2×50%+ 面试成绩 ×50%。即一般情况下，面试占总成绩的 50%。如岗位有专业加试，专业加试一般占到总成绩的 15%，具体因各单位而异，考生需提前了解清楚。

二、考官的组成及其打分算法

考官小组一般由 5 ～ 9 人组成，组长为主考官。考官包括组织人事部门工作人员、各同级行政机关抽调人员、单位抽调专家学者、招考单位人员。考官组成中，职务级别、年龄、学历、专业知识、男女比例都是考虑要素。

考场全部工作人员，以 7 人考官组为例，一般包含 7 位考官、1 位计时员、1 位监督员、2 位计分员、2 位引导员，共有 13 人。考官组成员负责测评，其他人员为场内工作人员，对面试过程不加以影响。考官组中设主考官 1 名、副主考官 1 名，提问由主考官或副主考官进行，如无特殊情况，其他考官一般不提问。追问环节除外。

考官所打分数的计算

考官组成员所打分数中，去掉一个最高分，去掉一个最低分，其余分数相加取平均值。所以，对于考生来说，每位考官同等重要，每位考官都要兼顾。

三、结构化面试的评分标准

结构化面试的评分标准比较多，包括：表达准确，简洁大方，层次条理清晰，逻辑性强，思维面广，观点有深度和广度，自信务实，计划组织能力强，处理问题及沟通方法得当，心理素质佳，情绪稳定等。

但是考官手里一般没有所谓的标准答案，只有一个简单的评分标准，比如此题主要考查考生的综合分析能力、此题主要考查考生的组织能力等。想要得到高分，答题就需要符合考官的思维方式、即政府工作人员的思维方式，和考官产生共鸣。需要重点指出的是，有新意，能够答到其他考生答不到而又没偏题的内容是重要加分项，这就叫新而不偏。

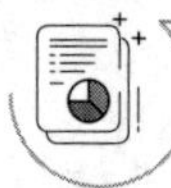

四、考题的类型

面试一般有五大类题型：综合分析类、计划组织类、情景应变类、人际关系类、新颖类题目（如漫画、演讲类）。其中，综合分析类必考，是重中之重；计划组织类题目基本会考，情景应变类和人际关系类考的概率会小一些，但有的时候会合二为一地考，即考查如何在应急状态下进行沟通。

五大类题型有哪些具体分类?

- 综合分析类主要包括社会现象类、政策理解类、领导人讲话类、警句寓言故事类、辩证观点类等。
- 计划组织类主要包括调研类、宣传类、会议类、培训类、接待类、比赛类、专项整治类等。
- 情景应变类主要包括压力冲突问题、日常工作难题处理、公共危机处理等。
- 人际关系类主要是与领导、与同事、与下属、与群众在工作场景中的沟通交流。
- 新颖类题目，一般包含漫画类、演讲类、讲故事类及其他。

以上就是对公考面试的一个基本介绍。从第二章起，我们开始学习具体的面试题目。我会就考试中的所有题型，阐述基础理论、深度认知、答题低分雷区、高分技巧、高分答案示范剖析、低分答案分析等各个方面，由浅入深，展开详细深入的讲解，让你体系化、沉浸式地学习，快速突破，在面试中取得高分。

第二章

人际关系类题型

公考面试中，综合分析类、计划组织类及人际关系类，是以往考查频率最高的三种题目类型。人际关系类题目设定一般都是基于现实的工作场景，来考查在实际工作中，在存在多个人际矛盾主体的情况下，考生处理矛盾冲突、建立关系、说服与影响他人、团队合作与协调，以及倾听与沟通的能力。比如：

1. 业缘关系包括上下级、同事、师生、学校同门；趣缘关系是什么，包括兴趣爱好、驴友等。请结合年轻人的成长和发展，谈谈你的理解。（2024 年浙江省考面试真题）

2. 小张跟小李是同一个单位同一个部门，小李表现一般却被调走了，然后在新部门进步很快。小张表现很好，也想去调去新部门却没被调走。对此你有什么看法？（2024 年山东省考面试真题）

3. 现在要举办高质量发展专题推进会，你要安排单位人员参加活动。有几个同事发表了不同意见。财务部：预算不够，参观人员那么多，会打破工作节奏。规划部：没什么意义，有什么好去的，到时候你们弄好了通知我部门人员就可以了。你作为负责人，怎么和他们沟通，请进行情景模拟。（2024 年江苏省考面试真题）

这一章节，我们就来系统学习下这类题型。

一、面试中的情商凸显时刻

对于很多没有过体制内工作经验，尤其是仍身处校园的应届毕业考生来说，备考人际关系题时既无思路又无方向，茫然不知所措。其实，人际关系题是公考面试中最有趣也最有规律可循的一类题目。为了答好人际关系题，我们首先要足够了解它，这就不得不提它在公考面试中的独特性与重要性。

要彻底明白人际关系题在公考面试中的独特性与重要性，我们需要明白以下两个问题：公考面试中，为什么要设置人际关系题？人际关系题考查的目的和意义是什么？这两个问题的解决，不仅会让你对人际关系题有一个全新的认识，更能帮助你在后续复习中沿着正确的方向行进。

（一）为什么要考人际关系题？

1. 机关单位中，人际关系是第一必修课

美国的戴尔·卡耐基说过：“一个人事业的成功，只有 15% 要靠他的专业技术，另外的 85% 要靠人际关系和处世技巧。”在西方文化中，人际关系是最稀缺的商业资源；而在中国哲学里，人际关系就是生产力。实际上，体制内人际关系的重要性比以上说法还要更胜一筹。为政之道，在于用人；为政之妙，在于沟通。

体制内的人际关系究竟有多重要？这里给大家举一个非常普遍的真实例子。在机关单位工作的朋友，经常遇到类似这样的状况：A 的能力还不错，就是得不到提拔；而 B 的能力很一般，却被提拔了；A 和 B，能力基本持平，各方面条件都相似，可 B 就被提拔得很快，总是快 A 几步。

于是，很多还没近距离接触过体制内工作生活的小伙伴纷纷感慨：机关单位里太复杂了。

实际上，外面的世界更加复杂，体制内相比较要简单得多，这可是我很多从体制外考入体制内学生的切身体会。体制内是一个组织性、纪律性很强的规范性组织，因为规范，每个人都得守规矩，所以相对简单；同时，体制内也是一个相对公平的场所。上述 B 和 A 比起来，也许只多了一个优点，那就是他更会做人。除了业务能力，他具有一种机关单位里不可或缺的能力：让人舒服，如沐春风。

可不要小瞧这一点。机关单位里，能让人舒服，如沐春风，是一门不浅的本事和学问。

我之前在县级、省级及部委机关都工作过，也曾有过忽略人际关系、人际修养而一心埋头工作的岁月。回首往事，我多希望从一开始就明白人际关系的重要性，它会使我少走多少弯路，省去多少苦恼啊。结合之前经历，给大家说几句掏心窝子的话，不完全对，但绝对是肺腑之言。今天把这些告诉即将步入体制内的你，希望你一定要认真地记在心里。哪怕你并不同意我所说的，也希望你能去思考一下：如果把你的事业比作一驾马车，你的工作能力是前面拉车的那匹马，你的人际关系则是马车的四个轱辘。前者是前行的动力，而后者是前行的基础。没有后者，前者再给力也无济于事。

说了这么多，回到这一小节的主题：机关单位的第一课是人际关系。所以，为什么在考试中要设置这类题目，也就不难理解。

人际关系的重要性很好理解，但实际情况是，未必每个人都能践行，毕竟做到知行合一并不容易。所以，我非常建议大家，在复习人际关系类题目时候，不要把它仅仅当作考试去准备，更要把它当作即将步入的体制内文化的热身。这样不仅能够让我们的学习不那么枯燥乏味，对于我们适应体制内的生活，更是有百利而无一害。

但是注意，最后有一个关键问题要和大家解释一下。我强调体制内人际关系的重要性，却并不等于说体制内的人际关系就是一门厚黑学。有人的地方就有江湖，这在哪里都是一样的，不同的是，体制内有它所遵循的独属于自己的体系和规范。如果你还没有经历过，就因为道听途说或者胡乱猜想，而将体制内的人际关系简化或者臆想为溜须拍马、尔虞我诈，那真的是太粗俗浅薄了。如果是这样，我建议这次面试你也不要去参加，因为这个职业不适合你。如果你人生尚未真正开始便已老气横秋，那你的人生该多无趣。不说做到“出走半生归来仍是少年”，起码不要在一开始便把自己变得油腻无味。守住一颗朝气蓬勃、清澈向上的心，记得面试官想看到的，一定是你不卑不亢、阳光朝气、斗志昂扬、眼中有星辰大海的状态。

2. 通过人际关系题，筛选出真正适合的人才

我曾经和很多位资深考官就“究竟什么样的人能在面试中鹤立鸡群、脱颖而出”这一问题做过深入的交流。他们中有部委、省级、县级机关招考的面试考官，职位各异。然而，我把他们对这一问题的回答抽丝剥茧之后，得到的答案竟出奇地一致：面试中，考官挑选的，其实是自己人。注意，这里说的“自己人”，并不是指那些暗箱操作的裙带关系网，而是指从外在言行举止，到内在思维思想，都符合体制内人惯有和熟悉的模式，让考官一眼看去，初步交流下来，就能产生亲切感和熟悉感、不会觉得突兀的考生。这样的考生，一定是最能吸引考官，让考官产生好感的。

面试考查的一个重中之重，是检测你作为考生，对体制内的组织文化，是否发自内心地尊重和认同，即你的三观。在作答人际关系题时，你所展现的在实际工作中处理冲突、建立关系、说服与影响他人、团队合作与协调、倾听与沟通的能力，最能直接地反映出你对体制内文化的态度，或者说，你是否具有成为一个合格体制人、一个“自己人”的潜质。

这样一解释，相信你对面试考查中为什么要考人际关系题，一定会有全新并深入的认识。下面我们就再来解答下一个问题。

（二）为什么人际关系题在考官评分体系中独一无二？

通过上述讲解，相信你一定认识到体制内工作人际关系的重要性，这帮助我们理解了面试考查中为什么要设置人际关系题。那么下面，我们再回到具体的面试考查中，来认识一下人际关系题对于整个面试的重要影响。

不同于面试中其他的必考题，人际关系题非常容易成为我们答题的亮点，以及提升在考官心中好感度的关键点。关于公考面试，我常说的一句话是，公考面试说到底是对一个人是否具有在体制内工作的智商和情商的考查。在面试中考查频率最高的几种题目类型中，综合分析类、计划组织类和情景应变类题目都侧重对考生智商的考查，而人际关系侧重于对考生情商的考查。对一个人智商的考查是一件相对枯燥的事，但是对一个人情商的观察，相比之下，会显得妙趣横生。所以，相比之下，主打情商的人际关系题，便凸显了它的特殊地位。

面试一般分上午场和下午场。考官每场都要面试多位考生，有的一坐就是一整天。相同的题目，听着类似的答案，考官是非常容易感到枯燥和疲惫的，但是，当你回答人际关系题的时候，几乎所有的考官都会竖起耳朵来听你的回答。这个时候，如果你的答案能够唤起他们的好奇心，打动他们的内心，引起他们对你为人处世的信任，你的面试得分一定会有所提高。所以说，人际关系题目在面试中有着独一无二的重要性。

此外，在面试中，人际关系题往往是最后一题。公考面试题目设置一般有三、四道题目，前一、两道决定你此次面试得分的基准，最后一题则决定了这场考试的最终得分。在答题最开始就给考官留下一个好的印象固然重要，但最后一题答出质量和亮点，更能让考官感到我们的有始有终，并且更加确定前期对我们答题的判断，最终我们的面试得分也会在考官内心初步给出的基准分基础上，有不同程度的提升；反之亦然。

所以，人际关系题的作答对于我们整个面试有着重要影响，是面试备考中必须重视的关键一环。

（三）人际关系命题形态和趋势

人际关系题在面试中的考查由来已久。随着公考竞争的白热化，为增加题目难度，同时应对考生答题越来越“模板套路”的趋势，人际关系题出现了一些新的命题特点。

1. 多元主体和多重矛盾杂糅命题

近年来一个很明显的命题变化趋势，是增加题干中主体的数量，并将题干主体间的矛盾复杂化，用多元主体和多重矛盾来增加题目解析的难度。

我们以几道历年真题为例来感受下单一主体和单一矛盾命题与多元主体和复杂矛盾命题的差别。

单一主体和单一矛盾：

（1）你在单位负责一起案件，同事来找你打听案件办理的消息，你该怎么办？（2023年江西省考面试真题）

（2）你和同学有矛盾吗？（2020年外交部计算机岗面试真题）

（3）受天气因素影响，你单位辖区内的航道进行了封禁，但是旅客们很是焦急，不明情况，现在要求直播连线予以解释，领导将任务交给了你，请现场模拟如何与群众沟通。（2019年海事系统面试真题）

多元主体和复杂矛盾：

（1）原部门同事一直找你帮忙，现任领导不满意，你怎么办？（2023年云南省考面试真题）

（2）你是封闭培训的负责人，有的学员擅自外出，造成了不良影响。对此，领导批评了你的工作。你怎么办？（2023年辽宁省考面试真题）

（3）假如你有一位同事老张，认为年轻人工作态度不端正，存在很多问题，你也比较害怕老张。这时领导让你和老张一起出差，你怎么办？

追问：出差变为你和小王两个人去，老张认为是你跟领导说了坏话才换成了小王，更讨厌你了，你怎么办？（2023年国考外交部面试真题）

（4）你是边检站的一个新人，文字功底很好，领导很欣赏你，甚至别人写的材料出现错误时，领导都交给你直接修改。因此单位部分同事对你产生了意见。请问你怎么办？（2020年边检系统面试真题）

（5）假如你毕业于某名牌大学，刚到新岗位，因为工作能力强，领导经常安排你参加重要会议，老同志对此很有意见，这时你该怎么办？（2023年青海省考面试真题）

（6）根据工作需要，组织调你到其他科室工作，由新来的小杨接替你原来的工作。小杨适应很慢，工作受到影响，老部门领导让小杨请教你，耽误了你在新部门的工作进度，新部门领导有意见，你怎么办？（2018年北京市公考面试真题）

对很多同学来说，多元主体和多重矛盾杂糅的难点，在于题目当中矛盾太多，情况复杂，厘不清头绪，不知从何入手。这里给大家的应对建议是：不论题目当中涉及几个主体、几重矛盾，我们见招拆招，按照轻重缓急原则，逐一摆平所有的人，摆平所有的事。我把这一原则称为“双摆平原则”，其具体应用在本章第三节会有详细讲述。另外很重要的一点是，在平时练习时，要有意识地选择难度较大的题目去练，给自己点压力和困难。平时举轻若重，考场上才能举重若轻，我平时就是这么要求学生的。正是因为平日里这样练习，上了考场看到真题之后，他们反而会有一种轻松感。

2. 题目设置专业化、情景化

近年来，人际关系题在沟通场景的设置上，越来越倾向于和单位具体工作实务以及岗位需求相结合，专业化倾向愈加明显。国考各个部委单独命题，所以这种趋势在部委面试中尤为突出。这里简单给大家举几个例子。

（1）有一个大货车司机拉了600公斤的土豆被拦在了高速路口，高速公路的工作人员告诉他必须要卸下来一部分土豆才能进城，但是货车司机觉得我们的工作人员是在刁难他，于是跟我们工作人员起了争执。你作为一个在现场的执法工作人员，会怎样处理这件事情。（2023年四川省考执法岗面试真题）

（2）你下乡调研，车子被村民拦住，他们说去年玉米绝收，买的农业保险至今没有赔付，你会怎么办？（2020年农业农村部面试真题）

（3）你负责办一个大型国际论坛，但是在筹备过程中，你们筹备小组成员产生了分歧：

小王：要注重论坛主题，要投入更多精力做好论坛主题的探讨；

小李：要全力准备礼仪接待工作，不能丢了面子；

小张：宣传工作要投入更大精力。

你怎么处理？（2020年中联部面试真题）

（4）你是某知名高校的硕士毕业生，考上了某西部偏远地区的海关岗位，但你学术能力强，导师想让你继续做科研，你与导师多次交流表示想去海关工作，由此和导师产生了矛盾。现在你将去工作，你会怎么与导师告别？请现场模拟。（2022年海关面试真题）

（5）你是边检站的副队长，分管休假审批。你的队长是一个雷厉风行的人，经常帮别的同事进行审批，而同事也没有跟你进行报备，队长也没有跟你同步休假信息，从而对工作产生了影响，你该怎么跟队长进行沟通？请现场模拟。（2022年出入境边防检查总站面试真题）

回答这类题目时，我们除了要展现人际关系题所要求具备的处理矛盾冲突、建立关系、说服与影响他人、团队合作与协调，以及倾听与沟通的能力之外，还要注意联系具体工作岗位。比如，要答好上述2020年中联部面试的这道题，我们就要对如何举办好一场大型国际论坛有基本的了解。如果你提前做过功课，了解过自己的报考单位和岗位的具体工作，那你自然会知道，举办及参与大型国际会议及论坛，就是中联部非常常见且重要的工作之一。

对一场成功的大型国际论坛来说，论坛主题确定、礼仪接待、宣传工作都是关键环节，哪一项都不能掉链子。论坛主题决定了论坛的方向、规格和层次，要既不重复，又有前瞻性和实际意义，这样的论坛，重要内外宾才会愿意参加，我们的邀请工作才能顺利。礼仪接待到位，让所有参会嘉宾感到宾至如归，既彰显我们的大国风范、礼仪之邦，又显示出我们作为东道主的实力和能力，一切井然有序，有条不紊，我们的活动才能圆满。宣传工作做好则是扩大影响的重要一环。无论前期的宾客邀请，论坛举办中的跟踪报道，还是活动结束后的总结回顾，都需要宣传工作的加持和助力。所以这道题顺着这个思路去答即可，先分析每个环节的重要性，然后阐述如何充分调动同事的积极性，将其负责的工作做好，相互配合好。

所以，这些提前要做的功课，还是要做好。公考竞争日趋白热化的今天，备考不仅要用功夫，更要用心。

看到这里，可能有的同学会觉得“压力山大”：我还没正式进入单位，就开始考我工作专不专业，这是不是有点太着急了。其实这种担心大可不必。认真研究下题目我们会发现，其实很多看似涉及岗位专业的题目，大多数只是套了一个岗位背景的壳子，并不涉及非常专业、具体的行业岗位知识。单位命题者的目的并不是要把我们都考趴下，这样没有必要也没有意义。题目与岗位相结合体现的是命题者的认真和专业，考官想看到的，是我们对这个岗位的尊重和重视，所以，提前做好这方面的功课，不要求太专业，也不要求太精细，很多时候，有基本的了解就足够，但这个基本的了解，你一定得有。尤其是在你报考的单位和岗位带有明显的特殊性时，如报考外交部、中联部、商务部、农业农村部、公安部、国家安全部、法院、检察院等的情况下。

但同时也要提醒大家，专业类和非专业类的问题我们都要兼顾，因为不管哪种出题形式我们都有可能碰到，所以不可偏废。比如，往年外交部的人际关系题，既出现过你作为外交人员这个身份的提问，也出现过你作为普通工作人员这个身份的提问。命题权完全掌握在单位命题者手里，所以我们能做的，只有全面准备。

3. 提问形式新颖多样化

近年来，人际关系题的提问方式愈发多样，既有“你怎么处理”“你怎么解决”“你怎么应对”“你该如何去做”的传统常规提问方式，也出现了诸如一题多问、情景模拟、选择作答等其他的提问方式，比如下列真题：

一题多问：小张和老王去一个县考察工作，该县是现单位局长以前工作的地方，小张认为该县有很多问题，主张向领导汇报，老王则建议小张慎重，但还没等到向领导汇报，两人被邀请去吃饭，席间小张插话说该县的问题，弄得气氛尴尬，该县领导表示如有问题，一定严肃查处。请问，小张哪些地方做得不好？为什么？如果是你，你怎么办？（2023 年中直机关面试真题）

情景模拟：单位举办党史活动，每个人要写文稿，同事老王写作能力差，找到你，说要你帮他写，你怎么办，请现场模拟。（2023 年四川省考面试真题）

一个老人参加画展，获奖要交钱，他儿子担心是诈骗，如果你是警察你会怎么处理，请现场模拟。（2023 年贵州省考面试真题）

选择式：你单位要参加市税务局组织的智慧税务知识竞赛，现有四个人选：甲被抽调去做重点专项工作，最近比较忙，和工作组领导请假比较难；乙刚被调到市税务局任职，刚被交接一系列工作任务，比较繁忙，还担心去参加知识竞赛会影响自身的业务实践能力；丙有比较强的学习能力，专业基础也不错，但是没有参加知识竞赛的经验；丁之前参加过知识竞赛还获过奖，实战能力很出色，但孩子马上高考，需要照看孩子没有空闲时间。假如你是你局本次知识竞赛的组长，请你在甲乙丙丁四人中选择两人参赛，并说说你的理由。（2023 年国考税务系统面试真题）

以上几种新兴的提问方式，以情景模拟出现的频率最高，这不仅反映了人际关系题目对沟通技巧的重视，更显示了题目的务实和接地气：比起问你会怎么去做，直接让你上手去做，显得更实在，考查也更彻底。同学们对这一变化一定要适应，因为这很可能就是命题变化的一个大的方向和趋势。

那么，作答考查频率越来越高的情景模拟题时，我们要注意些什么呢？其中很关键的一点，是一定要找准自己的身份定位，注意沟通的语气和方式。比如在劝说群众时，说话不能太生硬，要亲切自然。同时，举例的时候，可以举老百姓喜闻乐见的例子，也可以虚拟一个老百姓熟悉的例子，比如说“隔壁的小王、小李”等，这样既亲切、真实，又有说服力。再如，劝说同事时，不能有高高在上指导者的语气和姿态，记住，我们和同事的关系应该是平等、团结协作、互帮互助的。亲切、平等、关心地交流，同事才愿意听，才能听进去。不过，无论题目以何种形式呈现，人际关系题目的考查要素和基本作答原则是不变的。关于人际题作答的黄金高分原则，后面章节会有详细讲解。平时学习中，我们要善于思考积累、举一反三、触类旁通，考场上不管遇到任何形式上的变化，也能得心应手，应对自如。

二、常见的答题误区

在了解人际关系题在公考面试中的必要性和重要性之后，相信大家对学习人际关系题已经跃跃欲试，有种志在必得的干劲。但是，要提醒大家的是，我们在学习中，一定要把握正确的方向，这是基本前提，否则只会事倍功半，甚至南辕北辙。然而，在过往的教学经历中，我发现了有些考生在人际关系题目上非常容易走入的误区，答题越用力，反而越南辕北辙。这种状况，多发生在那些经过初步学习，脱离了“小白”状态，学习并不系统扎实，却自我感觉甚好的考生身上。

这种状态其实是最危险的。你步入了陷阱，却洋洋得意毫不自知，学了还不如不学。这样的学习误区导致很多经历过面试的考生经常会发出一个疑问：为什么我复习得很认真，报班、练习一个没落，上考场后感觉发挥也很好，最终分数却很低？

不是你不努力，是你的努力走偏了方向，越努力，就越是在固化自己的错误。如果你有过上述疑问，不妨对照检查下，以下的几个答题误区，你是否踩中过。如果你还没正式上场经历过面试，那么恭喜你，看到这一页，你已经比很多竞争对手少走了一大截的弯路。

（一）误区 1：放之四海皆准的“阳光心态”

相信有面试学习基础的同学对“阳光心态”这几个字一定不会陌生。在这里，先对零基础的同学解释一下，什么叫作“阳光心态”。

所谓“阳光心态”，是指我们要用阳光的心态去看待他人的做法以及工作中遇到的各种问题，即使他人对我们有误解、批评、非议、指指点点等，我们也始终要用一种阳光积极的心态去理解他人，化解矛盾，解决问题。它积极、乐观、感恩，相信领导都是好领导，同事都是好同事，群众也都是好群众，虽然他们自身也有一定的问题，但所有问题在我的阳光心态和主动作为下，都能积极有效化解。

其实，“阳光心态”本身并没有错，错就错在被滥用。它的滥用，主要表现在两个方面：一是形式上，二是思维上。

形式上，很多同学在答题时候强调“用阳光的心态去思考”，但只是表面干巴巴的言语强调，“我会用阳光的心态去看待处理这件事情”。其答题中所有的“阳光心态”，仅仅停留在这一句话上，并没有向考官展示自己具体是如何思考的，如何在解决矛盾中践行“阳光心态”。这种只是嘴上强调的模式，让考官，尤其是经验丰富的考官，一眼就能看出考生只是用“套路化”答题方法来应付考试和答题，自然无法赢得考官的好感。

并且，虽然嘴上在强调“阳光心态”，很多考生在答题中却会用到“我不会认为这是老同事在刁难我”“我不应该因领导的批评而产生怨气”“面对同事对我的态度，我不会认为他是在和其他同事一起排挤我”之类的表态话语。这些阐述，看似在用积极的心态去对待别人处理问题，实则隐含了很大的负面情绪。这些话语在考官听来，会认为考生从内心并不懂得阳光心态，只是为了迎合面试和考官而故意这么说。

而在思维上，很多同学将“阳光心态”简化为“不论别人怎么对我，我都要把人往好了去想，世界上不存在坏人，我以阳光明媚的心态无区别地处理一切人和事”。我想问问这样思考的同学，别说考官，就说你自己，这样的想法从你的脑海中飘出，你信吗？如果你自己都不信，那又凭什么认为这样的说辞能说服和打动考官？

所以说，因为形式和思维上的滥用，简单化的“阳光心态”非但没有成为我们答题的亮点，反而极易成为人际关系题目低分的雷区。试想一下，如果在面试中，你前面的几位考生，在回答人际关系题目的时候，恰巧都提到了“阳光心态”，而你在不自知的情况下，继续延用这一看似放之四海皆准的方法答题，那你所面临的会是什么样的处境？所以，大家在学习和练习中一定要警惕这一问题。

所以，要大胆地去分析去说，不要被“阳光”两个字裹挟。阳光心态不是一味地把问题揽到自己身上，而是要积极地找出问题。比起不讲原则的“阳光”，我们更应该有的，是“适度阳光”。

（二）误区 2：千错万错都是我的错

人际关系题目考查的核心是我们如何解决在日常工作中与不同的人因为各种原因而产生的矛盾。有很多同学，一旦面临与他人的矛盾，不分青红皂白，不管具体场景，都会把错误主动揽到自己身上，千错万错都是自己的错。

之所以会出现这种答题倾向，一方面是因为考生想通过主动认错揽错，树立谦虚低调、勇于担当的形象；另一方面，其实是因为没有实际的机关单位工作经验，不知道真实的体制内人际关系究竟应该怎样处理，所以只能用认错这种看起来最保险、最稳妥的方式来处理矛盾。

遗憾的是，有太多考生被这种思想荼毒而在面试中以低分与上岸失之交臂。在面对与他人的矛盾时，我们是应该积极阳光，善于反思，但也不是所有题目都非要往自己身上揽错，核心还是在于题目本身到底给我们呈现了什么问题，再去具体问题具体分析。是我们的错，当然要积极认错，主动担当；不是我们的错，就要找出具体原因，实实在在地解决问题。比如说，如果是领导误会，那就找机会跟领导澄清误会，误会你是小事，领导一直在错误的认识里面出不来才是问题；是同事工作能力欠佳，那就让同事认识到这一点，并且积极帮助他提升工作能力。这些才是认真解决问题的态度。否则，不顾具体情况，事事揽错、认错，其实就是在和稀泥，看似积极主动解决问题，实则只是逃避。并且，一味地委屈求全只能反映出你解决问题的能力欠佳，你要有点料，别人才看得起你，考官才会被你打动。我们以下面这道面试真题为例。

经典题目示例

你工作能力突出，在单位大会上，领导当众表扬了你，有同事因此背地里对你说三道四，对此，你会怎么办？

学以致用

面对这道题，很多同学是这样思考和作答的：同事对我说三道四，一定是我的错，一定是我在什么方面做得不够好，比如说与同事相处不够礼貌、工作方法不对，等等。那面对这种情况，我会积极反思，主动向同事们道歉，改正自己的问题。如果在我改正之后，同事对我还是不理不睬，那么我会主动寻找机会和同事进一步沟通交流，化解误会。比如说在下班之后，约同事去吃饭、打球等，让同事了解我的为人处世，相信随着误会的解除，今后和同事们一定能和谐共处。

这样看似问题是解决了，但是我们认真思考下，这种解决方式高明吗？可持续吗？前面我们说过，面试考查的根本，是一个人是否具有在体制内工作的情商和智商，而这样的老好人似的表态和处世方式，并不是高情商的体现。

注意，公考面试的目的是选拔出智商、情商双高的优秀人才，而这样的思维方式和处理问题的方式，顶多算和稀泥，不仅与高情商、优秀人才丝毫不沾边，而且背离了机关单位近些年越来越强调的实事求是的作风。等顺利通过考试成功踏入岗位之后，身处体制内这个大环境，大家会更真切地感受到，一个事事时时和稀泥的老实人、和事佬，是很难在工作中有所突破的，更别提获得别人真正的尊重。这样一个考生，在心明眼亮的考官面前，又怎会博得好感，取得高分呢？

当然，面对同事们的说三道四，我们该反思还是要反思。孔夫子说“吾日三省吾身”，多找找自己的问题，肯定没错。但是，反思过了，就不要再过分纠结，大可不必非通过多次道歉求得一个亲密无间，既没必要，也不现实。在单位中，为人处世，要相信一切矛盾皆因工作而起，一切矛盾都可以通过认真努力工作去化解。不卑不亢，行得正坐得端，干好工作，认认真真做事，踏踏实实做人，与人为善，乐于帮助他人，并时刻反省、检查自己，这就够了。

示范作答

我因为工作在最近一次单位大会上获得了领导的肯定和表扬，这份肯定既是领导对我近期工作的认可，更是领导对新人的一种鼓励和培养。但同时我也深知，在单位尽心尽力地完成本职工作，是我们每个人的职责所在，也是个人点滴成长进步的基石。因此，这次表扬对我来说，既是一种激励，更是一种鞭策，它提醒我要持续努力，不断提升自我。

面对一些同事背后的议论，我会以平和的心态对待，不会因此而影响我的工作热情和积极性。但同时我也深知，作为一个团队，单位的凝聚力与团结力对工作开展和单位整体发展至关重要，因此，每个人都有责任去维护这种团结，增强单位的凝聚力和向心力。所以，我会找到合适的机会，主动与同事进行积极沟通，消除误会。

首先，我会进行深刻的自我反省。在单位这个集体中，遇到矛盾和问题时，我会站在他人的角度思考问题，多从自身找原因。如果我在工作中超越了职责范围，干扰了同事的工作，我会立即纠正错误，并向他们诚恳道歉；如果我在与同事沟通方面存在不足，导致了误会，我会改进沟通方式，并在今后的交往中引以为戒；如果我的工作中有疏忽遗漏，让同事对我的工作能力产生质疑，我会主动道歉并采取措施进行补救，将工作做到最好，尽量减少对同事的干扰，并在今后的工作中更加细心、认真、负责。我相信，只要我们坦诚交流、积极沟通、主动为他人着想，将单位整体利益放在首位，误会和矛盾终将化解。

其次，我认为更重要的是做好自己的本职工作。我会努力提升自己的工作能力，全心全意地服务我们的服务对象，尽好人民公仆的职责。这是我们工作的出发点和落脚点，也是解决同事间误会与矛盾的关键。在今后的工作中，我会认真完成自己负责和领导交代的每一项任务，绝不掉队，不给同事添麻烦。同时，在做好自己的工作的基础上，我会在同事需要帮助时伸出援手，互相支持，共同进步。在领导的带领下，我们将努力把单位建设成为一个作风优良、战斗力强、团结一致、充满活力的团队。

总的来说，单位是一个大家庭，只有我们团结一心、齐心协力，才能发挥出最大的战斗力。同事间的议论和误会，其实都是小事一桩，不必过分在意。在工作中，我们应该大事讲原则、小事讲风格，力求将工作做到尽善尽美。在未来的工作中，我将继续以高度的责任感和敬业精神做好本职工作，积极主动地处理同事关系，虚心向他人学习，真诚地帮助他人。我不会争功抢功、追求名利，而是会老老实实做人、踏踏实实做事，时刻反省自己，检查自己的工作表现。我相信，只要我们齐心协力、共同努力，单位一定能够取得更加辉煌的成就。

这道题这样回答，就很完美了，既体现了自我反思的谦虚态度，对同事关系的重视，又显示出工作第一的清醒和单位利益放首位的大局观。这样答题，堪称情商爆棚，考官一定会被你打动。

（三）误区 3：硬反思 + 硬总结

很多同学一开口答题，我就知道他们有没有上过培训班，或是上的什么类型、什么规格、什么水平的培训班，带班老师的教学经验如何、授课风格和水平如何，自己有无公考实战经验。这是因为很多同学的答题，带着一种类似的风格，自己浑然不觉，但资深考官一听就明白。我把它称为“培训风答题”，也就是答题腔严重，为了答题而答题。而在人际关系题目中，“硬反思 + 硬总结”就是这种培训风答题的鲜明特点之一。

所谓“硬反思 + 硬总结”，就是在答题开头不分情况一味反思，在结尾处不分情况一味总结。无论题目是什么十万火急的情况，面临着怎样急待解决的问题，是不是真的应该从我们自身找原因，总是先来一句“首先我会反思自己”。并且，答题结尾机械套路，无论题目给出的具体情境如何，不分青红皂白，总能绕到总结经验教训上。然而，所谓的反思和总结没有任何实质性的内容，和题目中的具体问题也无匹配性和针对性，就是一些提升个人能力，向书本学习、向老同事学习、向领导学习这样考官耳朵听出老茧的套话。类似套路化的表达无法有效解决人际关系中的问题，非但无法打动考官，取得高分，反而极易引起考官的反感。

其实，会反思和总结本来是件好事情，很多题目中，反思和总结也都很有必要，反思总结到位，会成为我们答题的亮点，体现出我们真正的思考。但一定记得切题反思和总结，不要硬反思、硬总结。不能为了反思而反思，为了总结而总结，千篇一律，泛泛而谈，毫无诚意。

那如何切题反思和总结？这里给大家举一个例子。

经典题目示例

同事身体不舒服，报表做到一半交给你，后来领导发现报表错误，说你工作不负责任，但是错误的部分是同事做的，你要怎么跟领导解释？

为了练习切题反思和总结，这道题我们只分析开头和结尾部分。首先，对于这道题，上来就反思肯定不合适，我们首先应该做的是向领导承认错误，同时赶紧解决问题，纠正报表错误。因为单位工作环环相扣，耽误不得，报表错误，很可能影响到下一步或别的同事工作的开展。然后，等处理好报表错误的问题，我们再静下心来反思产生问题的原因。题目中明确交代，是同事负责的那一块报表内容出现了问题，我们就这一问题，进行切题反思。其实问题出现的根本原因，还是由于自己在工作交接中疏忽，未能及时发现问题。所以，在今后遇到工作任务交接时，我们要全面梳理好剩下的工作，将工作的关键信息，如时间节点、工作要求、注意事项等内容交代清楚；对于一些操作性的事项或者难以表述的内容，一定要有示范操作，避免交接人员似懂非懂，无从下手；工作交接确认无误后双方签字，后期要保持联络畅通，同时积极地沟通，注意跟进工作进展。切题反思之后，我们可以稍微拓展一下，延伸反思，今后对待任何工作，都要十分细致、十分负责，工作无小事，再小的失误，在工作中都有可能酿成大祸。

这样反思，是不是比起那些“我会向书本学，向身边同事学习，向领导学习，切实提高自己的工作能力和水平”显得走心切题很多？做到这些，才算做到了切题反思和总结。

示范作答

同事身体不舒服，由我接手其未完成的工作，工作出现失误，虽然失误部分是由同事负责的，但我也负有责任。面对这种情况，我会以工作为重，认真对待，积极妥善处理。

第一，我会向领导虚心承认错误，承诺尽快解决问题。既然这项工作当前由我负责，出现错误就是我的责任，因此我会虚心接受领导批评，听取领导关于解决此问题的意见，并承诺迅速解决问题，改正报表错误，把对当前工作的影响降到最低。

第二，细致梳理问题，采取有效补救措施。我会在认真分析领导意见的基础上，查找前期统计资料，或者加强分析确认数据的准确性等，将错误数据进行修改调整。同时，我也会与同事取得联系，获取其在前期工作中收集掌握的基础性资料。待报表修改调整、核对无误后，我会将其及时上报领导，确保工作进度不受影响。

第三，反思问题根源，避免今后在工作中再次发生类似错误。在此项工作经领导认可完成以后，我会认真剖析此次问题产生的根源，反思总结，提高工作能力。

首先，是由于自己在工作交接中疏忽，未能及时发现问题才导致工作出错。所以，以后在交接工作时，我会对交接内容仔细询问、认真核查，及时发现并更正问题，必要时制作工作交接单，载明交接内容，确保交接到手的工作准确无误。在向领导汇报工作前，也要注意仔细核对，细心务实。

其次，对于出现错误的内容，我会在同事身体好转后，以交流工作、共同提高的态度，向同事说明报表工作的重要性，以及数据错误可能给后续工作开展带来的麻烦，建议同事今后以更强的细心和耐心对待报表填制的工作，并针对此次填报中存在的问题，提出一些完善工作的建议，和他共同学习，一起提高业务能力。

最后，我会以此次事件作为学习契机，加强与同事之间的工作联系，不断优化自己的业务能力和团队协作水平，确保今后高质量、高效率地完成领导交给我的每一项工作任务。

以上答题就是切题反思和延伸反思的具体应用。“由于自己在工作交接中疏忽，未能及时发现问题才导致工作出错。所以，以后在交接工作时，我会对交接内容仔细询问、认真核查，及时发现并更正问题，必要时制作工作交接单，载明交接内容，确保交接到手的工作准确无误。在向领导汇报工作前，也要注意仔细核对，细心务实。”这些是切题反思，“最后，我会以此次事件为学习契机，加强与同事之间的工作联系，不断优化自己的业务能力和团队协作水平，确保今后高质量、高效率地完成领导交给我的每一项工作任务。”这部分内容则是延伸反思。做到切题反思，答案才有针对性，能够体现出我们真正的思考，解决问题的态度和能力；做到延伸反思，则能体现出我们不仅能就事论事，还有以点及面的反思总结能力。

（四）误区 4：忽略矛盾根源，过分纠结于人际关系

对于人际关系题目，人际关系只是其外壳，它考查的不全是人际关系。其实这一命名方式在一定程度上容易将考生的思考及答案带入误区。因为其名称，考生很容易在答题时全程围绕人际关系来作答，如果这样，就彻底走偏。在这里切记这两句话：第一，一切人际矛盾都来源于工作；第二，一切矛盾都可以而且应该通过工作来化解。所以，在作答中，无论题干中人物之间的矛盾有多复杂，都不能抛开或者忽略工作而专谈人际关系处理。做好工作，是我们解决一切人际关系问题的出发点和落脚点。对这一点，我们会在下一节中进行详细的讲解，这里先行介绍，让大家有一个初步的概念。

说到这里，我们不妨回忆一下前面出现过的一道真题：

经典题目示例

你工作能力突出，在单位大会上，领导当众表扬了你，有同事因此背地里对你说三道四，对此，你会怎么办？

大家是否还记得前面分析这道题时，我们提到的很多同学惯用的思考和答案：同事对我说三道四，一定是我的错，一定是我在什么方面做得不够好……

这个作答思路最严重的一个弊端，就是全程只围绕人际关系来作答，而忘记了，其实在工作中，良好人际关系的最重要意义，是做好工作。还是那两句话，要相信工作中的一切人际矛盾都来源于工作本身，并且一切矛盾都可以而且应该通过努力工作来化解。我们要相信，把心放在工作上，做好本职工作，配合好同事的工作，热心帮助，虚心请教，路遥知马力，日久见人心，同事自然会了解我

的为人处世。

经过上述讲解，我们在明白人际关系题目的考查目标、重要性和答题误区之后，在接下来的这一节，我们从宏观角度，深入学习几乎适合所有人际关系题目，能将其答出亮点和高分的黄金原则。此后，我们再从微观角度，分别就人际关系题涵盖的每一个维度，比如与领导、平级、群众、下属的沟通，进行分类学习。

三、答题的黄金原则

了解了人际关系题答题最易入的几大误区后，很多同学肯定要问了：现在我知道怎样算答不对了，那究竟如何作答，才能答出亮点和得到高分呢？

在这里为大家总结出 9 条人际关系题作答的黄金原则。虽然前面也提到过，这 9 条原则几乎适用于所有的人际关系题，但遇到题目时，我们还是要具体问题具体分析，灵活选择最合适的原则去分析作答。学习这几个原则的目的，在于让你面对题目时能真正地进行思考，让你的答案闪烁着思想的光芒，在竞争者中脱颖而出。

为了让大家深入领会和熟练掌握，我们将这几个原则一一来讲解。但要注意，在实际答题中，同一道题我们可以用到好几个解题原则。

（一）摆平所有的人，摆平所有的事

原则解析

我们要学习的人际关系题的第一个解题黄金原则，是“摆平所有的人，摆平所有的事”，即“双摆平原则”。之所以把它放到最前面来讲，是因为这是一个比较基础，但又几乎万能的解题原则，尤其适用于多主体和多矛盾杂糅的命题，能让我们迅速找到答题的突破口，厘清答题的层次。

人际关系题目中，通常会给出几个主体，以及主体之间的具体矛盾。“摆平所有的人，摆平所有的事”这一原则，就是让我们找出题干中的所有主体和矛盾，然后按照轻重缓急，将矛盾和问题一一解决掉。

按照这一原则答题有以下几点好处：第一，能够帮助我们快速找到解题思路；第二，能够保证我们答题时紧扣题干，不会偏题；第三，能够保证我们全面

解决题干当中的所有矛盾和问题，不会出现片面答题的情况。

但是同时也要注意，在运用“双摆平原则”的时候，我们要把握以下基准：一是主动性。发现错误，遇到问题，产生矛盾时，我们要进行主动沟通。二是适应性。我们作为个体，要学会适应单位组织这个大环境，而不是让环境反过来适应你。三是原则性。作为公职人员，我们做事情一定要有底线，把握原则。四是灵活性。在原则性的基础之上，我们要根据具体的情况进行变通，这也是对我们个人情商的考查。

下面，我们通过一道真题，学习如何在作答中具体应用“双摆平原则”。这是安徽省考的一道题。

经典题目示例

你协助一位同事工作，工作没有按时完成，领导批评了你的同事，后来你才知道是你的失误导致工作没有完成，而同事帮你承担了全部的责任，对此你怎么办?

学以致用

我们将“双摆平原则”分成两部分来看待。第一部分是“摆平所有的人”，那么我们需要做的就是找出题干中出现的所有主体。这道题中的第一个主体是同事，第二个主体是领导，第三个主体是我们自己。很多同学答题时非常容易遗漏一点是，我们自身也是题干当中非常重要的一个主体，因为一切矛盾都与我们自身相关，都是在我们的基础上才产生的，所以一定不要忘记我们自身这个主体。这一点需要格外注意。

找到了题干当中的三个主体之后，接下来我们看一下“双摆平原则”的第二部分，“摆平所有的事”。在每一个主体上，发生了什么矛盾需要我们来摆平呢？我们来一一分析。先回到同事。同事他做了什么，遭受了什么，他与你之间存在着什么样的矛盾？很简单，他替你受过，替你承担了错误，被领导批评了。再来到领导这个主体。他做了什么？他误会了同事，并且他不知道这个工作没有按时完成，是你犯错导致的。最后来到我们自身这个主体，我们自身的问题是，工作中出现了失误，并且目前工作已经延期，没有按时完成。

现在，既然找到了题干中需要解决的所有矛盾，我们就来一一着手解决。对于同事，既然同事替我们受过，被领导批评了，我们需要做的首先要向同事诚恳地道歉和感谢，感谢同事替我们担当。对于领导，领导误会了同事，将我们自己的错误迁怒于同事，那我们要做的就是积极主动地找领导解释清楚。再来到我们自身这个主体。我们的工作没有做好，产生延误，那么我们就要积极地想方设法补救。除此之外，我们自己工作出现了失误，那肯定是我们的工作能力不强导致的，所以，我们要提升自己的工作能力。

经过这样一梳理，是不是感觉答题的思路一下就清晰了，框架一下就确立起来了，瞬间有话可说了？在这个思路框架下，我们再按照前面提到的轻重缓急原则，以及主动性、适应性、原则性和灵活性这几条原则，来组织一下答题结构。

高分技巧："总—分—总"结构答题

以下是针对这道题的示范作答。我们还是通过"总—分—总"这个结构来进行答题，那"总—分—总"结构答题有什么好处呢？

第一，它能够帮助考官很轻松地跟着我们的答题思路走，不用让考官在听到我们答案的时候，还要去分析、梳理我们每一部分讲的是什么，以及我们接下来要说什么。与人方便，自己方便，这是从考官角度来说，"总—分—总"结构答题的一个好处。第二，从考生自身而言，用"总—分—总"结构答题，相当于在答题最开始为自己确定了一个提纲和框架，对整个答题过程起到引领作用。下面，我来对这道题进行一个示范作答。

示范作答

各位考官，以下是我对这道题目的看法。

在工作中，勇于担责、直面错误是必备的基本素质。特别是作为年轻人，我们可能因经验不足而犯错，但关键在于如何对待这些错误。唯有勇于承认并改正，我们才能不断成长。

面对这一特定情况，我首先会向同事致以诚挚的歉意。因为我的失误，不仅耽误了工作进度，还导致同事受到领导的批评和误解。对此，我深感愧疚。同时，我也要向同事表达我的感激之情，他勇于承担责任，展现出了高度的职业素养和担当精神，这是值得我学习和敬佩的。

接下来，积极采取措施，补救没有被按时完成的工作。做好工作是在单位一切的重中之重，当务之急，就是想尽一切办法来减少负面影响。既然工作没有完成好，我会想办法，利用一切的时间利用好，和同事配合好，向各方面来进行请教，把耽误的进度抢回来，把工作高质量地完成好。

在完成补救工作后，我会找到一个合适的时机向领导说明情况，澄清误会。我会如实陈述自己的工作失误，以及同事为我承担责任的情况。同时，我也会向领导汇报我们目前已经采取的补救措施以及取得的效果，让领导了解我们工作的进展。最后，我会主动承担责任，接受领导的批评和指导，并承诺今后会更加努力，避免类似错误的发生。

此次事件也让我深刻认识到自己工作能力的不足。我会以此为契机，全面提升自己的工作能力。我会加强学习，不断提升自己的专业知识和技能水平；同时，我也会改进工作方法，提高工作效率和质量。此外，我还会加强与同事之间的沟通和协作，共同推动工作的顺利开展。

总之，面对工作中的错误和失误，我们应该勇于承认、积极改正，并从中吸取教训、总结经验。只有这样，我们才能不断成长和进步，为单位的发展贡献自己的力量。

以上就是我的作答，谢谢各位考官！

高分答案剖析

以上是这道题的一个示范作答，我们一起来分析这个示范作答有什么优点，有什么值得我们借鉴学习的地方。

第一个优点是答案的完整性。它涵盖了题干当中出现的所有矛盾，对题干当中出现的所有的矛盾和问题，都提供了非常完整的解决方案。很多考生答题时容易出现审题不清、审题跑偏的问题。比如，题干中有三个需要解决的问题，但考生可能只解决了其中一个或者两个问题，这就是很明显的一个失分点。所以，我们按照人际关系题“摆平所有的人，摆平所有的事”的原则作答，一大好处就是保证我们能够紧扣题干，完整地解决题干当中需要解决的所有问题，保证答案的完整性和全面性。

第二个优点，是答案按照轻重缓急原则，同时解决了眼前要解决的紧要问题和长期内要解决的重要问题。在这道题中，什么是短期内要解决的紧要的事情？当然是工作没有按时完成，要补工作的进度。什么是长期的重要的问题？那就是要提高我们自己的工作能力，为今后的工作服务。工作是要一直干的，此事也是一个契机，让我们认识到提升工作能力的必要性和重要性。这也是我们回答人际关系题的一个重要思路。一定要有长远的眼光、清晰的思路，将紧要的和重要的事情结合起来进行作答，这样，答案才会有高度，才能体现出我们思考问题的深刻性。

以上就是人际关系题解题的第一个黄金原则，“摆平所有的人，摆平所有的事”的综合应用。建议大家在学习完这一小节之后，找几道题来练习一下这个答题方法，举一反三，巩固所学。

（二）工作第一，有所为有所不为

原则解析

在上一小节中，我们提到人际关系题这一命题在一定程度上容易将考生带入误区。因为其名称，考生很容易在答题时全程围绕人际关系来作答。但如果这样，就彻底走偏。在这里还是要重复两句话：第一，要相信一切人际矛盾都来源于工作；第二，要相信一切矛盾都可以而且应该通过工作来化解。在这个指导原则下，我们在化解矛盾、解决问题时要做到两点，即“有所为，有所不为”。

“有所为”指的是我们一定要坚持工作第一的原则，任何涉及工作的问题和矛盾，我们都要积极沟通解决，再小的问题也不可疏忽大意。与其相对应的“有所不为”，指的则是少谈、淡化人际关系的处理。我们要相信，随着工作中问题的解决，很多因其产生的人际关系矛盾也就自然而然地化解了。比如，同事误会我们工作能力不强，我们只要认真努力工作，通过工作上出成绩来证明自己，那这一误会也就不复存在了；同事对我们的人品有误会，在今后的工作中，我们勤恳工作，严于律己，宽以待人。路遥知马力，日久见人心，行胜于言，日子久了，我们是怎样的一个人，同事和领导自然一目了然。这样的做事方式，也体现了我们阳光的思维方式、大度豁达的良好心态。

但要注意，“有所不为”并不等于“毫不作为”。在一些场景下，对于产生的误会和矛盾，我们还是要积极主动地去沟通、道歉和化解。比如领导交接的任务没有做好，我们首先要做的，是诚恳地向领导承认错误；因为自己的工作失误影响到同事或者群众，积极沟通、诚恳道歉也是必须做的；同事误会了我们，还是要找机会去主动沟通解释，展现出我们看重团队凝聚力、向心力的态度。尽己可能做到我们能做的、应该做的。要用阳光的心态去相信，随着工作的顺利推进，一切问题都会迎刃而解，既然我们懂得工作第一、单位利益第一的道理，那同事自然也懂得。在答题中不要有执念，非要掏心掏肺，非要亲密无间，这在现实生活中不现实，在答题中也无必要，否则，太过纠结人际关系的维护，不仅容易主次颠倒，还会显得我们急功近利，善于钻营。

总之一句话：自己的利益受影响时，淡然处之；别人或集体的利益受影响时，积极解决。下面，我们通过一道题，来进一步理解这一解题原则。

经典题目示例

你是政府工作人员，准备到基层去调研。你精心准备了此次调研，但在调研的过程中同事对你的方式不满意，并且言语上有所轻视。你该怎么办?

学以致用

我们先看“有所为”的部分。拿到这道题，首先要明确本题中自己的身份是政府的一名工作人员；此外，本题的大背景是准备到基层去调研。调研是了解基层工作情况，破解基层工作难题，推进基层工作开展的前提和基础。基层情况相对来说更加复杂，而调研工作又是一项需要考虑周全、注意细节的工作，作为政府工作人员，由于没有长期身处基层，很有可能存在工作准备不周全、不完善的情况，所以同事对你的不满是正常的，也是对你工作的提醒。我们要积极阳光地看待不一样的声音，坦诚地沟通交流，找到症结所在。

为什么你精心准备调研，却会引起其他同事对你调研方式的不满？我们先从自己身上找原因。首先，可能是调研计划本身不妥当，有部分脱离了实际，那么我们就要积极调整计划；其次，可能是调研分工有问题，如没有考虑到大家的优势特长和身体状况，那么我们不仅要多承担一些工作，还要综合考虑客观情况进行合理分工；最后，可能是我们在调研过程中沟通交流的方法有误，让同事感觉很不舒服，那么就要注意自己的沟通交流和表达方式，不能发号施令式地说话，尽量根据不同人的性格，用不同的方式跟他们沟通，亲切、真诚、平等地和大家沟通，这样才能调动大家工作的积极性和主动性。

接着，我们来看一看同事对我们“在言语上有所轻视”的问题应该如何解决。其实题目中前因后果交代得很清楚，言语上的轻视是因为他们不满意你的调研方式。对于这种因为工作矛盾有了言语上不和谐的问题，我们一方面要尽量去包容，虽然“恶语伤人六月寒”，但是作为一个组织者和领导者，要承担更重的担子，就需要有广阔的胸襟，应该把重点放在工作上，不要过分在意同事说的一些不太好听的话；另一方面，前文已经说明“我”有错在先，工作做得不尽如人意，所以大家才会有这种举动，因此在今后的工作中，“我”要通过多学习、多倾听、互帮互助等方式，努力提升自己的工作能力和水平，工作能力上去了，其他同事也就心服口服了。所以，对这一问题，并没有必要去上纲上线，专门去解决，要做到“有所不为”。

我们再来一起练习一道题。

经典题目示例

进入新单位后，老员工老周对你帮助很多，不仅关心你的生活，还帮助你快速提高业务能力，你很感激他。但在一次工作中，领导说你的想法更有新意，让你负责此次活动，老周因此内心很受伤，同事们也说徒弟背叛了师傅。面对这种情况，你会如何处理？

面对题目中的矛盾，我们先看如何做到“有所不为”。同事们说“徒弟背叛了师傅”这一句话，我们不用太当真，大可把它当作一句玩笑话，不要去深究，也不要想着去给同事解释，否则只会越描越黑。想要破除谣言，就要在工作上下功夫：一方面，做好自己的本职工作，让大家看到自己的工作态度和能力；另一方面，团结同事，让大家看到自己的为人处世，谣言自然不攻自破。

再看如何“有所为”。领导说你的想法更有新意，让你负责此次活动，那就一定要将此次活动办好。要精心筹划此次活动方案，在查阅以往活动档案资料的基础上，用心构想和钻研，让活动举办得既接地气又有新意。同时，在筹划活动时，多请教有经验的同事和前辈，众人拾柴火焰高，团队和集体的智慧与能力永远大于个人，这其中第一位当然是一直以来都在关心你并帮助你成长的师傅老周。其实老周也是我们需要“有所为”的另外一点。同事们“徒弟背叛了师傅”的调侃我们可以不在意，但一直关心帮助我们成长的老师傅可能会伤心，我们不能不管不顾。我们可以找个恰当的时机，主动找老周谈谈心，汇报汇报工作，向他表明内心对他的感激，并告诉他，没有他的关心和帮助，我们不会成长得这么快，领导对我们工作的肯定，其实更是对老周为人和能力的肯定。师傅就是师傅，今后工作中，我们依然需要师傅的指点和帮助，我们也会继续努力，为师傅长脸。相信本来就助人为乐、满怀善意的性情中人老周，听到这些之后，一定会摈弃误会，对我们一如从前。最后，活动举办得成功，要记得感谢大家的鼎力相助，并将同事的参与、帮助和功劳汇报给领导，让大家有获得感和集体荣誉感。

以上就是对“工作第一，有所为，有所不为”的讲解和练习，用心练习，定会让你有所收获。

（三）“意义 + 表态”破题法

答人际关系题时，很多同学感到最棘手的一点是不知道如何去破题。根据以往教学实际经验，我发现绝大多数考生的答题容易陷入两个极端。

第一种是没有任何破题，直接开头。比如下面这道真题：

你是政府工作人员，准备到基层去调研。你精心准备了此次调研，但在调研的过程中同事对你的方式不满意，并且言语上有所轻视。你该怎么办？

很多同学会这样开头：各位考官，我会从以下几个方面着手解决这件事情。第一，……。

第二种开头则是啰里啰唆，过于穿靴戴帽。还是这道题，有不少同学会有类似这样的开头：“世界上没有两片叶子是完全相同的，每个人看待问题都有自己不同的角度。那在工作中我和同事有不同的意见，其实是非常正常的，我要积极看待这件事情。和谐的人际关系对于我们做好工作是非常重要的，是我们在单位顺利开展一切工作的前提，是工作的润滑剂，是单位凝聚力和战斗力的重要保证。因此，我会从以下几个方面，着手妥善解决这件事情。”

说到这里，大家不妨先自行对照一下，看看自己属于哪一类。接下来，我们就来分析一下这两种截然不同的破题开头方式的优劣。其实第一种直接开头的作答方式也没有太大的坏处，人际关系题本来就属于“实题”，有实实在在的矛盾需要解决，答好“实题”，一个最重要的评判标准，就是能否有效地解决题干中的矛盾，所以，简单开头，直奔主题，尤其现在机关单位越来越强调务实、实干作风的背景下，不失为一个好的尝试。但是要注意的是，在一场面试答题中，每道题并不是孤立存在的，这三道或者四道题组成了一个有机的整体。所以我的建议是，我们不要每道题都这样直奔主题，三至四道题中，我们至少要有两道有开头破题。

再来看第二种破题方法，破题用了超过一分钟，絮絮叨叨说了七八句，还没有切入正题，这种作答方式，尤其是考试当天抽签靠后的情况下，是很容易让考官不耐烦的。所以，两种破题方式，各有利弊。

这里为大家总结出了一种易上手又易出彩的人际关系题破题方法，即“意义 + 表态”破题法。我们再回头看下这道题，题干中提到了具体的工作任务是“下基层调研”，我们是否可以用一两句话，先阐述一下此次工作的意义，再用一两句话，表述一下自己对题干主要矛盾的整体态度。这样开头的好处，第一是切题，比起那些漫无边际的空话套话，切题开头，可以向考官表明“问什么，答什么”的认真态度；第二，能够将我们的整个答案以“总—分—总”的答题结构呈现给考官，条理更加清晰。

下面，我们就通过下述示范作答，来看下“意义 + 表态”破题法的答题效果。

示范作答

基层调研不仅是政府工作部门改进工作作风的重要途径，也是密切党群、干群关系的关键环节。它有助于我们深入了解基层工作情况，破解难题，并推动基层工作的顺利开展。当在调研过程中出现同事质疑我的工作方式时，我会采取以下措施来化解矛盾，确保调研工作的顺利进行。

首先，我会与同事进行坦诚的交流。作为准备进行基层调研的工作人员，同事质疑我的工作方式，说明我的准备工作有不足之处。我会主动找到同事，详细了解他现在的工作情况，包括工作的任务安排、繁重程度等，并重点听取同事对这次基层调研工作的意见与建议，进而优化调研工作方案。

其次，我会根据不同的意见，有针对性地进行改进。

如果同事认为我在准备调研计划时工作安排不当，而事实也的确如此，那么我会结合同事的意见，优化调研方案。一方面，调整调研工作中实际走访基层单位与听取地方政府汇报的比例，相信“耳听为虚，眼见为实”，切实做到“四不两直”；另一方面，把按照预定路线调研改成随机走访，将基层调研人员进行分组，分别派到各基层单位，做到直面问题，这样可以全方位无死角地了解基层单位的实际工作状况，包括基层单位人员的工作方式、工作态度、思想状况等，真真正正把调研工作做细做实。

如果同事认为我在任务的具体分工上存在问题，那么我会主动多承担繁重工作，并且在分配调研任务的时候，充分考虑到同事对调研业务不熟悉、身体状况各异等客观因素，在听取同事意见和分析调研实际工作情况的基础上，更加客观合理地进行工作分配，避免出现负担过重、时间过紧、压力过大等任务分配不合理的情况。

如果同事认为我在调研期间沟通交流过于生硬死板，那么我会主动调整和其他同事沟通的方式方法，在强调按时保质保量完成任务的同时，采取恰当的交流沟通方式表达自己的观点，用亲和平等的态度，便于同事接受理解。

同时，我也会注重与同事之间的合作与配合。我会主动与同事分享我的工作经验和方法，寻求他们的支持和帮助。在调研过程中，我们会相互协作，共同解决问题，确保调研工作的顺利进行。我相信，通过我们的共同努力和协作，一定能够圆满完成调研任务，为政府工作部门的决策和基层工作的发展提供有力的支持。

最后，此次事情对我来说也是一个提醒，让我更加清楚地意识到，工作中与人沟通和团队协作的重要性，以及提升自身工作统筹规划和团队领导能力的迫切性。今后工作中，我会在多方学习，全面提升自身工作能力的基础上，更加注重这两方面能力和素质的培养，使自己能够出色圆满完成所负责的每一项工作，能够肩挑重任，成为单位工作的骨干力量。

（四）回归真实的生活，用真情实感去思考

原则解析

我曾经多次想过自己做面试辅导的意义。近些年，考公的热度和氛围越来越浓，竞争也愈加激烈。很多同学进面后，不仅要报线下班，还要报线上班；跟一个老师学习感觉不够，还要再找另外的老师学。而且，越是优秀的人，越是这样，因为他们学习的内驱力和自律性本来就足。于是，考生总体的水平被推得越来越高，考官对考生的期待自然水涨船高。然而，录取的岗位总共就那么多，最终能上岸的人数也还是那么多，面试本质上还是零和竞争，那么我所做的面试辅导，到底有没有意义？我曾经不止一遍地问自己。

最后我发现，确实是有的，不仅有，而且意义非凡。

一天晚上，正当我在书房里为这本书写前言的时候，接到参加国考的一个学生的电话。她那年报考的是一个很“高大上”的国家部委机关，在笔试成绩并不占优势的情况下，面试表现特别优秀，最终高分突围，成功上岸。体制内工作，尤其是人才济济的部委机关，是一个很讲究分寸感的地方，对于刚入部的新人，其实周围的每双眼睛都在看着你，看你的工作表现、你的为人处世，都在默默地等着给你下第一个定论。她在电话里跟我说：“老师，和同事相处太顺了，真的太顺了，顺得有点让我慌张，不敢相信。”我问她：“你是怎么做的？”她说：“真的就是我们学习面试时在课堂上讲的那些，太神奇了。虽然我才刚来，但感觉这个单位特别熟悉，每个人都对我很好、很满意，所以心里有点慌慌的，怕这不是

真的，或者有什么自己疏忽的环节。”那一刻，我除了为她开心，还想起了10年前，我初次踏入体制内时，懵懂无知，事事全凭自己摸索，一路上走了不少的弯路；如果10年前，有人告诉我这些，那该多好呀。

回到我们这节课要讲的内容：回归真实的生活，用真情实感去思考。做公考教学以来，我发现了各层级的面试考场上普遍存在的一个神奇现象，那就是：很多同学一上考场，就不再是自己了。思考和表述都不再自然，被束缚在“考生”“答题”这样的套子里，不要说超常发挥，甚至连平日里正常的思考能力都不再具备。这种情况下，就很容易脱离实际，为了答题而答题。反映在考官那里的感受，就是答案一股“答题腔”，不真诚，无实用性，脱离实际，敷衍了事。

这一现象的深层次原因之一，在于很多考生没有把答题和真实的生活结合起来，用真情实感去思考，反而会无意识地将答题与真实工作生活割裂甚至对立。加上没有机关单位工作经验，认为答题就只是在答题，所以说出的答案总是差点真实的味道。举个例子，我之前的一位学生，是国内排名前两名大学之一的博士后，平日里她是非常谦虚亲和的一个人。一次上课让她回答这道题：同事工作失误，却将错误全部归到你身上，导致领导批评了你，你会怎么做？她在答题中说了这样一句话：“我会找到这位同事，请他一起和领导解释清楚。”我问她：这真的是你的真实想法吗？平日里遇到和同事有这样的矛盾，你也会这么解决吗？她说不是，平常在工作中，她不会去太在意，会将注意力放在做好自己的事情上，这件事情，会选择让它顺其自然，流言止于智者，用不着太在意。我又问她：既然平时都不会这么去做，答题时为什么要这么说呢？她摇头无奈地笑了一下，说自己也不知道怎么回事。其实这种言不由衷的现象在很多同学身上存在。根本原因，就是没有意识到，答题，尤其是人际关系这种几乎完全来源于实际工作的题，就要做到回归实际的工作，这才是答题的最佳思路、最高境界。而我认为，凡事的最高境界，就是自然。

有的同学可能要说了，答题就是答题，和实际工作有什么关系。那么，人际关系题目的作答，和真实的工作究竟有无关系，有多大的关系？我之前在县级、省级、部委机关共工作了十年，凭借我有限的工作经历，我可以非常负责任地告诉大家：起码到目前为止，我没有发现任何完全脱离实际的人际关系题目。每一道题，我都能在实际的工作汇总找到它的原型，并且有过之而无不及。

既然它来源于实际，要答好题目，答得自然真诚，一个基本的要求，就是我们要回归工作和生活，用我们的真情实感去思考，去作答。只有你的出发点是真正地想解决问题，你才会有表达的欲望，你才会相信你所说的，你答题时才会呈现出自信、真诚的状态。只有你相信自己，考官才会相信你。

有的同学可能又要问了：真情实感的重要性我明白了，可要如何用真情实感去思考，去作答呢？其实也很简单：作答时，你的目的不是答题，而是实实在在地解决好题目中的问题。你试着问下自己：目前这个现状，最核心的问题是什么？要解决好这件事情，第一步、第二步、第三步我需要如何去做？这样一来，你的实际经验、你的常识积累，自然而然地就会被调动起来。然后，再用清晰、准确、简洁的话语，有结构、有层次、有逻辑地呈现给考官。

下面，我们就通过一道题，来一起演练下这种思维。

经典题目示例

上级发传真要求你单位领导明早去开会并做汇报，小李由于疏忽，下班后8点多才看到传真，领导知道后责备小李工作不认真。如果你是小李，你会怎么办？

学以致用

这个场景在实际工作中并不少见，对于很多同学来说也并不陌生，因此作答起来应该也没有太大的难度。下面，我们就联系真实的生活工作场景，想一想在真实的工作中遇到这样的情况，我们应该如何去处理，用实际工作中处理问题的思路，来找到作答思路。

首先，既然是用传真文件通知，那就说明此次会议很重要。我们第一时间要做的，就是看清楚传真的内容，仔细阅读文件，掌握会议的时间、地点、内容、需要准备的材料、是否需要发言等细节问题。快速掌握这些细节之后，马上联系领导。

由于自己的疏忽没有第一时间通知领导明天的会议，那我们在电话联系上领导之后，按照常理，是否要先向领导诚恳地道歉，承认自己的失误，然后告知领导具体的会议信息，听取领导对明天早上出行的意见，然后具体安排？

既然会议传真上写了要准备发言，那按照常理，肯定要为领导提前准备好发言材料。作为领导的下属，准备材料的任务自然也就由我们来承担。材料准备好之后，因为明早就要开会，领导肯定需要提前熟悉一下发言材料的内容，所以，作为一个称职细心的下属，材料完成后，我们应该立刻把材料发送给领导，必要时，把打印出来的纸质版材料送至领导处。

经过上述分析大家可以看出，这道题目的作答，就是我们平时工作的一个真实的情景再现。

高分技巧：题干意识，从题干中精准找话题

以上就是根据“回归真实工作生活”这一原则，对这道题的思考。借着这道题，这里顺便教会大家另一个很好用的答题技巧。很多同学在答题时倍感头疼的一点，就是不知道如何找到话题，无话可说，审题两分钟，答题四十秒，几句话下来便无话可说，草草尴尬了事。其实一个很好用的找到话题的办法，就是培养自己的“题目意识”，从题干中精准找到话题。要相信题目中没有一个词语是白给我们的，每一个词语都有它存在的意义。所以，我们可以抓住题干中的关键词，就其展开联想，从而丰富我们的答题内容。我们看到这道题干中其实有这几个关键词：明早、下班后、开会和报告。“明早”代表时间紧迫；“开会”表明了明天领导的工作内容；“下班后”代表我们已经一定程度上耽误了工作，要及时进行补救；“报告”代表我们要帮领导准备发言材料。这样一分析，我们要做的事情就一目了然了，一道题完整的答题思路已经出来了，那下面我们要做的，就是把我们的解决方案，按照轻重缓急原则，用简洁、精确的语言，有条理地向考官呈现出来。下面就这道题，给大家做出示范作答。

示范作答

各位考官好，对于因我个人的大意疏忽差点耽误领导第二天会议这件事，我深感懊悔和自责。但我会迅速采取行动，全力补救，确保领导第二天的参会不受任何影响。

第一，我会立即查看上级所发的传真，详细了解会议的具体信息，包括时间、地点、主题、流程以及我单位领导的工作汇报内容等。对此次会议的具体要求做到心中有数。

第二，我会立刻电话通知领导，告知他会议的确切时间和地点，并向他诚恳道歉，检讨自己的失误。同时，我会询问领导需要准备的材料内容和汇报的重点方向，以便立即着手准备第二天开会所用的汇报材料。

第三，我会根据会议的主题和领导的指示，立即开始准备相应的材料。我会查阅以往类似会议所需的数据和资料，迅速进行收集和整理。如果需要其他

同事的帮助，我会立即与他们联系，请求他们提供所需的数据资料。在材料收集完整后，我会根据领导的讲话风格和会议要求，整理并撰写汇报稿件，并制作 PPT。完成后，我会将材料通过邮件发送给领导，并根据领导的反馈进行修改和完善。

第四，与领导敲定第二天的行程，包括出发时间、集合地点和出行方式，以确保一切安排得当。

第五，为了确保领导能够顺利参会，我会提前将整理好的资料打印出来，并按时送达领导手中。如果领导此时不方便接收，我会与领导约定好时间，在第二天一早送达。

通过这次事件，我深刻认识到工作中粗心大意的危害。为了避免类似情况再次发生，我会在以后的工作中更加严谨认真，注重细节。我会制定详细的工作计划，列出每天的待办事项，并合理安排时间，确保工作有条不紊地进行。同时，我会养成下班前查看邮件、传真和办事清单的习惯，确保及时处理重要事项。对于亟待完成的工作，我会加班加点完成后再下班，并及时向领导报备工作进展。

总之，我会从这次事件中吸取教训，不断提升自己的工作能力和责任心，为单位的发展贡献自己的力量。

以上就是我的作答，谢谢各位考官！

我们再来演练一道题。

经典题目示例

你被调去上级部门工作，因为表现好，上级领导留你下来，要你回去和单位领导沟通，你会怎么办？

示范作答

留在上级部门工作，不仅可以接触更大的平台，还可以积累更多更丰富的工作经验，这对我来说是一个非常宝贵的自我提升的机会。对于这次工作机会，我会尽力通过积极有效的沟通取得单位领导的支持，并且认真做好后续交接工作。具体而言，我会从以下几个方面去做。

首先，感恩领导对我的用心培养与指导，感恩同事一直以来的热心帮助与支持。当年我从一个初出茅庐的应届毕业生考到单位，从对机关单位工作一无所知到现在的凡事都能独当一面，离不开领导的用心培养、知人善用。正是这些，才使我能够在适合自己的岗位上努力工作，更好地结合专业，发挥特长，取长补短，全方位提升自身工作能力；也正是领导对下属的悉心培养，才让我有了此次去上级部门交流学习的机会，让我能够在更大的平台上，展现自身工作能力，得到上级单位领导的赏识。单位对我恩重如山，是我事业发展和成长的起点，无论能否去上级单位工作，我对单位都会一样心怀感激。

其次，向领导说明得到留在上级部门工作机会的原委，尽量得到领导的理解与支持。上级部门正处在新老人员交替的断层时期，工作上人手不足，急需新鲜血液的补充，所以，结合我在上级部门工作期间的表现，上级领导做出了希望我留任的决定。对我个人而言，去上级部门工作，能够让我在新的更大的平台上，提升、挑战、突破自我，进一步锤炼工作能力，提高工作水平。所以，从个人成长发展角度来说，尽管对单位有着万般不舍，我也希望能够去上级部门工作。并且，上级部门领导对我工作能力的肯定，更是对单位领导知人善用、领导有方的肯定。如果我留在上级部门工作的话，由于我对本单位的相关业务非常熟悉，在今后处理涉及本单位的业务时，沟通和办理会更加方便。

再次，和领导沟通工作交接问题，解除领导的后顾之忧。如果领导暂时没有合适人选接手我负责的工作，我会根据自己工作时对同事的了解，根据具体工作内容，结合岗位特点，积极向领导推荐接替自己工作的合适人选；如果领导已经有了合适的安排，我会向领导汇报我对工作交接的计划设想。一方面，我会将自己平时整理好的档案资料、工作日志交给接手的同事，帮助其尽快上手工作，并将比较紧急、重要的工作，先进行初步沟通和安排，防止因为工作交接，耽误重要事项的处理；另一方面，在我调离岗位后，我会继续利用微信、邮箱、电话、短信等方式积极地为接手的同事答疑解惑，做好一些细碎工作的妥善交接，并随时与接手的同事沟通，一起解决工作上出现的问题。

最后，我会向领导表明决心。到了上级部门后，我会继续秉持本单位谦虚做人、踏实做事的优良作风，时刻保持斗志和干劲，积极进取，争取实现业务能力和岗位发展的双赢，不给单位丢脸，不让领导失望。今后无论走到哪里，我都不会忘记我来自何处。在原单位养成的优良工作作风，从前辈和领导那里学习到的工作和为人处世的道理，都让我终身受益。

以上就是我对这道题的作答，谢谢各位考官。

其实看到这道题的时候，我的内心有些感慨。它让我想起来我当初离开省政府部门，跨界为大学老师的那段经历。在和原单位领导汇报提出离开申请时，真的是和这道题作答中的场景一样。可见，人际关系题的作答，真的就是来源于现实工作生活，回归真实的生活和工作。用真情实感去思考和作答，一定是错不了的答题方法。

（五）情、理、利

原则解析

上一小节，我们讲了要回归真实生活，用真情实感去思考作答。这一小节，我们来学习另外一条黄金准则，也是我们在日常工作生活中很有用的一个为人处世的技巧与方法。这条原则尤其适用于与同事、下属及群众的沟通。这条准则就是：情、理、利。

所谓“情、理、利”就是：动之以情，晓之以理，引之以利。在与人沟通解决矛盾和问题的过程中，主要从以下三个角度出发。

首先是“动之以情”，也可以把它称为“学会换位思考”。这几个字看似简单，要真正做到却并不容易。理解别人，对于别人出现的问题，我们要多换位思考、多理解、多包容、多鼓励，不盲目议论与批评，你眼中的问题，很可能正是别人的解决方式。这听起来容易，然而要真正做到，还是需要掌握一些技巧。

第一，语言要亲切、友好，你的出发点是关心还是责难，沟通取得的会是截然不同的效果。每一个人都爱听好话，你得理解他，关心他，甚至是“捧”他。有句古话叫作“欲改其过，必先扬其美”，说的其实是同一个道理。第二，凡事多从被说服者的角度考虑，仔细分析其内心的需要，只有这样，才算真正地做到了站在对方角度考虑问题。

其次是“晓之以理”。说服是双向的沟通，很多时候，为了取得效果，对方怎么想，远比你怎么想更重要。所以，我们要注意引导对方积极思考。也许并不是每个人都愿意承认自身错误，但每个人都害怕不好的后果，当他做错事情或者行为不妥的时候，你得去引导他，让他自己意识到问题的所在，以及不改正可能会面临的结果。

最后是“引之以利”。人是理性的，趋利避害是人的本能。因此，在说服的过程中再动感情，道理讲得再动听、再完美，如果对于被说服者没有一定的利益帮助，也是挺难真正影响到对方的。所以，“利”的引导非常关键。换句话说，想要别人接受你的意见，你就得提供实实在在的帮助。否则别人为什么要听你的？

这就是“情、理、利”的具体意义。下面，我们通过一道题，来学习一下这一原则在答题中的具体应用。

经典题目示例

你负责单位的一项重点工作，在关键时期，一位骨干人员突然提出要带薪休假，对此情况你会怎么办？

学以致用

前面讲过，“情、理、利”三字原则尤其适用于与同事、下属以及群众的沟通中。在这道题中，你的身份是工作负责人，要沟通的对象是团队里的骨干人员，正是“与下属”的沟通场景。所以，我们就用“情、理、利”三字原则来分析这道题。

先看如何将“情”字与这道题联系起来。“情”的内涵，是要去理解对方，和对方感同身受。在这道题中，团队的骨干人员在工作关键时期突出提出带薪休假。事出必有因，他一定是有了亟待解决的问题或难题，才会提出这样的要求。在这里，我们不妨大胆且充分地去假设一下：可能是家庭方面的问题，比如说家庭成员生病，他需要照顾家人；可能是前期工作太投入，没有注意劳逸结合，身体感到吃不消，所以想请假休息两天；也有可能是项目进行得不太顺利，让他有一定的挫败感；或者是在项目与其他同事在合作中产生了一些间隙，出现了一些矛盾，影响了他的工作积极性。对于上述情况的任何一种，我们首先要对他表示理解，站在他的角度去安慰他、开导他，要有同理心，这样才能为我们后续的沟通奠定一个良好的基础。

然而，一味地关心理解当然是不能解决问题的，这就到了“情、理、利”原则的第二步，积极地引导。既然团队所做的是单位的一个重点项目，而且目前是项目的关键期，那就一定要提醒他项目的重要性。作为重点项目，一定是单位重点关注的对象，如果在这个紧要关头，项目出现了问题，首先，辜负了我们前期的努力；其次，一定会惹得团队中的其他成员埋怨，很有可能会影响大家的年底评优及绩效奖励；最后，向对此项目寄予众望的单位领导，也难以交代，我们每个人都难辞其咎。晓之以理，动之以情，这是沟通的第二步，“理”。

但是，道理其实每个人都懂，关键是他愿不愿意接受你讲给他的这些道理。这就到了第三步，“利”。我们要给他提供实实在在的帮助，光靠嘴说不行，必须要落到具体的行动当中，来帮助他解决具体的困难，这样才会让他觉得，我们是真的为他考虑，确实想要帮助他，我们所说的话才会有分量。结合这道题，我们可以具体这样考虑：比如可以在这个项目结束之后，作为项目负责人，给他申请一个长长的带薪休假，让他好好地去跟家人团聚，以解对家人的思念之情；或者在项目的总结报告中，将每个项目成员参与的项目分工，对项目的贡献都详细地罗列出来，作为项目验收和参评的参考，也作为项目分工的参考。让同事感受到，自己在项目中的付出是被看见的、有意义的、有价值的。这样一来，“情、理、利”三个方面的要素，都考虑进去了。

示范作答

各位考官，下面我来分享下对这道题目的看法。

作为单位重点工作的项目负责人，在关键时刻遇到团队骨干成员提出带薪休假的要求，确实是一个需要谨慎处理的问题。我深知这位同事是项目中的关键人物，他的缺席可能会对项目的进度和质量造成不小的影响。因此，我会妥善处理，既让同事感受到团队的关怀，确保尊重他个人需求，又不耽误项目的进展，保证项目按原计划开展。

首先，我会与这位同事进行深入的沟通，了解他提出休假申请的具体原因，做到具体情况具体处理。如果是因为家庭紧急情况或个人健康问题，我会表示充分的理解和支持，并尽力协助他解决困难，让他能够安心休假。同时，我也会与团队其他成员协商，看是否有可能暂时调整工作安排，分担他的工作任务，以减轻他离岗对项目的影响。

然而，如果这位同事的休假申请并非出于紧急原因，而是个人的选择或计划，我会向他解释当前项目的重要性和紧迫性，以及他作为骨干成员在项目中所承担的关键角色。我会带着他一起回顾一下我们项目从建立到发展至今的整个历程。现在项目处于完成的关键时期，这一路上每一位同事都付出了大量的心血，是非常不易的。并且，作为单位的一项重点工作，此项目也备受单位领导关注，对单位今年整个发展都有着举足轻重的意义。在项目立项之初领导就强调过，项目完成情况会和每位项目成员的年底评优及绩效奖金挂钩，在这个关键节点，如果因为我们个人的原因而耽误了项目的进展，那无论对于我们其他同事，还是对于整个单位、整个项目来说，都是非常不负责任的，并很容易让我们陷入不利的舆论环境中，更是对我们个人前期辛苦付出的辜负。长远来说，这对于我们工作习惯的养成、个人的长期发展也是无益的。

在沟通过程中，我会始终保持尊重和理解的态度，避免给同事施加压力或产生不必要的冲突。我会让他感受到我的诚意和关心，以及单位对他的重视和信任。

我相信，经过耐心沟通，这位骨干成员一定能够克服所难，排除干扰，专心投入到工作中来。我们的团队，也一定能够克服眼前的困难，齐心协力将项目高质量地完成。

以上就是我的作答，谢谢各位考官！

高分答案剖析

看完上述示范作答，我们来一起对其进行剖析。在这里我想强调一下，之所以对其进行剖析，是因为这个示范作答中有值得学习的地方，但这并不意味这个答案就是标准及完美答案，你完全可以依靠自己的思考，总结出比它更好的、更具有个人特色的、新而不斜的答案。取其所长，为我所用，这才是我们剖析借鉴的目的。要相信对于公考面试这种考查形式，永远没有所谓的完美答案，每一份答题，都有提高改进的空间。不迷信、不盲从，不断地积累、思考、总结、练习、复盘，才是面试取胜的终极秘密武器。

在这个示范作答中，我为大家总结出了两点值得我们学习借鉴的地方。第一是答题结构层次分明。一定不要小看结构，毫不夸张地说，面试答题中，没有结构，一切白搭。简明清晰的答题结构是我们思维严谨有逻辑的具体表现，更是表述内容的具体承载。以清晰的结构为载体，才能有机会让我们的具体答题内容被考官听进去，让考官听清楚并充分理解我们表达的意思。并且，结构条理性强会让考官觉得我们的思路非常清晰，由此推测出我们在平时的学习、工作中也是一个思维清晰、做事有条理的人，而这样的人正是考官所需要的。这会给考官留下好印象，进而对我们的面试分数产生积极影响。

而这篇示范作答正是这样，通过“总—分—总”的答题结构，及一些基本的逻辑词，如“首先，其次，最后”将内容串联起来（常用的逻辑词还包括“第一，第二，第三”“首先，其次，再次，最后”“一方面，另一方面”等），每次只说一件事情，并做到将一件事情说清楚，让答案层次分明，将思考的每一步有先后有逻辑地呈现给考官。

既然逻辑层次如此重要，那如何才能在答题中做到逻辑清晰、层次分明呢？除添加基本的结构逻辑词，我们在平时的练习中，要养成由内而外、脑比嘴快的习惯。一方面，在开口答题之前，就要想清楚要回答哪几个点。同时，为了让自己的思路更加清晰，可以将思考结果在草稿纸上简单地列出提纲，列提纲的时候最好能分条写，避免答题时看不清，导致混乱。另一方面，在作答时要养成分条作答的习惯。很多同学其实在思考时是有思路、有条理的，但张口答题时，一紧张就会把准备好的思路全部忘了，只会一股脑儿地和盘道出，这主要是由于没有养成分条讲话的习惯。为了解决这个问题，我们需要反复练习，找一些经典的题目，先将其答题思路和要点写下来，然后按照一定的条理去答，重点培养自己答题时分条说的习惯，一旦发现条理性欠缺则立即修改调整。反复练习，久而久之，就会自然而然地养成分条作答的习惯。

这篇示范作答中另外一点值得学习的地方，就是紧扣题干，回扣题干，比如在答题第一段、第三段和第四段的“我作为项目负责人”和在答题中频繁出现的“这个项目”。这样做的好处，一方面是时时刻刻提醒考官，我是针对这道题在回答，没有背诵标准答案。面试答题最大的美德和最基本的要求就是问什么，答什么。在面试答题时考官最想听到的，就是你针对所给题目的回答。用再好的模板、套路作答，都是雷区，一旦被考官识别，后果非常严重。另一方面，时时回扣题干，能够提醒我们抓住题干，对我们的思路也能起到引导作用，保证我们答题不跑偏。下面，我们再来一起演练两道题。

经典题目示例 1

你刚到新单位，你认为你能干的活领导不分给你，你提的意见领导不采纳。你会怎么办？

示范作答

各位考官，下面我来分享下对题中所描述情况的看法。

作为刚到单位的新人，我对工作环境和业务内容确实还不太熟悉。领导暂时未给我分配工作、不采纳我的意见，其实也很正常。我会以此为契机，认真反省，查找不足，努力改进，尽快适应新工作、新岗位，承担起单位的各项工作，为同事和领导分忧解难，早日成为单位合格、优秀的一员干将。

首先，我会尽快熟悉单位的工作环境和业务分工。通过主动与同事交流，了解他们的工作内容和流程，学习他们的工作方法和经验。同时，我会认真研读单位的规章制度、业务文件和相关资料，以便更好地了解单位的运作模式和业务要求。

其次，我会认真反思自己目前存在的不足。如果是我的实际工作能力还不能胜任工作的要求，我会努力全面提升自己的工作能力。一方面，我会尽快熟悉单位工作环境、各处室的业务分工、本部门的所有工作内容、各位同事所负责的具体业务及工作风格，学习他们先进的工作方法，从帮同事打下手开始，尽快积累经验，熟悉工作业务及具体办理流程；另一方面，我会在工作之余，在经过部门领导同意的情况下，主动翻阅学习单位工作档案，学习行业政策文件和相关知识，吸收前辈有益经验，并与时俱进。与此同时，重视加强学习岗位必备技能，如报名参加网上的公文写作课程、学习先进的办公软件等，争取在短时间内尽快提升自己的综合素质。

如果我能力足够但是心态浮躁，领导想等我耐下心来并且扎实掌握业务知识之后再把工作任务交给我，那我更不能辜负领导的良苦用心。我会沉下心来，摒弃浮躁，以谦逊、踏实的态度做好经手的每一件事情，沉下心来钻研好业务，为日后做好工作打下基础。

如果是因为领导对我不了解，才不把任务分派给我，我会在今后的工作中，主动找机会多向领导汇报工作，主动与领导沟通，增加领导对我的了解，同时积极主动地去做一些力所能及的工作，如复印文件、接听电话、跟着其他同事做一些辅助性的工作，在干中学，在学中干。在积累了一定的经验之后，我会主动申请一些工作。

对于自己的建议不被采纳的情况，我会保持冷静和客观的态度。我会认真反思自己的建议是否切实可行、是否符合单位的实际情况和需求。如果确实存在问题，我会虚心向同事请教，听取他们的意见和建议，进一步完善自己的建议。同时，我也会选择合适的时机和方式，再次向领导提出自己的建议，争取得到更多的支持和认可。

最后，我会保持谦虚谨慎的态度，不断学习和进步。我深知作为一个新人，还有很多需要学习和提升的地方。因此，我会时刻保持谦虚的心态，不断向同事和领导请教，争取在工作中不断进步和成长。

我相信，通过我的不断努力和学习，我一定能够尽快适应新工作新岗位，承担起单位的各项工作，为同事和领导排忧解难，成为单位合格优秀的一员干将。

以上就是我的作答，谢谢各位考官。

经典题目示例 2

由于最近单位工作任务繁重，压力大，还经常熬夜加班，导致同事工作懈怠，并且对你有一些抱怨的情绪。作为组长，你怎么办?

示范作答

作为组长，团结每位同事、保证工作顺利开展确实是我的基本职责。面对题目中描述的情况，我会从以下几个方面着手解决问题。

首先，我会主动与有抱怨情绪的同事进行一对一的沟通，深入了解他们的想法和困扰。我会倾听他们的意见和建议，承认自己在之前的工作中可能存在的不足，并表达出愿意改进和学习的态度。通过真诚的交流，我希望能够消除误解，增强团队的凝聚力和向心力。

其次，针对工作任务繁重、压力大、经常加班的问题，我会组织团队成员共同讨论，寻求合理的解决方案。我们可以根据实际情况，调整工作计划，优化工作流程，提高工作效率。同时，我也会积极向领导反映当前的工作状况，争取得到更多的支持和资源，以减轻团队的工作压力。

对于同事工作懈怠的问题，我会深入了解其背后的原因，可能是因为工作压力过大、个人情绪影响等。我会与他们进行耐心的沟通，了解他们的困难和需求，并提供必要的支持和帮助。同时，我也会通过团队建设活动、激励机制等方式，激发团队成员的工作热情和积极性，促进团队的整体发展。

此外，我也会加强团队内部的沟通协作，营造积极向上的工作氛围。我会定期组织团队成员进行交流分享，分享工作经验和心得，共同学习进步。同时，我也会鼓励团队成员之间相互支持、相互帮助，形成一个团结、协作、高效的团队。

最后，我会从此次事件中吸取经验教训，反思自己在工作中的不足之处，并努力改进。我会更加注重团队建设的长远规划，提升团队的凝聚力和战斗力。同时，我也会不断学习和提升自己的管理能力，以更好地带领团队应对各种挑战和困难。

总之，作为组长，我会以积极负责的态度，努力解决团队中存在的问题，促进团队的和谐稳定和高效发展。我相信通过我们的共同努力，一定能够圆满完成工作任务，取得更好的成绩。

（六）虚实结合，高分的秘诀

公考面试的题型大致可以分为两类，即问“怎么看”的虚题，和问“怎么做”的实题。人际关系题以解决工作中产生的矛盾问题为目的，属于典型的实题。所以，绝大多数同学在答题时，都习惯于将全部的内容放在阐述如何解决矛盾冲突上。这本身没有什么错，确实也做到了“问什么，答什么”，实实在在地解决问题。然而，没错并不代表高明。想要你的答案吸引考官，听起来引人入胜，我们可以在虚实结合上花点心思。

虚实结合，就是在回答题目时，不仅要说怎么去做，还要告诉考官，我们为什么要这么做，背后的原因是什么。很多同学可能会觉得这样做多此一举，都说了要怎么做，那考官必定知道我们为什么要这么做，这不是显而易见的嘛。其实，这样想就有些主观臆断了。

回答人际关系题，考官真正想看到的是，通过我们在解决这一个个问题的过程中，所反映的我们的价值观和为人处世。这其中免不了有主观联想推测的成分，与其让考官去推测，不妨清楚明白地告诉考官，我们为什么要这么做，秉持着怎样的观念。和其他同学只在“如何去做”上花功夫的答法相比，如此作答，高下立见。另外，“怎么做”其实是很密集的信息点集合，全部堆砌在一起，让人听起来不免有点枯燥疲惫。把“为什么要这么做”穿插在其中，等于给了考官一个稍微舒缓放松一下的机会，答题有张有弛，听起来才会让人舒服。并且，“怎么做”加上“为什么这么做”，听起来更是一个逻辑严密完整的闭环。

下面，我们来回顾一下前面看到的这道题，感受一下“既说怎么做，又说为什么这么做”答题法的魅力，并感受一下，如果答案中没有以下划线部分（也就是“为什么要这么做”的部分）的答案，会产生怎样的效果。

经典题目示例

你工作能力突出，在单位大会上，领导当众表扬了你，有同事因此背地里对你说三道四，对此，你会怎么办？

示范作答

我因工作在单位大会上受到了领导的肯定与表扬，这是领导对我的肯定和信任，对新人的鼓励和培养。在单位做好本职工作，是每个人的分内之事和最基本的要求，这次表扬，既是对我的激励，更是鞭策。所以，在今后的工作中，我会再接再厉，更加努力，不辜负领导和同事信任，力争取得更好的成绩。

对于有同事背后说三道四，我不会对此太过在意，更不会因此影响自己的工作积极性。但同时，单位作为一个团队，同事之间的凝聚力、团结力对其业务开展和整体发展至关重要，团结同事增强单位凝聚力和向心力，是每个人的应尽职责。所以，对此我还是会主动积极沟通，以免产生更大的误会，影响单位的工作。

一方面，我会换位思考，自我反省，看看是什么原因导致同事对我有看法。孔子说："吾日三省吾身，人非圣贤，孰能无过"，身在单位集体中，遇到问题更要时时刻刻反省自己，多从自己身上找原因。如果是我在做工作时超出了自己的权限，干预、干扰了同事所负责的工作，我会立刻改正，并向他诚恳道歉；如果是我只专注于工作，在与同事沟通方面有做得不到位的地方，导致了误会，我会改正自己的沟通方式，并在今后与同事的交往中引以为戒；如果是我的工作中有疏忽遗漏的地方，让同事对我的工作能力不满，我会诚恳道歉并及时采取补救措施，把没做好的工作做好，把给同事带来的干扰降到最低，并在今后的工作中，更加细心、认真、负责。我相信，只要坦诚、积极交流，主动为他人着想，时刻把单位整体利益放在首位，误会和矛盾总会解开。

另一方面，我认为更重要的，是做好自己的本职工作，全面提升自己的工作能力，服务好我们的服务对象，尽好我们人民公仆的本色。这是我们在单位一切工作的出发点和落脚点，也是解开同事之间或大或小误会与矛盾的灵丹妙药。今后的工作中，做好自己负责和领导交代的每一项任务，绝不掉队，不在工作中给同事增添麻烦，在做好自己工作的基础上，在同事需要助力时，力所能及地去帮助同事，互相补台，在领导的带领下，把我们的集体，建设成为一支作风优良、战斗力爆棚，团结一致，严肃活泼的队伍。

总之，单位是一个集体，只有我们团结一致，心往一处想，劲往一处使，才能迸发出更强的战斗力。同事说三道四，这本来就不是什么大事，用不着斤斤计较，工作中要大事讲原则，小事讲风格，将工作做到尽善尽美，才是重中之重。

（七）巧用假设，合理解决

原则解析

细心的同学会发现，上道题目的示范作答中，出现了多个“如果”（加黑字体标记出来的部分）。其实这是一个非常好用的答题方法与技巧，我们把它称为“假设法”。这一小节就来具体学习一下。

假设法最大的作用，在于可以解决很多同学答题时无话可说，无法展开，三四十秒钟答完，且答题内容空洞无物的问题，让答案生动、丰富、吸引人。那究竟什么是“假设法”，它又该在何种条件下应用、如何加以应用，下面我们具体来看。

1. 什么是假设法?

假设法是针对题目中矛盾产生的原因、严重程度及可行的解决方式进行合理假设，并详细展开的答题方法。简而言之，假设法就是把抽象的问题转化成具体的问题进行处理。假设的过程，就是一个具体问题具体分析的过程。

2. 假设法的作用和意义是什么?

假设法的根本作用，是为答题创造条件。很多时候，题干给的条件很有限，导致我们在作答时，干巴巴地说了两句话，就无话可说了。比如这道题：*项目进行到关键时期，团队骨干人员突然提出要休假，从而导致很多工作无法展开。作为项目负责人，你会怎么办?* 在这道题中，题干条件只说明了“团队骨干人员要休假从而导致很多工作无法展开”，这种情况下，很多同学的答题时的第一反应，就是“我会用各种方法，劝说同事坚守岗位，完成工作项目内容”。

这样说虽然意思很明确，但缺点也显而易见。一是它实质上是一句空话，太过“领导腔”，并没有给出具体可行的解决方法，过于空洞无物；二是话说到这里就说不下去了，无法再详细展开，有种聊天时把话聊死的感觉。

而假设法，就是基于题干实际场景，通过假设原因、假设问题的严重程度、假设可行的合理解决方案，来充实丰富我们的答案。比如这道题，我们可以就这位骨干人员请假的原因做出合理假设，有可能是家庭方面的问题，比如家庭成员生病，他需要照顾家人；也有可能是项目进行得不太顺利，让他有一定的挫败感；或者是与其他同事在项目合作中产生了一些间隙，出现了一些矛盾，导致他的工作态度不积极。通过种种原因假设，再针对每种原因给出具体有针对性的解决方案，这样既保证了答题的细节性，让我们的答题内容更加生动，也体现了我们思考问题的全面性，和处理问题的务实性。

3. 什么场景下适用假设法？

明白了假设法的意义和作用，下一个需要掌握的问题，就是什么时候可以用假设法。在这里给大家总结了以下几点适用情况：当题干中的矛盾比较模糊并不具体，且题干的给定条件非常少时，往往就需要我们针对题干问题出现的具体原因、程度以及解决方案去进行假设。比如上述这道题，题干中只介绍了骨干人员在项目关键期想退出，除此之外没有其他补充信息，这个时候，我们完全可以结合题目，来假设出几种较为合理的具体原因，并根据每条原因给出针对性的解决办法。

4. 运用假设法的注意事项

第一，合理假设。合理假设可以保证我们的思路符合实际工作，符合常理，而不是天马行空，不切实际。同时，合理假设原因，后续才能根据具体原因提出合理的解决方案，否则只能是自己挖坑自己跳。毕竟我们找到问题原因的根本目的，还是解决问题；第二，假设要由易到难，层层递进；第三，假设不宜太多，三层假设即可；第四，假设时，如果没有思路，可以以题干中的关键词为突破口。例如：领导让你做一个工作考核细则，但是做完之后老刘过来接手你的工作，老刘在实施过程中说有同事觉得细则不合理，有抵触情绪，你怎么办？这道题中的关键词，是“细则不合理”。所以，我们可以根据这一关键词，围绕“细则究竟如何不合理”，展开合理假设。比如：如果经过调查了解，该细则并非内容不合理，而是单位同事对具体细节和操作流程存在误解，那么我会找机会向同事们就考核细则做出详细解释，必要时制做出纸质版和电子版说明材料，分发给同事；如果细则确实存在疏漏，部分内容不合理或者操作流程不规范，我会在广泛征集大家的意见建议、参考相关单位具体做法的基础上，草拟细则修订稿件，呈报领导，在领导的指导下继续修改细则。同时，在细则正式出台前，我会发布征求意见稿，结合同事们的反馈完善细则；在细则正式出台后，我会加强细则操作的培训指导，监督细则具体落实情况。

为了帮助大家更好地掌握假设法这一答题利器，下面我们再通过几道题巩固练习一下假设法的具体用法。

经典题目演练 1

你与单位的一位同事之间产生了隔阂，你该如何处理？

题干给出的条件非常有限，所以我们可以用假设法，来丰富一下产生隔阂的原因。

假设点：

假设 1：假设是由于相互交流不足，缺乏了解产生了隔阂。

假设 2：假设是由于工作方法不当，引发误会产生了隔阂。

假设 3：假设是由于待人态度不好，发生嫌隙产生了隔阂。

给出以上假设之后，我们再根据假设的每个原因，提出具体的解决方法。

经典题目演练 2

你从原单位调入新单位，你与原单位的领导私交甚好，新单位领导因此对你很不满意，认为你不踏实工作，你怎么办？

假设点：

（1）每一个领导都有自己的行事风格，如果是我自己误会了现任领导……

（2）如果是自己的态度问题让新领导产生不满，我会……

（3）如果现任领导是因为对我的个人情况不是很了解，才让他对我的行为不满，我会……

（4）如果现任领导确实对我的工作有意见，那么我会……

经典题目演练 3

你有一份机密文件，只有你一人涉密，这时你领导过来问你在干什么，并想要看资料，你怎么办？

假设点：

（1）如果领导是为了检查我的工作，所以想看我手头的资料，那么我会……

（2）如果领导是想看其他工作资料而并不是这份机密文件，我会……

（3）如果领导的确是想看我手中的机密文件，那么我会……

经典题目演练 4

你刚毕业到单位发现你的领导是个独断专行的人，现在他让你去办一件不符合政策的事情，你如何处理？

假设点：

（1）如果是精简了办事流程看起来不符合政策，那么我会……

（2）如果是办事流程不符合政策，并且领导做出这个工作安排是因为不知晓政策，那么我会……

（3）如果是对人民群众有益的事情，并且此项工作是可以通过正规途径申请特批的，那么我会……

（八）把话说细说实

上一小节我们讲了用假设法来解决很多同学答题展不开，三四十秒答完便无话可说的问题。但实际上，并不是所有的题目都适用假设法；在考场紧张高压的情况下，我们也不一定能迅速用假设法来做出反应。比如下面这道题：

领导让你完成同事的任务，但你不能在规定时间内完成，而且这个任务还会占用你的休息时间，你会怎么处理？

对于这道题，很多同学条件反射的回答其实就一句话："我会尽全力，加班加点，高质量地完成工作。"但同时又知道，考场上这样答题肯定是不行的，于是车轱辘话来来回回地绕，绕晕了自己，也听累了考官。其实说句心里话，实际工作中，我们也就是这样解决问题的。但是，考场就是考场，它是一个自我展现的地方。所以，这个时候，我们要学会把话说细说实，将平时在脑子里一闪而过的念头，事无巨细、有条理、有层次地阐述出来，不要认为那是最基本的常识没有必要说。记住，考官并没有和你共用一个大脑，你说出来，他才会知道你的想法。下面的示范作答，就为我们展示了如何在答题中，把话说细说实。

示范作答

在单位，同事之间互相补台、互帮互助是理所应当的。领导把同事未完成的任务交给我，工作本身虽有难度，但这既是领导对我的信任，也是对我的锻炼和培养。当务之急，是做好工作安排，想尽办法，保证工作顺利高质量完成。

首先，我会端正态度。一方面，领导安排任务是从单位工作的全局出发综合考虑的，我应当尊重和服从领导的安排，不应存在畏难情绪。另一方面，这也是一次我学习进步的好机会，有压力才会有动力，不断地接受挑战、克服困难才能更好更快地成长。所以，我更不能辜负领导的良苦用心。我会在领导布置任务时，认真聆听，做好笔记，积极地与领导进行沟通，充分理解领导任务要求和领导的意见建议。

其次，我会直面此次任务中的困难。第一，我会认真研究与此次任务有关的文件，按照时间要求制作任务计划表，对每项工作有具体、细致的认识，在计划表中列明具体事项。第二，我会统计工作的最新进展，及时向领导汇报实际状况，做到心中有数。第三，我会寻求合适的机会向领导如实汇报工作中遇到的困难请求指示，根据领导的指示调整工作内容。如果调整之后还是无法在规定时间内完成，我也要向领导请求支援，请领导安排对工作熟悉的同事参与此次任务，完善工作安排，以确保工作顺利开展。

最后，我会用心开展此项工作。第一，我会先搜集整理与此次工作相关的资料，对工作的计划进行梳理，明确此次工作的重点、难点，根据同事的性格特征和对工作的熟悉程度进行分工。第二，我会向之前负责这项工作的同事虚心请教，请同事给出宝贵的经验和建议，并把我的一些想法告诉同事，请他提出指正意见。第三，对于工作中需要加班加点的情况，我也会统筹安排工作时间，安抚组内成员的情绪，尽量保质保量完成此项工作。

工作结束后，我会及时总结反思此次工作的全过程，吸取工作经验和教训。一方面，加强有针对性、前瞻性的学习，完善知识结构和提升业务技能，以应对未来可能面对的工作内容；另一方面，加强与单位其他部门和同事之间的交流，熟悉和了解单位其他的相关业务，互相交流分享，共同进步。

对于答案中的画线部分，也就是每一小段的第一句中心句，如“我会端正态度”“我会直面此次任务中的困难”“我会用心开展此项工作”，很多同学也许会说，端正态度，直面困难，用心工作，这些话有必要去说吗？这不明摆着就该这样的吗？是的，放在我们日常的交流中，完全没有必要说，但在面试答题中，确实是有必要说出来，这是答题的需要。不要跳跃思维，有时候，“废话”还是要说的。

（九）识别题目陷阱，走出思维定势

很多人际关系题目中会出现一些字眼，看似是题干信息，实际上对我们思考答题有着严重的干扰，不了解体制内人际关系相处文化的同学，很容易按照这些表面字眼去思考，结果走入答题误区。其实也不是说命题人有意给我们布置陷阱，只是我们在面对这些题目的时候，不要被表面的这些字眼所限制，要能够透过现象看本质，走出思维定势，换个角度思考解答，这样才能不至于让自己的答题走入死胡同，也让考官感受到我们是个清醒的人，我们的答案才能让考官眼前一亮、耳目一新。比如下面这道题。

经典题目示例 1

你从原单位调入新单位，你与原单位的领导私交甚好，新单位领导因此对你很不满意，认为你不踏实工作，你怎么办？

“与原单位领导私交甚好”，这句话表面看起来像在夸你被领导赏识，会为人处世，可实际上并不是完全正面的评价，听着就让人不太舒服。党的十八大以来，一直提倡的是“清清爽爽的同事关系，规规矩矩的上下级关系”。可“私交甚好”这几个字，却容易让人浮想联翩，导致我们答题中，一不小心就会走错方向，把私交甚好当作自己的一个优点去分析。那如何把它扳回来，让不那么舒服的题目，通过我们的分析也舒服、规矩、清爽起来呢？

一个很好用的方法，就是回归人际关系题的基本中心：工作为重。

与原单位的领导私交甚好，其原因可能是多方面的。也许是因为原单位领导赏识我的工作能力，认为我在工作期间表现优异，为单位承担了很多重点项目，分担了许多压力，那么在新单位我也会一样踏实肯干，努力付出，成为新单位工作的骨干人员、核心力量，为领导和同事们分忧解难；也许是原单位领导的工作办事风格与我非常契合，配合非常默契，那么我到了新单位就要学会与新领导、新同事进行工作风格的磨合，提升自己，适应新的环境；也许是因为原单位领导知人善任，对单位干部，尤其是年轻干部悉心培养，耐心教导，那么我到了新单位之后，也要继续秉持自己作为新人的谦虚、踏实、好学、务实的良好作风，以新姿态投入到工作当中。这样一分析，我们就将原来听起来别别扭扭的“与原单位领导私交甚好”，变得合情合理，堂堂正正，光明磊落。

还有很多同学在答题时，喜欢用类似“利用闲暇时间和同事培养共同的兴趣爱好，一起聚餐活动”之类的表述，其实这些不能说不妥，但并不是很有必要。记好那句“清清爽爽的同事关系，规规矩矩的上下级关系”，这就是我们体制内人际关系的基本准则。这样的关系不需要请客吃饭和 KTV 来维持，按照一切以工作为重的原则，自然能维护好。尽管在实际工作中会存在这样或者那样的人际矛盾，但要相信，一切矛盾都是在工作中产生的，所以需要通过工作来化解。

经典题目示例 2

由于工作安排，一位同事需要每天给你送报表，但他总是送得特别晚，严重影响了你的工作效率，且他和你关系并不好。你怎么办？

对于这道题中，题干中的表述“且他和你关系并不好”有些混淆视听，答题时不能把它和同事送报表送得晚联系起来，认为他是在故意针对我们。同事报表送得晚的原因有多种可能：也许是他意识不到位，没有了解到报表的重要性，所以把这项工作放到最后才做；也许是自身能力问题，没有能力按时并保证质量地完成报表；也许是工作任务繁重，确实抽不出时间按时完成报表；也有可能是我沟通不及时、不到位，没有让他意识到报表的重要性和时间的紧迫性；等等。我们不能根据题干的表述，就想当然地把“报表送得晚”和“他和你关系并不好”联系起来，那样就走入思维定势和死胡同了。要记住“报表送得晚”和“他和你关系并不好”是两码事，我们一一分析原因，然后各自解决。这样一来，像阳光心态、工作为重等我们之前讲过的答题高分原则，也就自然而然地体现在了我们的答案当中。

以上是为大家总结的人际关系题目作答的9大黄金准则。我们最终的目的，是把这些知识点转化为我们在面试考场上的侃侃而谈和考官笔下的高分，所以，学习中一定要做到知行合一，多找好的题目去不断练习、巩固这些答题方法。这样，熟能生巧，考场上出现任何题目，我们也能应对自如。

四、人际关系题答题思路

前面我们学习了人际关系题目作答的9大黄金准则，知识点非常密集，需要大家不断思索、消化、吸收。下面，我们来些轻松一点的内容。虽然轻松，但同样重要。

考场上回答一道题只有3～4分钟，留给考生思考的时间只有短暂的40秒左右。要在如此短的时间内，从零开始构想出一个结构完整、观点鲜明、逻辑清晰的答案，不说不可能，也是非常有难度的。那为什么在如此高压场景下，有人就能超常发挥夺得高分呢？在这里记好这3句话，把这3句话放在心里，面试培训市场上再深的套路也忽悠不了你。那就是：一切超常发挥，皆因有备而来；一切完美表现，皆因日日练习；一切出其不意，皆有律可循。

这一部分要着重解决的，就是“有备而来”。公考面试中，“有备而来”指的是我们对出题方向有一个清晰的了解，对常考、易考的知识点有大量的储备。对于像综合分析题这样的题目，要做到这一点比较有难度。但对于人际关系题，只要用心，就能做到。

人际关系题通常有5种关系维度，分别为与领导、平级、下属、群众、自己。针对每一个维度，都有一些常见的矛盾场景，我们把它们称为“原场景”。最终考题的呈现，多半是在这些原场景的基础上，加入不同细节的改变。所以，对于人际关系题，最高效的备考方法之一，就是去储备这些“原场景”。这里为大家总结了40个各维度沟通常见的矛盾场景。对这些场景，我们一定要足够熟悉，最好能做到条件反射式的自然回答，这样至少能在面试考场上节省80%的思考时间。相信我，每一个面试高手，都有这样的积累。

（一）维度一：与领导

场景1　被领导表扬

（1）表态：领导表扬是对我工作的认可和鼓励，我会再接再厉，在自己的岗位上做出更优异的成绩，同时不忘戒骄戒躁，保持谦虚谨慎的工作态度，高调做事，低调做人。

（2）多举措全方位提升自己的工作能力，不断挑战自己，勇挑重担。

（3）定期对所做工作进行复盘，反思总结，发现问题，补齐短板。

（4）多和同事前辈交流请教，要相信三人行必有我师。

（5）补充：如果领导错将别的同事的功劳归功于我，若非公开场合，应立即向领导说明情况；若是公开场合，则在事后找机会第一时间向领导澄清。

场景2　被领导批评

（1）表态：做错事情就应该承担相应的责任，犯错不可怕，可怕是不能从错误中汲取教训，成长进步。我会虚心接受领导的批评，并把领导的批评当作对我的警醒和鞭策，当作重新审视自己和提高自我的机会。

（2）工作为重，尽全力弥补因错误而耽误的工作，补齐进度，不影响后续工作。将工作完成之后，向领导汇报。

（3）认真反思，寻找出错的表层和深层原因，反省改正。

（4）今后工作中，更加踏实认真负责。工作无小事，小疏忽可能酿成大错，要以极端负责的态度，对待自己接手的每一项工作。

场景3　被领导冤枉

（1）表态：当面不反驳，背后不抱怨。领导工作繁重，千头万绪，对谁或者某件事情稍有疏忽和误解，都是正常可以理解的。

（2）找机会解释，事后不重提。和领导之间有误会，要寻找合适机会和对方沟通，做好解释。稍过一段时间，待领导冷静下来，寻找机会向领导解释。和领导解释沟通，目的是向领导传递正确信息，而不是纠结于事情本身的对错，所以态度要谦虚平和。一旦解释清楚后，事后便不再提。

（3）反思原因。被领导误会的原因，很可能是自己在向领导多请示汇报方面做得不够。所以今后工作中，要加强和领导的沟通，工作中主动多请示、多汇报，习惯领导的行事风格和工作特点，只有这样，才能更好地配合领导，做好单位的工作。

（4）积极认真做好工作，全面提升工作能力，做领导的好帮手、好助手。

场景 4　被领导冷落不认可

（1）表态：摆正心态，端正对自己的认识。一方面可能是自己的主观臆断，误会了领导；另一方面，如果确实存在这种现象，则说明自己工作存在短板，这更是一个弥补自身不足、提高自身能力的契机。

（2）自我反省，分析原因。有可能是因为自己作为新人，工作能力不足，缺乏专业知识和丰富的工作经验，与其他同事相比还存在较大差距；也有可能是自己心浮气躁，有眼高手低之嫌，领导不放心把重要工作交给我们；还有可能是由于我们对单位的实际情况、领导的个人风格、同事的办事习惯、工作的主要内容缺乏具体的了解。

（3）针对性改进。提升个人工作能力、调整个人心态、加强对单位的了解，优化自己的工作方法，自己学，请教学，从干中学，在学中干。

场景 5　所提意见领导不采纳

（1）表态：作为一名单位新人，悉心认真研究后提出的意见不被领导采纳，心情低落肯定是有的，但同时也要清醒地认识到，自己作为新人，所提意见不被领导采纳，也是完全正常的。要用一颗平常心对待，将重点放在如何改进、提高自身，更好地做好工作上。

（2）找出自身不足。分析此次所提意见不被采纳的原因。但注意，分析的目的是找出不足、提升自我，而非纠结于意见不被采纳这件事本身。

（3）姿态放低，脚踏实地。作为一名新人，最重要的，是把本职工作做好。随着自身经验的累积，知识的叠加，对行业了解的深入，结合实践经验和深入思考总结之后提出的意见建议，会更加具有科学性、实践性和可行性。

场景 6　平级领导之间的工作意见不合

（1）表态：领导们对同一项工作有不同意见很正常，这样才能集思广益，取长补短，得出更好更优质的工作方案。作为下属，我的任务是认真分析两位领导意见的异同点，理出最终合适的解决方案。

（2）同时要从自身找问题。是不是自己在工作汇报中有疏忽不妥之处，比如是否没有表述清楚，引起了领导之间的误会；又如，自己是否没有完全领会清楚两位领导的意见。所以，必要时可将两位领导的意见进行重新梳理，和自己提交的方案进行对比，遇到不清楚的地方再次向领导请教。

（3）具体分析两位领导意见的差异之处和原因，并针对每项差异，结合实际工作情况，给出具体分析。对比分析梳理后，再呈报领导，供领导沟通和做进一步决定参考用。

（4）根据两位领导最终的意见敲定方案，并在方案的实行过程中，及时与领导进行沟通，让领导知道每一步的进展，根据实施的情况进行及时调整。

场景 7 直管领导和间接的高层领导意见不一致

（1）表态：一般情况下，我受直管领导领导，工作也是对直管领导汇报，且因为直管领导对具体工作更为了解，所以我会以直接领导的意见为准。

（2）及时与直管领导沟通。当间接领导与直管领导不一致时，要保证让直管领导及时掌握情况，了解间接领导的意见；并且，梳理两位领导的意见差异点及可能原因，提出建议的解决方案，形成书面文字材料提交给直管领导，供直管领导向间接高层领导汇报时参考。

（3）及时跟进。对直管领导向间接高层领导的沟通情况，要及时了解，掌握情况，随时准备好为直管领导提供需要的材料和参考意见。

场景 8 对领导的决策有不同意见

（1）表态：工作中和领导存在意见分歧是很正常的，通常情况下我会服从领导决策。领导的工作经验更为丰富，政策水平高，理论基础强，视野更为开阔，看待问题也更加全面深刻。我会认真领会领导的决策，并按照领导的要求去处理问题，做到顾全大局。

（2）找合适机会和领导再沟通。如果我认为自己的想法还是有有利于开展工作的地方，我会选择适当的时机，在不影响领导工作的情况下，把自己修改后的意见整理后，有条有理、言简意赅、重点突出地再次向领导汇报，看领导是否考虑将我的意见融入其决策中。无论领导的反馈如何，我都会认真用心开展工作，并把和领导的再次沟通，当作是自己向领导学习的一次宝贵机会。

（3）在今后工作中，继续努力工作，全面提升自己，成为单位的中流砥柱，领导的左膀右臂。

场景 9　领导工作中出现疏忽

（1）表态：在工作中，对领导要尊重但不崇拜，服从但不盲从，一起以做好工作和维护好单位利益为出发点。所以，对待领导工作中的疏忽，作为下属，要善意提醒，这也是作为下属的应尽职责。

（2）正确看待领导的疏忽。人非圣贤，孰能无过，任何人都难免会出现工作疏忽的时候，领导干部同样如此。领导既是我们的上级，也是我们的同事和朋友，本着对领导负责、对工作负责的原则，必须指出其问题所在。

（3）下属进言献策的重要性。单位是一个集体，下属进言献策，可以为领导提供更多科学、合理、可行的方案，能够加强领导对整体情况的把握，使领导在做相关决策时方向和思路更加清晰、准确，有利于单位整体工作的顺利开展。

（4）注意场合时机和说话方式。帮助领导指出其工作中存在的疏忽时，要注意场合、时机和说话方式，有礼貌、有分寸地说出我们的意见建议，切实帮到领导。

场景 10　领导违背原则

（1）表态：作为公职人员，坚守法律和职业道德是底线。我也会严格遵守单位的规章制度，不能因为是领导违背原则，就盲目服从。但与此同时，我要学会站在领导的立场想问题，理解领导如此行为的原因和苦衷，以此为切入点来劝说领导。

（2）善意提醒领导。领导可能是对这方面的法律知识和要求不够了解，或者是压力之下一时乱了阵脚和分寸，我会私下找合适的时机，将相关的法律知识告知领导，态度上要心平气和，言语上要有应有的尊敬，并和领导一起想办法，看是否能通过合法合理的渠道解决问题。

（3）如果领导还要一意孤行，我会坚持原则。如若情况严重，有造成严重后果的风险，本着对工作负责和对领导负责的态度，我会向上级部门反映，避免因领导一时糊涂而酿成大祸。

（4）在今后的工作中，尊重领导，听从领导指挥，必要时向领导提出意见建议并附带解决方案，继续做领导的好帮手、好助手。

场景 11　领导严苛，要求高

（1）表态：领导对下属严苛，对工作要求高，是领导有责任心，对自己、对单位、对下属负责的表现。工作中遇到严厉的领导，我应该感到幸运，因为在高标准严要求下，我会养成更加严谨、细致的工作作风，这对我的成长是十分有益的。

（2）在今后的工作中，高标准严格要求自己，事事想在领导前面，提高工作的主动性和创造性，在业务素质上不断求精提高。

场景 12　领导是工作狂

（1）表态：领导是工作狂，说明他是一位自我要求严格、上进心强、对工作认真负责的好领导。作为下属，我应该学习领导的这种品质和精神，积极投入到工作中去。

（2）领导经常安排我们加班，可能是因为单位业务繁忙。在这种情况下，我会在接到任务时，询问清楚具体的工作要求、截止时间等，制订合理的工作计划，高效利用时间，适当提前完成工作，留给领导一定的修改时间。

（3）如果领导经常超负荷工作，影响了自身的身体健康，同事们也都比较疲惫，那么我会主动跟领导沟通，委婉地提出自己的建议。频繁地加班，影响同事的工作积极性和工作热情，长期来看，是不利于单位发展的。

（4）相信领导一定能够合理安排工作，让大家工作张弛有度，让我们的工作团队更有战斗力和凝聚力。

场景 13　领导工作安排变来变去

（1）表态：应该理性看待工作安排的“变化”。领导是从大局思考和部署工作的，考虑问题更加全面细致，要相信领导不是平白无故变来变去的，这种调整是有助于进一步完善工作的。所以，要以积极的心态去应对变化。

（2）及时理解领导提出的新要求，认真思考、领悟变化的重点、难点，比对前期规划方案，及时调整工作安排。遇到不懂的地方，主动向同事及领导请教，确保弄清领导的意图，掌握变化的精髓，以便调整、完善工作安排，保证工作质量。

（3）全面提升自己的工作能力，以更认真负责的态度、更专业的水平，做好领导交代的每一项工作。同时，在工作中多与同事沟通交流，互相学习好的工作方法，也要善于总结，使每次工作都有所收获、有所提升。

场景 14　和领导之间有误会

（1）表态：认真反思自身行为，从工作方法、工作态度、沟通交流、汇报方式方法等方面找出自身存在的问题。

（2）找机会主动积极和领导沟通，诚恳交流，说明自己的反思心得，解释清楚误会，并向领导表明今后的工作态度。

（3）在今后工作中，不断提高自己的工作能力，做好、做精本职工作，向领导勤请示、多汇报，加强沟通，做领导的左膀右臂，做好领导交代的每一项工作。

（4）注重培养自己看问题时的大局意识和全局意识，以及换位思考能力，做到遇到问题全面考虑。

（二）维度二：与同事

场景1　合作推诿

（1）表态：先寻找问题产生的原因。是否在工作分工上存在误解及不妥之处，或在工作的沟通交流中存在问题，或者同事有什么为难之处。

（2）充分听取同事的想法和建议。

（3）根据团队成员的专业特长和职责，合理分工，相互配合，遇到难题共同解决，充分发挥团队的智慧。

（4）今后工作中强化沟通协调，随时听取同事的意见建议，遇到问题及时解决。

场景2　工作被领导表扬，同事说你揽功

（1）表态：工作受到领导表扬，是领导对我工作辛勤付出的肯定和鼓励，我会再接再厉，努力工作，在自己的岗位上做出更优异的成绩。同事说我揽功，不会影响我的工作积极性，但我也会认真反思，寻找自身问题，做到有则改之，无则加勉。

（2）肯定同事的付出。我工作的顺利开展建立在单位的环境基础上，所以，我取得的每一份成绩，都和单位其他同事息息相关。我在专心处理自己工作的同时，其他同事也负担着单位的其他工作。没有大家的齐心协力、共同努力，单位的工作不会开展得如此顺利。所以，面对功劳，没有谁可以独占。

（3）自我反思。同事说我揽功，我应该反省自己，是否在和同事沟通交流，或者分工合作中有做得不恰当的地方，是否在跟领导汇报工作时有不妥之处，或者工作中忽略了同事的感受，做到有则改之，无则加勉。

（4）今后，我会继续努力工作，同时多注重与同事的沟通交流，共同营造单位和谐友好、凝心聚力的工作氛围。

场景3　被同事抢功劳

（1）表态：团队合作中，同事也出了力，功劳本就有他的一份，所以也不算抢功劳，对一时的利益得失，不要看得那么重，工作做得好，是集体的荣誉。要有“功成不必在我，但功成必定有我”的胸怀和大局意识。

（2）今后工作中，更加积极认真地做好自己负责的每一项工作。要相信日久天长，每位同事的努力付出都会被大家看在眼里。

（3）如果今后同事类似行为频繁，为了团队工作氛围和谐和工作顺利推进，还是要找机会委婉提醒他。

场景4　同事工作出错，心情郁闷

（1）表态：工作中出现失误，如果并非工作态度有问题，没有必要对同事太过责备。作为团队伙伴，要理解同事，安慰同事，帮他一起解决问题。

（2）了解情况，开导同事。在尊重对方，不让对方难堪的前提下，开导安慰，帮其恢复好心情。

（3）分析原因，解决问题。帮同事梳理错误，分析原因，帮忙尽快补救。

（4）今后工作中，与同事互相帮助，互相提醒，在做好自己工作的前提下，为同事工作提供必要的帮助，共同提高，不能只关心自己工作中的一亩三分地。

场景5　同事背后议论别人

（1）表态：在背后议论别人，会影响同事之间的关系，还会影响单位内部的和谐，这种行为本身并不值得提倡，应该尽量避免。

（2）自己做到不参与、不传播的同时，力所能及并委婉地劝解同事不要在背后议论别人。

（3）今后工作中，努力做好工作，平等友好地对待每位同事，不拉帮结派，团结谁或排挤谁，如果遇到这样的情况，也要尽全力劝说制止。

场景6　同事背后议论我

（1）表态：听到别人在背后议论我，我首先要稳定情绪，没有人是完美的，也很少有人能够被所有人喜欢和接纳，所以，面对别人对我的议论，我首先要大度、豁达，有则改之，无则加勉，更不能因此而埋怨背后议论我的同事。

（2）如果同事所说是对我的误解，我不会放在心上，当作没有发生过，做到“无则加勉”，以后对自己更加严格要求。

（3）如果同事说的情况我确实存在，我会认真反思，并尽快改正自身问题。

（4）同事在背后议论我，一定程度上说明我在平时工作中，忽略了和同事的沟通和交流。今后，我会在做好工作的前提下，加强与同事的沟通交流，三人行必有我师，向优秀的前辈同事学习看齐，提升自己。

场景 7　同事获奖受表扬

（1）表态：同事因为工作努力、优秀受到表扬，这是团队的荣耀，我也会为有这样的同事而感到骄傲。

（2）祝贺同事。同事受到表扬，是努力工作辛勤付出的结果，作为同事，我衷心地向他表示祝贺，会让同事感受到单位的向心力和凝聚力。

（3）反思学习，向优秀同事看齐。把同事当作榜样，汲取同事身上的优点，见贤思齐，并常反思自己工作中存在的问题，弥补自己的不足。

场景 8　与老同事意见不合

（1）表态：老同事在岗位上勤勤恳恳、兢兢业业地为单位奉献了一辈子，在工作过程中积累了丰富的经验，是年轻人学习的榜样，更是单位的“宝贝”。所以，在与老同事相处的过程中，一定要尊重老同事。遇到和老同事意见不合的情况，要多从自身找问题。

（2）自我反思，看自己的意见是否存在不合理之处，找出问题后，用请教的态度主动和老同事沟通。如有不懂的地方，主动虚心向老同事请教。

（3）如沟通后仍认为自己意见正确，谦虚礼貌地向其表达自己的建议。新老一代必定存在观念和认知的差异，我们要在坚持自己原则立场的同时，学会去适应他们。

场景 9　老同事派给你分外之活

（1）表态：单位的各项工作，都是对我的锻炼与提高。作为新人，老同志让我做各种工作，其实也是帮我尽快熟悉单位工作环境和流程，熟悉各部门同事，是对我全方面的锻炼，也是我作为新人必经的一步。

（2）老同志派给我分外之活，让我为部门分担更多的任务，这在帮我尽快熟悉单位工作环境和流程的同时，也能让我体现出自己的价值，快速融入集体。所以，接手的工作，无论分内分外，既然接手，就应该尽全力把它做好。

（3）最重要的是，首先要做好自己的本职工作，在此基础上，再去力所能及地帮老同志做好这些工作。如与自己分内工作有冲突，要分清轻重缓急，必要时和老同事讲清楚。

（4）日后工作中，不忘多向老同志请教学习。

场景 10　工作中代替同事受罚

（1）表态：端正心态，虚心接受领导批评。与同事合作，工作出现了问题，无论是谁的原因，自己都有不可推卸的责任，要有担当意识。所以，要主动承认错误，勇于担责。

（2）细致梳理问题，采取有效补救措施。和同事一起优化工作方式、方法、流程，加班加点弥补工作上的失误，不影响后续工作开展。改正之后，及时向领导汇报结果。

（3）认真反思，看看是不是自己在与同事沟通中存在问题，某种程度上误导了同事，如果发现问题，要及时改正。

（4）适当的时候，找同事真诚沟通，表示关心和理解，指出其工作存在的问题，帮助其改进，并在今后工作中，互帮互助，增强团队凝聚力和战斗力。

场景 11　和同事之间有误会

（1）表态：每个人都有自己的工作风格和特点，对同一件事情的认知也有所不同，所以和同事之间出现误会很正常，关键是不能因为误会影响工作，并且要学会换位思考，积极主动找同事沟通，澄清误会。

（2）看误会是否影响到工作。如果影响到工作，快速反应，弥补损失。找到同事，和他一起梳理之前工作的思路和方式方法，找到出现问题的具体环节并分析原因，根据具体原因来做好补救工作，减少损失。

（3）自我反思。处理完工作上的问题后，反省自己和同事协作中自身存在的问题，如沟通不到位，没有站在对方角度想问题等，找出问题所在。

（4）主动沟通。找机会主动和同事沟通，缓和关系。对自己做得不好的地方，主动向同事道歉。解释清楚误会之后，事情就告一段落，把重心放在做好工作上。

（5）在今后的工作中，提升自我，认真做事，同时和同事保持密切合作，相互多包容、多理解、多鼓励、多交流，共同完成好工作任务。

（三）维度三：与下属

场景 1　下属工作态度不积极，推诿怠慢工作

（1）表态：作为团队负责人，创建维护一个相互信任、开放沟通、创新思考和有凝聚力的团队环境，推动和激励小组成员积极投入工作，是我的基本职责。面对下属工作态度不积极、推诿怠慢工作的问题，应积极协调沟通，尽快解决。

（2）耐心倾听下属心声，必要时召开团队工作推进报告会，针对组员工作中存在的具体问题及问题产生原因，具体问题，具体解决。尽全力为下属解决困难，帮助其恢复工作信心。

（3）进一步细化和完善团队工作分工安排，并严格落实，及时调整，时时跟进组内整体工作及各组员具体工作的完成情况和质量，以保质保量地完成工作。

（4）作为一个团队的负责人，以后要更加注意自己的工作方法，注重工作的前瞻性和大局观，对工作任务进行科学合理的评估和分配。当工作出现问题时，自己要主动承担责任，同时要加强与同事的交流沟通，及时听取他们的意见，解决问题，保证今后的工作优质、高效地完成。

场景2　下属不信任、不了解你，不配合工作

（1）表态：多从自身找原因，加强沟通，增强团队凝聚力。

（2）建立信任关系。加强沟通和良好合作，让下属感受到自己对其的支持和信任，多鼓励下属，加强人文关怀。同时，要及时给予下属赞扬和鼓励，让他感受到自己的价值和重要性。双向沟通，用交流消除芥蒂和隔阂。

（3）建立章程制度约束，去平衡和保证团队管理中的不可控因素。

（4）着眼长远，帮助下属做好良性的职业发展规划，让他感受到，我们是真正在为其发展考虑。

场景3　下属工作出错

（1）表态：作为直属领导，下属出错，自己也有不可推卸的责任。要查明原因，帮助下属改进，保证工作的顺利开展。

（2）主动与下属沟通交流，了解工作的具体细节，认真查找此次工作没做好的原因，并且尽自己所能，或者安排团队里的其他成员，协助下属把没做好的工作改正，避免耽误单位其他工作的进度。

（3）在和下属充分沟通的基础上，认真思考此次下属工作中出错，自己存在的问题，比如安排的工作难度太大，超出下属本身能力范围；任务太重，没有给下属安排工作搭档；任务分工不合理等。针对具体原因，有针对性地解决问题。

（4）做好员工的技能培训，创新工作方法，注重营造良好的工作氛围，提高团队的凝聚力。

（5）在今后的工作中，制订更加科学的工作计划，合理进行人员分工，比如：对于新人，要全面了解，从安排做辅助性工作开始培养；把一些专业性比较强的工作，安排给工作经验丰富的老同事，并安排新人协助学习，保证工作的高效完成。同时，把握好整项工作的进度和质量，对项目进程及时跟进和掌握，确保项目圆满完成。

场景 4　团队不团结

（1）表态：作为负责人，有责任去协调团队工作和各团队成员关系，调动同事的工作积极性，提高团队的凝聚力。

（2）安抚团队人员情绪。肯定团队人员工作态度和工作能力，对其贡献表示肯定和感谢，充分听取其意见。

（3）深入反思，解决问题。对产生问题的原因进行思考和反省，厘清头绪。在和团队人员进行深入的沟通的基础上，结合之前所思，妥善解决问题。

（4）在日后的工作中，在以工作为重的基础上，担当团队同事之间“黏合剂”的角色，多关注团队各成员的性格和专长，根据各自特点进行工作的合理分配；同时也应多利用业余时间开展形式多样的团队建设，搭建各成员之间交流的平台，提升互相之间的默契度。

场景 5　下属对你不满

（1）表态：作为团队负责人，要尊重团队中每位成员，认真对待其意见和心声。下属对自己不满，也是我们自我反省、改进提高的一个机会。

（2）主动沟通，耐心倾听。主动与下属进行诚恳、耐心的沟通，了解其对自己不满的原因，打开其心结。当下属提出问题和意见时，要认真倾听，给予充分的反馈和支持，让下属感觉到被重视。

（3）自我反思，有效解决问题。结合下属所提意见建议，反思自己的工作方式、方法和态度，有针对性地改正。

（4）日后多与同事进行沟通，多倾听团队成员意见，让团队凝心聚力。

（四）维度四：与群众

场景 1　亲戚朋友请帮忙

（1）表态：亲戚朋友也属于人民群众，是我们的服务对象，所以要分情况处理。

（2）在工作中难免会遇到亲戚朋友来找自己帮忙办事，如果符合办事流程、单位的规章制度并且不触碰原则，我会尽心尽力地帮助办理。

（3）如果所办的事不符合办事流程、违反单位的规章制度，甚至触犯法律，我一定会坚持原则，并耐心和亲戚朋友说明情况，若触碰法律一定告知其相关的法律知识。

场景 2　群众不满意

（1）表达：群众满意度是我们工作最重要的试金石，对于群众的不满，要从思想上高度重视，立即解决。

（2）首先要稳住情绪，始终保持礼貌，真诚与群众道歉，耐心倾听群众诉求，在权责范围内，尽全力帮助其解决问题。

（3）事后多方反思，寻找自己在工作态度、服务意识、工作方法、沟通方式等方面的不足，认真改进。

（4）群众不满意，根本原因还是自己的工作能力不足。今后工作中，要加强学习，熟练掌握工作，提高业务能力，高效快捷地帮助群众解决问题。

场景3 群众不信任

（1）表态：获得群众信任，是做好群众工作的前提。所以，我会沉下身子，扎根基层，在朝夕相处中，用自己的一言一行赢得群众对我的信任，更好地服务群众。

（2）反思与群众交流中存在的问题。群众对我不信任的原因可能是多方面的，比如我平时与群众沟通不足，或工作方法有问题。在今后工作中，我要加强与同事、领导的沟通，向他们虚心请教如何与百姓打交道，如何做好基层服务工作。

（3）在今后工作中，躬身基层，加倍努力，积极主动地融入群众生活，加强与群众的联系，了解群众迫切关心的问题，帮助群众实实在在地解决生活生产中的问题。相信只要我心怀群众，事事时时把群众利益放在首位，挂在心上，终会赢得群众对我的信任。

（五）维度五：与自己

场景1 新人新环境，不知如何开展工作

（1）表态：到新单位，一时不知如何上手工作是正常的，但是要尽快熟悉融入单位，开展工作。

（2）熟悉单位环境和规章制度。作为初到单位的新人，应尽快熟悉适应单位的工作环境，了解单位的工作流程、规章制度、自己的工作职责；尽快熟悉单位各部门的职责分工，以及各位同事的工作风格，一边学习，一边积极主动承担工作，小事抢着做，大事多请教，在干中学，在学中干。

（3）脚踏实地，从基础做起。熟悉业务，查阅单位工作日志和相关档案，向老同志请教工作经验与处理技巧，多学习与工作相关的专业知识，在线学习网络课程，参加单位组织的业务培训，如公务员初任培训等。

场景 2　新单位环境不如意

（1）表态：积极调整心态，转变观念，端正心态。全新的环境也是对我的一次考验和历练，让我变得更加坚韧和成熟。要勇于克服困难，努力提升工作能力，更加积极地面对工作与生活。

（2）调整工作状态，用积极饱满的态度对待每一份工作。尽快熟悉业务知识，提升业务水平，做好经手的每一份工作。

（3）加强和同事的沟通交流，遇到问题的时候，多向同事请教学习，在学习中加深对彼此的了解，并且在工作之余也要主动交流，多参与集体活动，让自己在工作之余，同样能够有获得感和满足感。

场景 3　新单位开展工作有难度

（1）表态：从原来的单位到新的单位工作，属于一种正常的工作角色转换，一切都是以工作为导向，在心理上不要拿原单位和现单位进行对比，要积极主动地去适应新的单位和新的工作环境，积极接触新的工作内容、新的工作流程、新的同事。

（2）树立自信。一开始遇到困难和挫折是难免的，业务不熟练、效率不高都是必经的一个过程。在原单位能够很好地完成工作，获得领导和同事的认可，说明自身能力不差，所以要树立信心，积极面对。

（3）加强学习，熟悉新工作新环境。多总结以前工作成功的经验，边学边做，同时虚心向身边同事请教学习，在工作中多积累，争取早日胜任工作岗位。

场景 4　工作琐碎，看似无意义

（1）表态：小事非小事。公务人员的日常工作就是由无数琐碎的小事构成的，但正是这千千万万的小事，构成了为人民服务的大事。群众利益无小事，再小的工作，都有自身的意义和价值。

（2）把小事当大事来做。在小事中勤学善思，工作中出亮点，找到创新点，提高工作效率。在点滴中提升自己的工作能力。一步一个脚印去耕耘。

（3）学会享受工作中琐碎小事带来的成就感。将工作中看似不起眼的小事做到圆满，并不是人人都能做到的，也是一项了不起的能力。要在平凡的岗位上，做出不平凡的业绩。

场景 5　工作生活矛盾

（1）表态：在平常工作中，尤其是经常会遇到工作与生活冲突，要坦然对待，坚持以工作为重，同时要尽可能兼顾生活。

（2）在工作为重的前提下，分情况处理，做到原则性与灵活性相统一。遇到问题时，评估工作和生活两方面的重要程度和紧急程度，有序处理。如果工作任务紧急，关乎群众的切身利益，那必须高效率全力完成；如果生活发生变故，非我不可，向领导请示说明，远程协助工作。

（3）总结经验，提升自我。在今后的工作中，一方面树立大局意识，加强学习，提升工作能力，提高工作效率，服从领导安排，认真做好本职工作；另一方面，尽量平衡好和工作之间的关系，合理安排业余生活，做到劳逸结合，从而更能全身心投入工作，切实做好工作。

场景 6　工作失误

（1）表态：自己工作出现失误，我会高度重视，因为失之毫厘，差之千里，有时一个小的失误会给单位造成巨大的损失。

（2）向领导承认错误。向领导表示真诚的道歉，并请领导放心，自己会加班加点尽最大努力去弥补，不耽误单位的后续工作。

（3）深刻反思，分析原因，尽全力弥补。

（4）解决问题。问题解决过程中全程跟进，保证不再发生错误。与此同时，及时向领导汇报当前的工作情况，遇到困难积极向领导征询意见。

（5）总结汇报。在整个事件解决后，将此次事件进行复盘，包括此次事件的起因、经过、结果，以及最后的解决方案。通过详细的复盘来了解此次出现重大失误的具体原因及自身存在的不足，整理成检讨书提交领导，为以后避免类似的事情提供借鉴。

（6）在今后的工作中，要养成细心、严谨的工作作风，养成记工作笔记、写工作备忘录的习惯，将工作中的失误降到最低。

场景 7　工作难度大，压力大，内心焦虑

（1）表态：工作中遇到困难和压力很正常，俗话说有压力才会有动力，我会积极面对，迎难而上。

（2）对于工作难度大的情况，我会做好以下几点：第一，梳理工作，做好工作规划；第二，提升能力，适应工作要求；第三，借助外力，寻求外部帮助。

（3）针对压力大、内心焦虑的情况，我会做好以下几点：第一，合理安排作息时间；第二，多方式地转移压力；第三，自主调整心态。

（4）相信通过以上多种措施，这些问题可以得到有效解决，使自己全身心地投入到工作和学习中，从而推动工作的顺利开展。

以上是人际关系题目中5种维度的40个原场景及基本作答思路。在平时练习答题时，我们可以根据具体题目的变化，将这里的基本作答思路加以调整、删减、细化和补充。如果你有自己更为喜欢的答题思路，那当然更好。最后提醒一句，学习人际关系题，不是说只掌握这40个场景就够了，这些只是基本点，学习中要多见多练，积累储备多了，自然能融会贯通。还是那3句话：一切超常发挥，皆因有备而来；一切完美表现，皆因日日练习；一切出其不意，皆有律可循。

第三章

综合分析类题型

综合分析题主要考查考生认识问题、分析问题以及解决问题的能力。“综合分析”，顾名思义，有“综合”和“分析”两部分，其中“综合”即要求我们对问题有宏观的把握，有整体性的观点，“分析”要求我们能够辩证地去看待一些事物的内在联系、本质特征及变化规律。根据题目中分析对象的内容和性质，综合分析类题可分为观点类、现象类、政策类、哲理故事类、名言警句类等多种题型。比如下列真题。

（1）习总书记说：“以学铸魂，就是要做好学习贯彻新时代中国特色社会主义思想的深化、内化、转化工作，从思想上正本清源、固本培元，筑牢信仰之基、补足精神之钙、把稳思想之舵。”请你谈谈你如何进行“深化、内化、转化”。（2023 年湖北省考面试真题）

（2）古人云：不登高山不知天之高也，不临深溪不知地之厚也。谈谈你的理解？（2023 年陕西省考面试真题）

（3）有人说机关单位要讲规矩，有人说要讲创新，请问你怎么看？（2023 年国考银保监局国税系统面试真题）

（4）北京市以城市更新为契机，推进建设新型公共文化空间，设立了如书店文化驿站等公共文化空间，但是出现了以下问题：

（一）资金运转不足，影响后续维护运营；

（二）存量闲置和增量不足，资源利用不足；

（三）社会力量参与文化设施建设缺少深度和广度。

请你从中选取 2 个问题，提出对策。（2024 年北京京考面试真题）

作为公考面试中最重要的题型，毫不夸张地说，综合分析题是面试取胜的“半壁江山”。作为面试中毫无争议的必考题，不仅必考，有的地方甚至会考两道。公考面试辅导近十年，我从没有遇到过一场没有考到综合分析题的面试。个别地方的考试，比如浙江省往年针对清华大学、北京大学两所高校的选调面试，每套试卷至少有两道综合分析题，有的年份甚至出现过三道题都是综合分析题的现象。

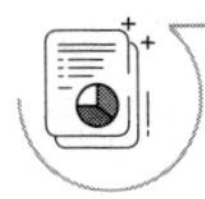

一、面试的“半壁江山”

既然综合分析题在面试中占比如此重要，学习之前对它进行全面深入的了解就必不可少。下面，我们从题目特殊性、难点所在、题目分类、命题新趋势及应对策略四个方面，全面深入了解这种题型。

（一）题目特殊性

作为面试中的必考题，综合分析题较其他题型的特殊性，主要体现在以下几个方面。

首先，率先登场。一般情况下，综合分析题都是作为第一道题目率先登场。相比其他类型的题目，它是对考生综合能力的一个全方位考查，包括考生的知识储备、思维逻辑、分析与综合、归纳与概括、分析问题和解决问题的能力等。一来体现了考试的难度和水平，二来开场即难度巅峰，可以借此来观察考生的实力水平和自我情绪控制能力。往往越是心理素质较弱、情绪自控能力较差的考生，越容易受第一题发挥好坏的影响，甚至会影响整场考试的后续发挥。我见过很多平时答题特别优秀的同学，因为考试时第一道题目的意外发挥失常，比如出现了审题偏差、紧张卡壳、思路断片的现象，让整场面试都被影响。当然，也见过很多考生，因为第一道题发挥很好，整个人的状态被激活，信心倍增，在整场考试中超常发挥，取得了意料之外的好成绩。

其次，对考官评分的影响。我们都知道第一印象的重要性，而在考场上，考官对于我们综合素质和能力第一印象的重要来源之一，就是我们对第一道题——综合分析题的作答。公考面试大多数采用的都是三道题给总分的打分方式，这种情况下，在我们答完第一道综合分析题的时候，其实大多数考官就已经在心中对我们的表现有了基本的判断，定下了基础分。如果后续答题中没有意外（如特别精彩或特别糟糕），我们面试的最终得分就是围绕这个基础分起伏。个别地方是三道题目分开打分，一道题答完，考官给出一个分数，然后取所有题目的平均分作为考生的最终得分。这种情况下，几道题目看似独立，但实际上，考官给后续几道题目的打分，还是会不可避免地受到第一题作答的影响。

最后，得分易拉开差距。综合分析题是公认的面试中最有难度、最难套路化模板化作答的题目，而有难度的题目才能真正考查出考生的实力。对于其他题型，也许我们还可以在准备不足的情况下，适当地借用模板套路，蒙混过关，取得一个不高但也不至于太低的分数。但是，综合分析题由于其题目考查本质和题目设置的千变万化，很难让我们去走这样的捷径，所以，实力高低，综合分析题来见。

（二）难点所在

了解了综合分析题在整场面试中的重要性，我们再来看综合分析题的难度所在。为什么它会是公认的面试题型中最重要也最难的题型，它的难度主要体现在哪几个方面？

第一，“虚题”的最强代表，从空中来，到空中去。作为典型的“虚题”，综合分析题往往让考生感到无从下手。在很多考生看来，虚题纯属让人无中生有的题目，比如说让你围绕一句古诗词、寓言故事或者领导人讲话，谈谈想法和感悟。在很多考生看来，这完全是从空中来，到空中去。所以，如何从虚过渡到实，如何虚实结合，答得既有脚踏实地的务实，又有仰望星空的高度，是我们答好综合分析题要重点考虑的。当然，这也是我们后面重点要讲到的。

第二，很少有综合分析题能够套用现成的模板。关注面试学习的同学应该都知道，这两年考试中，无论从考生还是考官评分方面，都出现了一个格外醒目的词，叫作“反模板”。面试培训经过几十年的发展，已经成为一个很大的市场，各种培训机构总结出的各类题目的答题套路层出不穷，以零基础、速成为噱头，并将此作为利器来吸引考生。这样教出来的，只能是流水线上的答题机器，而面试的本质是交流。在面试竞争已经白热化的今天，还抱有这种侥幸心理，毫不夸张地说，几乎等于把上岸机会拱手让给他人。

尽管各种答题模板和套路大行其道，在所有题型中，综合分析类题目对模板套用的适用性依旧是最差的。这一点与它的本质和题目多变性有直接的关系。这让很多想要在面试学习中走捷径或者投机取巧的同学非常头疼，也在无形中增加了答题难度。

第三，题目形式多种多样，复习和考试难度也因此增加。近年来，材料题、视频题、演讲题都是较新的题型，题目形式变化多样，让考生应接不暇，如果在考试中遇到了自己不熟悉或者完全陌生、不擅长的题目类型，更有可能会不知所措。面试考查的看似是临场发挥，其实是我们平时的积累和练习。每一个在考场取得高分的面试者，都是有备而来的。所以，在平时复习的时候，一定要熟悉你所报考地区、单位的出题风格。为了防患于未然，各种类型的题目，我们都要见过、练过，报考单位的历年真题就是最好的学习资料。不要试图用你并不确定的临场发挥，去跟别人的胸有成竹竞争。在这场没有硝烟的战场上，要提前做到一切你能做的。

（三）题目分类

明白了综合分析题在考试中的重要性和题目自身的难点所在，我们再来看其题目分类。综合分析类题目按内容主要分为社会现象类和观点类两大类，这里我们将观点类题目按内容再进行细分，分为政策理解类、领导人讲话类、警句寓言故事类和辩证观点类 4 类。

1. 社会现象类

社会现象类是综合分析题中重点考的一类题型，题目涉及内容较多，覆盖范围较广，且具有一定的时效性，题目大多取材于时政和社会热点，涵盖政治、经济、社会、民生、环境等多个领域，近年来越来越与现实生活紧密相连。比如，反映新型就业形态的地摊经济、AI 的爆火、老龄化社会危机等，都是近年来命题的热门话题。

下面，我们来看几道典型的社会现象类面试真题。

（1）新毕业的大学生有的人选择大城市工作，有的人选择中小城市工作，对此你怎么看？（2023 年 4 月内蒙古公务员面试真题）

（2）地摊经济、后备箱经济占道经营，阻碍交通，也会带来污染，作为监管执法部门工作人员，你该怎么做？（2023 年 4 月安徽省考公务员面试真题）

（3）最近，Al 突然爆火。它利用 AI 换脸的技术，让用户充分体验了拍戏、演戏的乐趣，因而广受欢迎；也有人说 AI 存在隐患。对此，你怎么看？（2023 年 4 月陕西省考公务员面试真题）

（4）家政行业兴起，不同于阿姨等人群，“95 后”也纷纷加入进来，提供的服务更加精细化、专业化。对此，你怎么看？（2023 年 4 月黑龙江省考公务员面试真题）

（5）孔乙己之所以陷入生活的困境，不是因为读过书，而是放不下读书人的架子，不愿意靠劳动改变自身的处境。长衫是衣服，更是心头枷锁。请结合基层干部要脱下思想上的长衫，谈谈你对基层干部创新实干的理解。（2023 年 4 月新疆维吾尔自治区公考面试真题）

（6）中国国家语言资源监测与研究中心、商务印书馆联合主办的“汉语盘点 2023”年度字词揭晓：“振”当选年度国内热词，这个字代表了振奋、振作和振兴，“振”奋民心。热词的背后是充满生机的生活，2023 年，山东省经济稳固发展，不断向前。请结合山东实际，谈一谈对“振”的理解。（2024 年 3 月山东省考面试真题）

（7）有3个新华社的“90后”年轻记者，重走毛主席年轻时的路，学习《湖南农民运动考察报告》，学习历史，关注当下。结合材料，有关青年传承和弘扬党的优良传统，谈谈看法。（2024年3月江苏省考面试真题）

（8）现在社会竞争激烈，青年人出现了同质化竞争现象，你怎么看。（2024年3月浙江省考面试真题）

从上述例题我们可以发现，要答好社会现象类题型，不仅要对时政热点有一定的掌握，还要能在此基础上形成自己的见解，特别是要能够做到辩证地看待现象，全面地分析原因，妥善地解决问题，向考官展示出我们的分析能力、理解能力、逻辑思维能力和实际解决问题的能力。

2. 政策理解类

政策是指政府机关或者某些社会事业组织为了解决某些社会民生问题，出台的某项相关规定或解决措施。考试时，政策理解类题目往往要求考生针对这些规定或措施谈谈自己的看法。

下面，我们来看几道典型的最新政策理解类面试真题。

（1）近日，国务院对外印发《扎实稳住经济一揽子政策措施》，提出财政政策、货币金融政策、稳投资促消费等政策、保粮食能源安全政策、保产业链供应链稳定政策和保基本民生政策等6方面33项具体措施要求，加快构建新发展格局，推动高质量发展，高效统筹疫情防控和经济社会发展，最大程度保护人民生命安全和身体健康，努力实现全年经济社会发展预期目标等。请谈一谈你对《扎实稳住经济一揽子政策措施》出台的背景和意义的认识。（2022年国考税务系统真题）

（2）近年来，校外培训机构乱象频发，超前教学、虚高价格、夸大宣传等问题引发社会热议。为规范校外培训，“双减”政策正式出台，旨在减轻义务教育阶段学生作业和校外培训的负担。“双减”政策一出，社会上引起了广泛热议，有人认为能够减少中小学生的负担，扩大素质教育的范围，减少家长的教育支出，恢复国家选拔人才的程序。也有人持反对的观点：

第一，“双减”之下，一些家长表示担忧——外面不报班，校内能“吃饱”么？学校晚托班有什么内容？能教语数外吗？现在的课内教学难度和以前比怎么样？是不是学得简单考得难，孩子落后了怎么办？

第二，“双减”减不掉升学的焦虑，减不掉成绩的压力。中考、高考人生的两次大考都是选拔性考试，有竞争，有淘汰。无论怎么减，竞争都一样存在。

第三，中国校外培训机构的员工超过1000万，在“双减”政策的强力监管下，大中型教培行业只能通过裁员或转型自救，导致大量从事相关行业的人面临“再就业”。

请对以上三个观点进行反驳。（2022年部委党群机关面试真题）

（3）政府为推动消费持续扩大，培育壮大新型消费，大力发展数字消费、绿色消费、健康消费，需要积极培育一批新的消费增长点，现有以下几个方向：①智能家居；②文娱旅游；③体育赛事；④国货“潮品”。请选择其中一方面，结合自身经历或消费实际，谈谈你的看法。（2024年3月山东省考面试真题）

3. 领导人讲话类

领导人讲话类题目往往要求考生谈谈对某位国家领导人在某场合讲的某一句话的理解，以此来考查考生的政治理论素养和政府思维意识。从命题趋势来看，这类题目的政治性和时效性都在不断增强，所以在备考中，一定要加强对领导人讲话的学习，多积累，多思考。

下面，我们来看几道典型的领导人讲话类面试真题。

（1）习总书记说：“要加强审计机关自身建设，以审计精神立身，以创新规范立业。”谈谈你的理解。（2023年4月四川省考面试真题）

（2）习总书记说：“青年一代必将大有可为，也必将大有作为。”请结合自身岗位谈谈你的理解。（2023年4月青海省考公务员面试真题）

（3）习总书记指出：“建设农业强国要一体推进农业现代化和农村现代化，实现乡村由表及里、形神兼备的全面提升。”谈谈如何实现形神兼备的提升。（2023年4月四川省考面试真题）

（4）习总书记在中央全面依法治国工作会议上指出：“治国无其法则乱，守法而不变则衰。”请结合全面依法治国谈谈你的理解。（2023年4月湖南省考公务员面试真题）

（5）一百多年前，毛泽东同志说：“我们总要努力！我们总要拼命的向前！我们黄金的世界，光华灿烂的世界，就在前面！”立足当下，请谈谈你对“向前”的理解。（2024年3月山东省考公务员面试真题）

4. 警句寓言故事类

这类出题形式，往往是给出一句名言警句，或者一则寓言故事，或者一幅蕴含启示的漫画，让我们结合自身报考岗位谈谈对其的理解和看法。

下面，我们来看几道典型的警句寓言故事类面试真题。

（1）“近水知鱼性，近山识鸟音。”请谈谈你的理解。（2023 年 4 月湖南省考面试真题）

（2）春江水暖鸭先知，鱼说不是我先知吗？鸭说，因为你在水下，我在水上。对此你怎么理解？（2023 年 4 月河北省考面试真题）

（3）破冰之功非一日之寒，水滴石穿非一春之暖，结合执法工作谈一谈你的想法。（2023 年 4 月甘肃省考面试真题）

（4）牵牛花没有挺拔的躯干，依靠攀附篱笆墙成长；篱笆墙不起眼，却因为牵牛花的攀附，成就了一道风景。请谈谈你的看法。（2022 年国考税务系统面试真题）

（5）三个人趴在看台上看球赛，一个比一个矮，后来给矮的垫上了箱子，三个人都能看见了。请谈谈你对两幅漫画的理解。（2023 年 4 月安徽省考面试真题）

（6）一只狮子抓住了一只老鼠，狮子经不住老鼠的苦苦哀求而放弃了即将到口的猎物。小老鼠临走时说：“以后有机会我一定会报答你。”狮子轻蔑地说：“你一只小老鼠能帮我什么？”后来狮子掉进了猎人的圈套，在生命攸关之时，小老鼠带领它家族的成员，咬断了巨网的绳索，狮子得以逃生。谈谈这则故事给你的启示。（2020 年国考面试真题）

（7）明朝小说家冯梦龙《醒世恒言》中有一则“薛录事鱼服证仙”的故事：唐朝时，录事薛某高烧中，梦见自己跃入水中，化作一条金色鲤鱼，几天不曾觅食，腹中饥饿难耐。此时，遇一渔夫江边垂钓，他明知饵里有钩，但敌不过香饵诱惑。于是，张嘴咬钩，结果被渔翁钓了上来。请问这对你有什么启示？（2024 年 3 月山东省考面试真题）

（8）明代思想家吕坤在《呻吟语》有这样一句话：“处事如打擂，憾大摧坚。要徐徐下手，久久见功，攘臂极力，一犯手自家先败。”请问对这句话，你如何理解？（2022 年 12 月浙江省定向选调面试真题）

5. 辩证观点类

公考面试中，有一种题型看似简单，但是要答好并不容易，这就是辩证观点类题目。这种题的考查形式，往往是先给出一个现象或者观点，然后就此现象和观点，给出两种看似不同甚至矛盾的看法，再问你对此的看法。

辩证观点类题目其实可以被归到社会现象类题目或者警句寓言故事类题目中。但是，因为它的考查频率较高、提问方式特别、答题难度较高，这里还是将它单独归类。

下面，我们来看几道典型的辩证观点类面试真题。

（1）随着电子产品的普及，街边的报刊亭被冷落，有的人认为应该拆除，有的人认为应该保留，你怎么看？（2023年4月河北省考面试真题）

（2）现在有很多大学生在学校的时候就提前开始实习，甚至有的大一就去实习，有的人说大学生实习好，能提早接触就业，有的人说大学生就应该学习，不然基础不牢，你怎么看？（2023年4月福建省考公务员面试真题）

（3）辩论赛上，正方观点：大数据时代，人越来越自由；反方观点：大数据时代，人越来越不自由。选一个进行阐述。（2023年4月湖南省考公务员面试真题）

（4）现在网络上流行进行性格测试，有人说这样方便了解自己，有利于求职、婚恋等选择，有人说不能仅依靠性格测试，对此你怎么看？（2023年4月福建省考公务员面试真题）

（5）传统戏曲是一种重要的传统文化，面对现在传统戏曲的濒危，有人认为需要政府补助，让传统文化保留；有人认为无法存在就应该淘汰，不然就会浪费财力，那么你怎么看？（2023年4月福建省考公务员面试真题）

（6）有人说先行走得快，可以赢在起跑线；有人说晚发也有优势，能够弯道超车，你更倾向于哪个观点，谈谈你的看法。（2024年3月山东省考公务员面试真题）

经过以上讲解示例，我们清楚了综合分析题的基本类型。下面，我们再来了解一下综合分析题的命题新趋势及应对策略。

（四）命题新趋势及应对策略

面试命题是一个庞大而复杂的系统，国考是一个体系，各省份的省考也自成体系，每个地方的考试都有一些独特的命题特点。例如，陕西省考的面试题目一般都中规中矩，而江苏省考面试命题有较多的创新点，因此不能一概而论。幸运的是，虽然有地域的差别，但是这些考试的目的完全一致，都是为了选拔出能胜任体制内工作的优秀人才。因而命题在个性的外衣下，蕴含着共通的本质。我们可以从个性中提炼出共性，从大量历年真题的个性特点中总结出综合分析类题目设置的新趋势。

1. 愈加重视人岗匹配度

其具体表现为：题目设置与岗位、专业紧密结合。2020年国考面试，各部委开始独立命题，单独组织面试，从那以后，面试“统考同题”的特征逐渐弱化，题目设置与单位特性、日常工作业务开始密切结合。

简单举几个例子，外交部面试中的驻外相关问题，中联部面试中的外事活动中各种突发情况的应对，税务系统面试的对某项税务政策的理解和宣传，商务部面试中的对某种经济现象的理解，如网红县长带货、乡村土豆滞销等，海关系统面试中的在海关日常工作中遇到的具体问题，边检部门中的对边检相关工作的理解，法院面试中的对法律工作的提问等，都是考查概率极高的题目，甚至可以说是必考题。很多部门还会根据考生的现场答题情况，进行追问，追问内容往往也与报考岗位工作特性和场景紧密相关。

国考面试命题特点是省考的风向标，题目设置与岗位、专业紧密结合这一命题趋势在省考事业单位面试中也愈加明显。2023 年省考中，部分省份出现了行政执法类单独命题的情况，如北京、浙江、深圳、上海、湖南、安徽、四川等地。这里我们以 2023 年四川省考执法岗的面试真题为例。真题如下：

（1）一个执法工作人员在执法检查的时候，发现一家商户有两台机器超期未检，商户非常担心执法人员会重罚他，但是执法人员认为他只是首次违法，也并没有造成什么恶劣的影响，所以就只是警告了他。事后这个商户给执法人员送了一面锦旗。作为即将入职的执法工作人员，你会怎么看？

（2）当地的一个旅游农产品发展得非常火热，但是有群众举报出现了以次充好以及用外地的非有机蔬菜代替本地蔬菜的情况。领导让你去处理这个事情，你会如何处理？

（3）有一个大货车司机拉了 600 公斤的土豆被拦在了高速路口，高速公路的工作人员告诉他必须要卸下来一部分土豆才能进城，但是货车司机觉得工作人员是在刁难他，于是跟工作人员起了争执。你作为一个在现场的执法工作人员，会怎么处理这件事情？

通过观察我们可以发现，以上每道题目中都包含着执法特征，并将执法办事流程以及处理方式等融入其中。但是也不用对此太过焦虑，因为题目的执法属性并不强，并不是不可攻克的。这就要求我们不要过度紧张和焦虑，同时也要予以足够的重视。

其实，这一命题趋势增强了人才选拔的精准性，也从本质上反映出公考面试正在变得愈加成熟、务实、接地气。很多同学总是疑惑面试中怎么去发挥，立什么样的“人设”才能打动考官。其实，按照“人岗匹配”这个思路，一定错不了。试想一下，你作为考官，看到一个具备所招岗位的专业技能、一录取就能上手工作的考生，会不会眼前一亮？2022年，很多机关单位出于各种原因对编外工作人员进行了清理，但实际情况是，这些招考单位普遍很缺干活的人手，尤其是基层单位。用人单位盼星星、盼月亮，就盼能来一个干劲十足、很快就能上手工作的新人。所以，如果你能表现出良好的人岗匹配度，成为考官眼中“合适”的人选，这无疑是对竞争对手的有力打击。

那要如何突出我们“人岗匹配”的人设？系统了解报考单位各部门的工作职能特点，分专业、专项精细化科学备考至关重要。

参加国考面试的同学，对报考单位一定要熟悉。单位的官方网站是我们获取相关信息的最可靠和最重要的来源，上面有大量的信息需要提前了解。有的同学说官网信息太多、太繁杂，无从下手，但至少要知道以下几个方面的内容：单位的日常业务、单位近一年主办或者参与举办的大型活动、单位相比其他单位的特殊性、对本单位工作人员的素质要求。

参加省考面试的同学对报考岗位所在的省份和城市也要有所了解。比如，省级市级的经济发展方针政策、城市基本概况、经济发展、人文概况、未来发展政策、领导人视察这些省份城市时说的语录、寄语等。了解这些，一方面可以将其作为素材，用到我们具体的题目作答中；另一方面，可以向考官间接表明，我们参加这场考试是经过深思熟虑的。体制内考试，尤其是在选调考试当中，稳定性，即所选拔的人才留不留得住，是用人单位普遍最为看重的一点。出于就业压力，很多同学只是将参加公务员考试作为权宜之计，盲目选择，待上岸后有了更好选择之后，立马辞职走人。这对于用人单位来说是严重的资源浪费，这也是为什么现在越来越多招考单位的岗位报名条件中，出现了类似“最低服务期五年”这样的要求。此外，人总是对与自己相关的事情最感兴趣，心理学上，这一点被称为“自我参照效应”。如果我们能在作答中，自然又巧妙地提到考官熟悉的内容，无论是与报考单位还是单位所在城市、所属行业相关，都很有可能会增加考官对我们的好感度和信任度。

另外要提醒大家的是，一定要认真研究报考单位或所在省份（城市）的历年真题，最起码要做到对近五年的真题了如指掌。不同地方的命题有其自身的具体特点，而真题最能清楚明白地告诉你，报考单位想要的是什么样的人。现在很多培训机构，为了经济效益最大化，不顾班里同学报考单位、岗位的不同，一律用相同的题目来练习，以至于很多考生上了考场之后才发现，考场真正考的和自己平时练习的题目截然不同，于是无从下手，惊慌失措。好的培训带来的应该是对考试的熟悉感，让你在考场上拿到题目之后，有种似曾相识的亲近感和踏实感，以及信心爆棚的笃定感。要达到这个目的，你所报考单位、岗位的历年真题，就是最好的复习资料。上考场前将你能找到的所有报考岗位的历年真题都反复认真练习、总结、复盘，这是我对自己学生的基本要求。

还有一点，就是对照简历，深刻剖析自己，分析自己的优劣势。举个例子，现在国考部委面试大多数采用非双盲的形式，即考官在面试时，手中是有考生简历的，这个简历可能是岗位报考时所提交的，也有可能是参加面试前用人单位要求提交的。我的建议是，首先，充分研究下自己的简历，想到你能想到的所有自身经历中与报考岗位相关的亮点，然后在面试中自然融入，时刻刺激考官的神经，潜移默化地告诉他们，你有多适合这个岗位。注意，是自然融入，要自然，不要刻意。

可能有的同学会说：我的这两份简历都认真研究过了，但就是没有任何与报考单位或岗位相关的地方。这么多年的面试辅导经历让我发现，很多考生，其实是优秀而不自知，他们本身特别优秀，只是不懂得如何在面试中，在基于事实的前提下，自然、真诚、巧妙地营销自己。面试的本质是交流，而交流的目的，就是营销自己。

在这里举一个例子。之前有一位学生报考的是一个强势热门部委的综合调研岗位，她本人很优秀，综合能力很强，低调又有涵养，但太过低调，不够亮眼。这场考试中高手云集，她对自己也不太有信心。然而，在和她的深挖交流中，我才发现她原来是一名“宝藏”选手。比如发表过文章、参与过团队实地调研、会两门外语、有国外长期生活的经历，等等。我帮她把这些有机融入了她的答题中，最终，她在那年竞争异常激烈的情况下，高分上岸。所以，本身优秀很重要，但让自己的优秀被考官发现，更为重要，一定要学会打造自己。

还有比较重要的一点，就是身临其境地去假设，营造一种心理上的熟悉感。比如提前到达考场，去单位院子走一走，和院里的人问问好、打打招呼，想象自己就是单位的一员，多给自己做积极的心理暗示和建设。这会让你滋生出对这个地方的熟悉感和亲切感，减少你的紧张感，让你的言行举止更加大气、淡定、从容。

2. 官方色彩愈加浓厚，紧跟时政热点和社会热点

我从不建议学生盲目迷信热点，并对押中原题持过多幻想，但是一定要重视关注热点，这是我们作为公考面试人必备的基本素养和要达到的要求。

公考面试命题始终紧密结合当前时事热点，如近些年的面试中，一方面，聚焦党和国家的重大方针政策，出现了如脱贫攻坚、乡村振兴、“放管服”、党风廉政建设、党的二十大、中国式现代化等相关话题；另一方面，聚焦社会热点，出现了如两会精神、直播带货、地摊经济、网红经济、新就业形态、老龄化社会、春节旅游等民众关注的社会话题。

这里举一个例子。2023年初，新一届党和国家领导人上任之初，便放下千头万绪，深入基层调研，中共中央办公厅也印发了《关于在全党大兴调查研究的工作方案》。在此背景下，2023年面试，仅部委层面，就有不下十个部门及其直属事业单位考查了调研类题目。当然，具体题目形式不一，如四川省遴选的面试题目：关于调研工作，有调研内容、调研方式、调研态度、调研成果转化等，请你自己选一个最重要的，进行深度阐述。江西省考的面试真题：强调“坐在办公室看到的都是问题，走出去才能发现解决问题的办法”。请谈谈你对大兴调研之风的理解？陕西省考真题：近年来，上门厨师、上门保洁等新兴行业上门服务行业迅速发展，现要制定《上门服务行业相关规范》，你来负责前期调研工作，你会怎么开展？

有的同学可能会认为，太火的话题考的概率反而会低，因为都考没有了新意，而这么重要的考试，出题怎么可能这么没水平？其实这种想法对于别的考试没准还真适用，但到公考这里就行不通了。公考面试，出题有新意固然重要，但作为一种体制内的选拔考试，最根本的是要反映出它的体制内属性。所以，时政热点，尤其是关系国家大政方针政策的问题，一定要重视了解。另外，对领导人讲话或者金句的理解，近年来考查频率也越来越高。

3. 命题形式多样化

具体表现如下。

第一点，题干变长，理解难度加大；题目呈现形式多样，出现了如视频题、材料题等新形式。如果平常练习时没接触过这些考查形式，在考场上第一次遇到，难免会情绪紧张，进而影响发挥。很多同学都有这样的经历，平时在培训班练习的，都是一些很常规、难度较小的题目，以至于上了考场看到真题后直接傻眼。所以，在平常练习时，要有意识地多练习一些有难度的题目，考场上遇到有难度的题目，能稳定发挥，遇到简单的题目，则能实现降维打击。

第二点，提问方式多样化。除传统的“给出现象或观点，问怎么看或怎么办”的命题方式，近几年的题目出现了一些新的提问方式，所以在备考时，要提前了解，做到心中有数。

（1）精准提问。

例 1：某市出现了无人超市，请分析下它的发展前景。（天津事业单位面试真题）

例 2：习总书记说，千头万绪的事，说到底是千家万户的事，你怎么认识这两个“千万”？（2023 年湖北省考面试真题）

（2）辩论法。

例 1　现在有这样一种观点：人工智能发展将造成人员失业。请你分别对以下支撑该观点的论据进行反驳。论据 1：操作性、重复性强的岗位更适合人工智能，将导致大批量的工作流水线工人失业。论据 2：人工智能学习能力强，将代替大批都市白领。论据 3：人工智能具有运算快等优势，表现得比人类更出色，将在更大范围内造成失业。

例 2　辩论赛上，正方观点为“大数据时代，人越来越自由”；反方观点为“大数据时代，人越来越不自由”。选一个进行阐述。（2023 年湖南省公务员面试真题）

（3）连串式提问。

你在过去的工作中出现过什么重大失误？如果有，是什么？从这件事本身你吸取的教训是什么？如果今后再遇到此类情况，你会如何处理？

（4）多选一。

在以下几句名言名句中：

吾生也有涯，而知也无涯。

咬定青山不放松，立根原在破岩中。

纸上得来终觉浅，绝知此事要躬行。

你会选择哪一句作为你的座右铭？并谈谈你的理由。（2021 年四川事业单位面试真题）

（5）词语类。

例 1：以下八个词语：坚韧、拼搏、成长、改变、曲折、难忘、思考、收获，选其中两个词谈谈看法。（2023 年湖南省县乡岗面试真题）

例 2：串词讲故事：地图、柳暗花明、模仿、规划、重大。（2023 年云南省玉溪市面试真题）

例 3：按劳分配________公平，请将题干补充完整，并谈谈你的理解。（2022 年国考党群机关面试真题）

例 4：“信心”“发展”“高质量”，选一个词谈谈你的理解。（2023 年湖南省

考面试真题）

第三点，选材更为多样广泛。近年来，综合分析题在命题选材上更为广泛和多元，改变了以往选取名言警句、新闻、生活中的案例等传统思维，既有材料改编，也有寓言故事的新编，还有哲理类新解等，反正一个思路——反套路，即让考生和众多所谓的押题人摸不着北。这种命题趋势体现了综合分析题命题本质的包罗万象、海纳百川。所以，复习面试，更要做一个有心人，处处留心皆学问，对生活中看到、听到的，多积累，多思考。

以上就是这一小节我们要解决的三个问题：综合分析题的重要性，难点所在，命题新趋势。下一小节，我们一起来学习如何将综合分析题答出亮点，答出高分。

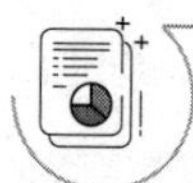

二、答题高分原则

经过本章第一节的学习，相信你对综合分析题已经有了非常具体且深刻的认知。了解题目的最终目的是答好题目取得高分，这一小节，为大家总结出了 6 种综合分析题的高分作答方法。这 6 种方法从实际中来，又到实际中去，一旦熟练掌握，会让你对作答综合分析题有根本上的帮助提升。

（一）答题最大的美德，是“问什么，答什么”

原则解析

我们在下一章“计划组织类题目”中也会讲到这一条。计划组织类题目是典型的实题，考查的是我们如何切实地举办好某一项具体活动。所以，对于计划组织类题目，“问什么，答什么”的精髓，除审题，更多的在于具体的答题是否经过切实的思考，如何才能将活动举办好；而对于综合分析类题目，“问什么，答什么”的精髓，主要体现在审题是否精准上。审题精准是答题不偏题，全面有效答题的重要保证。下面，我们结合几道真题来看。

第一，看清题目的具体提问要求。比如下面这两道题：

例 1：某地在一次演唱会后，场地很干净整洁，引起人们热议，你认为这现象反映出了什么问题？

题目提问是“反映出了什么问题”，那么我们作答时直接分析问题即可。按照“问什么，答什么”的答题原则，可以直接回答“我认为反映了以下几个问题：第一……第二……第三……”。这道题不一定要提对策，更不要大篇幅地去细化对策，否则会显得重点不突出，我们要做的，是将问题分析细、分析实。如果答题时，习惯于提出对策，认为不提出对策，答案就不完整或者心里不踏实，那可以在答题最后用两到三句话简单提出对策收尾。

例 2：有的地方推行每周两天半假期，群众对此褒贬不一，你是否赞同？请说出三条理由。

这道题的提问非常明确，共有两个问题：问题一，“你是否赞同”，问题二，“请说出三条理由”。针对多问题提问的题目，要做到有几问，答几问。这道题先回答是否赞同，再给出具体理由。既然题目要求给出“三条理由”，那只要提出三条即可。任何大于或小于三条，都明显不符合题目要求。

第二，抓住核心话题。

综合分析题的本质逻辑结构，可以概括为“是什么，为什么，怎么办”，三者环环相扣。也就是说，在第一步提出观点之后，第二步要就其观点展开论证，第一步和第二步之间，是一种观点与被论证的关系；第三步，就具体观点，提出具体解决方案。这种逻辑关系的前提，是我们一定要看清题目要求，抓住题目中的核心观点和话题。不少同学在答综合分析题的时候往往不能很准确地识别题目中的核心话题，而只是简单地就一些表面现象进行分析。我们结合下面几道真题来看：

例 1：现在有些家长送孩子上学，在学校门口叮嘱孩子遵守交通规则，注意交通安全，却在等孩子进校门后自己转身闯红灯。对此，你怎么看？

在考场的高压环境下，很多同学看到这道题时，一方面因为紧张，另一方面想把更多时间留在思考作答内容上，所以审题时草草一扫而过，只抓住了题目中的几个关键词，就迅速展开作答。比如这道题，很多同学容易一着急就被“父母不遵守交通规则”这个表面叙述迷惑，把它当作题目的核心话题，从而把答题重点放在分析遵守交通规则的重要性并给出建议上。但实际上，这道题借父母不遵守交通规则的行为，想要真正讨论的核心话题和解决的核心矛盾，是父母在对子女教育过程中的言行不一致的问题，这才是这道题应该探讨的重点。

例 2：为树立行业形象，某市开展针对医疗机构医务人员收受红包、回扣的专项整治行动。如医生存在收红包、拿回扣行为，一经查实，将处以罚款、通报批评，情节严重者将面临解聘，同时，违规行为还将被录入当事人的医德医风档案。对此，你怎么看?

虽然题目中出现了“医生收红包、拿回扣”等叙述，但这道题的核心话题，是“医疗机构专项整治行动”，所以最终作答也要重点围绕这一核心话题展开。

例 3：当前，在互联网时代，手机的普及让老百姓的生活更加丰富多彩，但是出现了很多人沉迷手机的现象，尤其是青少年群体，让人十分担忧。对此，你怎么看?

这道题如同例 1，需要我们自己提炼总结出题干中的核心话题。这道题的核心话题，就是“网瘾青年”。

所以，在综合分析题审题过程中，不能急躁，而要耐心地将题目从头到尾认真阅读一遍，整体性理解题干信息，找出题干信息表达的核心话题，再来思考和作答。要记住磨刀不误砍柴工，在作答时，一定不要吝啬审题的时间，审题花个二三十秒都是正常的。

经典题目示例

随着我国科技进步，国家创新能力综合排名上升至世界第 12 位。全国科技界坚决贯彻落实党中央、国务院重大决策部署，推动各项任务扎实落地。请结合习近平总书记对于科技创新的部署，谈一谈如何让科技政策扎实落地? （2022 年国考科学技术部面试真题）

这道题的提问非常明确，就是结合习近平总书记对于科技创新的部署，谈一谈如何让科技政策扎实落地。按照精准审题，“问什么，答什么”的原则，我们就紧扣这两点要求来作答。

示范作答

科学技术是第一生产力，科技创新对经济发展有着重要的引领和支撑作用。习近平总书记曾强调，要整合科技创新资源，引领发展战略性新兴产业和未来产业，加快形成新质生产力。所以，我们要继续推动科技政策扎实落地，使我国的核心技术攻坚能力不断增强，为经济稳中求进、实现平稳健康发展提供有力支撑。

首先，不断深化科技体制改革。求是网评论员曾说过，如果把科技创新比作我国发展的新引擎，那么改革就是点燃这个新引擎必不可少的点火系。实现科技自立自强，让科技政策扎实落地，迫切需要建立与此相适应的科技创新体制机制，以破除体制机制障碍，最大限度解放和激发科技作为第一生产力所蕴藏的巨大潜能。所以，一方面要建立健全推进科技体制改革的短期、中期、长期规划，落实相关部门权责分工，持续优化管理服务体系、业务规范体系和政策法规体系；另一方面，做好科技管理改革“加减法”。科技管理对科研创新具有牵引规范作用，好的科技管理能够优化资源配置、激发创新活力。科技管理改革不能只做“加法”，要善于做“减法”，要进一步解决好“管得太死”“管得太细”等问题，给予科研单位更多自主权，让科研单位和科研人员从烦琐、不必要的体制机制束缚中解放出来。

其次，强化基础研究。习近平总书记曾强调，加强基础研究，是实现高水平科技自立自强的迫切要求，是建设世界科技强国的必由之路。加强基础研究，更是让国家科技政策扎实落地的基本体现。近年来，国家把提升原始创新能力摆在更加突出的位置，成功组织一批重大基础研究任务、建成一批重大科技基础设施，基础前沿方向重大原创成果持续涌现。在此基础上，我们更要聚焦基础前沿领域，增强基础研究投入、加快基础研究平台建设、前瞻性布局基础研究设施、加强基础研究人才培育，着力提升基础研究能力和水平。

再次，大力强化科技人才队伍建设。科技是第一生产力，人才就是第一资源。国家发展靠人才，民族振兴靠人才。习近平总书记曾在中央人才工作会议上发表重要讲话，作出“科技创新主力军队伍建设取得重要进展”“在关键核心技术领域拥有一大批战略科技人才、一流科技领军人才和创新团队”等重要部署，这为加快建设世界重要人才中心和创新高地提供了根本遵循。所以，需要进一步完善科技人才发现、培养、管理、激励机制，将我国现有的人才政策落实到位。具体来看，可设立高层次人才专项资金，实施吸引科技创新人才的优惠政策，健全人才发现引入机制；通过探索校企联合招生、联合培养模式等，着力提高高等学校基础教育质量，健全人才培养机制；积极探索人才异地合作交流制度和完善科技创新人才岗位管理制度，营造良好的科技创新环境，健全人才管理机制；考虑将基础研究理论成果、实践成果、应用成果、转化成果纳入科研人员考核体系，提高科研人员收入水平，加快建立以创新价值、能力、贡献为导向的科技人才评价体系，充分激发广大科技人员的积极性、主动性、创造性，健全人才激励机制。

最后，提升科技成果转移转化能力。习近平总书记十分重视科技成果转化应用，强调“要强化企业主体地位，推进创新链产业链资金链人才链深度融合，发挥科技型骨干企业引领支撑作用，促进科技型中小微企业健康成长，不断提高科技成果转化和产业化水平”。对于科技成果转移转化，各级政府、科研机构、高校、医院、企业、中介服务机构等都高度重视。科技成果转化要以企业为主体，以市场需求为导向，围绕企业可以转化科技成果而不断提高其成熟度，达到企业可以低成本、低风险地转化，并实现较高的收益。与此同时，科技成果转移转化服务机构须不断提高专业服务能力，以更专业、更周到的服务，提高科技成果转移转化成效。

以上就是我对这道题的作答，谢谢各位考官。

本小节的学习要点，一句话概括，就是要在答题之前做到精准审题。在此前提下，从下一小节开始，我们进入综合分析题的具体作答环节，学习几种答题高分原则，从宏观到微观，客观主观兼顾，层层深入，循序渐进，力争帮助大家在考场上一举拿到高分。

（二）结构清晰明了，考官才会愿意听

原则解析

这一小节我们来学习综合分析题答题的第二个高分原则。综合分析题要拿到高分，答案的呈现结构，内容的深度、高度与广度，素材的丰富度，语速的适中、流畅度，眼神的交流，恰到好处的语音语调，这些都很重要。但是，如果非要我选出最重要的一项，那我会毫不犹豫地说：答题结构。因为，面试答题中，尤其对于综合分析题，结构是一切的前提。

好的结构能够让我们的答题有逻辑有条理，让考官听起来毫不费力，同时让我们的思路绵延不绝，顺畅自如。相对比，没有好的结构的答案相当于是在让考官不断地去分析你的答案、提炼你的要点，才能跟上你的思路，知道你在说些什么。这样一来，整个听答过程对于考官来说不会太享受。没有好的结构，即使内容再好，你的答题都是一盘散沙，东一榔头西一棒槌，不仅你越说越不知道自己在说什么，很容易失去重心和中心，考官也会听得一头雾水，越听越没有耐心，越听越烦躁，你的分数也就很难提高。

在面试答题中，尤其对于综合分析题，什么样的结构是好的结构？答题没有唯一的标准答案，但在这里可以给大家推荐一种稳妥好用的方法。我们从宏观和微观两个层面来说。接下来说的可能稍微有点深奥，但强烈建议你认真地去读，

因为一定会让你受益匪浅。

宏观层面指的是答案的整体结构，我们把它叫作结构性思考。想让答案的整体结构清晰明了，记好这三个字，“总—分—总”答题。“总—分—总”这三个字大家肯定不陌生，我们从小考试写议论文也是被老师这样要求的，但是知道并不代表能做到，尤其是在公考面试这种口答题的形式中，太多考生一着急紧张就会忘记结构布局，只想着把自己知道的一股脑地全部倒出来。然而，正是因为面试答题没有落在纸上的结构，所以我们的心中才更加要有结构。

下面我们就通过一道经典题目，演练一下如何在答题中凸显宏观结构。

经典题目示例

习近平总书记曾说，青年人要立志做大事，不要立志做大官。你怎么看？

我们来看这道题如何用“总—分—总”答题。第一步“总”，我们可以先对这句话进行一个总体概括和评价，“各位考官，这句话是五四青年节即将到来之际，习总书记对中国政法大学年轻学员的告诫。这句话不仅对广大青年朋友们立志具有指导意义，更对我们这些青年党员干部如何更好地面对工作、生活，更好地干事创业做出了正确指引。”

说完了“总”，下来我们来找分论点。我们可以用三个问题，引出我们的三个分论点：首先，何为立志做大事？其次，我们为什么要立志做大事？再次，为什么不能立志做大官？

前两步“总”“分”过后，我们再在结尾处来一个总括。最后一段，我们简单来讲一下年轻人如何从自身做起，践行“要立志做大事，不要立志做大官”这种精神，首尾呼应。这就是“总—分—总”的结构。大家看，这样的结构是否一目了然？

面试考场上，这样答题，考官一定能跟上你的思路。

说完宏观层面，我们再来看微观层面。微观层面指的是就其中一个分论点，我们以何种层次展开。我们把它称为结构化表达。要让微观层面的结构清晰明了，记好 8 个字：起小标题，观点前置。

也就是说，我们在具体展开陈述一个观点前，先言简意赅地用几个字对其进行总结概括，并将其前置，这就是我们所说的“小标题”，紧接着再展开详细的叙述。

我们以第二个分论点“其次，我们为什么要立志做大事”为例。其实这个分论点本身，就是一个问题/观点前置，下面我们紧接着回答一下这个问题：这是因为志向可以让我们的目标更坚定、更长远。紧接着，再来用讲故事摆事实进行论证和道理论证：从曹操的“老骥伏枥，志在千里”到鲁迅的“我以我血荐轩辕”，这些历史人物和名言都在传达着同一个信念：人的生命若无远大的志向，便无法真正站立。志向是人生的灯塔，是我们在茫茫大海中前行的方向。霍去病的“匈奴未灭，何以家为”和周恩来的“为中华之崛起而读书”更是将这种志向与国家和民族的命运紧密相连，展现了个人志向与集体理想的完美结合。作为青年党员干部，我们肩负着更为重要的使命。我们的志向应该是为人民服务，为人民做大事。这不仅仅是一句口号，更是一种信仰和行动指南。我们要坚定理想信念，补足精神之钙，确保在为人民服务的道路上始终保持清醒的头脑和坚定的立场。要立志做为人民做事、做大事的人，将个人的理想与国家和民族的命运紧密相连。我们要用坚定的信念和不懈的努力，为实现中华民族伟大复兴的中国梦贡献自己的力量，让生命在为人民服务的崇高事业中闪光出彩。

通过上述讲解，我们会发现，起小标题和观点前置至少有3个好处：第一，能让考官轻松地跟着你的思路走，第二，能让考官轻松地听懂你说的是什么，而不是还要去分析总结，记住考场上一定要让考官知道你在说什么；第三，观点前置等于给你自己列出了一个答题纲要，能让你知道下一步要说什么，思路顺畅，答题不卡壳。所以，今后在答题练习中，记得经常练习通过起小标题做到观点前置。熟能生巧，这是一个能为你的答案增色不少的方法和技巧。下面，我们通过一道题，来继续演练巩固一下这种答题方法。

经典题目示例

习近平总书记说：年轻干部既要“身入”基层，更要“心到”基层。对此，你怎么理解？

示范作答

习近平总书记在2021年秋季学期中央党校中青年干部培训班开班式上的重要讲话中，着重强调了调查研究的重要性，指出年轻干部要了解实际，必须掌握调查研究的基本功。他强调，年轻干部既要“身入”基层，更要“心到”基层，深入听取群众的真话，真正了解基层的真实情况，认真研究基层存在的问题。这一重要论述，深刻揭示了年轻干部在服务群众、推动工作中的应有态度和行动。

作为新时代的年轻干部，我们应当积极践行习近平总书记的教导，对党和人民的事业充满深情厚意，发扬斗争精神。

首先，我们要热爱群众，端正思想，牢固树立为人民服务的宗旨意识。我们要将群众的利益放在首位，以群众的满意度作为衡量工作的标准，真正做到心中有群众，一切为了群众。在日常工作中，我们要多下基层调研走访，与群众沟通交流，倾听他们的心声和诉求，从群众的角度看待问题，尽力解决他们的困难和需求。

其次，我们要不断学习，提升能力，以更好地服务基层和群众。基层工作千头万绪，需要我们具备扎实的专业知识和丰富的工作经验。因此，我们要树立终身学习的理念，在实践中不断学习和积累经验，提升自己的业务能力和综合素质。我们要以群众为师，虚心向他们请教基层工作的经验和做法，同时也要向同事和领导学习，借鉴他们的成功经验和做法。同时，我们还要紧跟时代步伐，创新工作方法，不断提高服务群众的质量和效率。

最后，我们要扎根基层，冲锋在前，勇担重任。在基层工作中，我们要勤奋努力，脚勤、眼勤、口勤、脑勤、手勤，全面了解基层的实际情况和群众的呼声愿望。我们要将群众关心的每一件小事都当作心头大事来对待，用心、用情、用力去解决他们的实际问题。同时，我们还要敢于担当、敢于负责，勇于面对困难和挑战，为基层发展和群众福祉贡献自己的力量。

正如许多优秀的前辈一样，他们脚踏实地、爱岗敬业，为基层事业和群众福祉奉献了终身。我们要以他们为榜样，汲取他们的精神力量和实践经验，不断激励自己前行。我们要时刻牢记自己的职责和使命，坚守初心和使命，不断为基层群众办实事、办好事，为基层建设和发展贡献自己的力量。只有这样，我们才能真正践行习近平总书记的教导，成为党和人民事业的中坚力量，为实现中华民族伟大复兴的中国梦贡献青春和智慧。

以上这道题的示范作答，充分应用了这一小节所讲到的两个知识点。宏观结构部分讲到的“总一分一总”答题，以及微观结构部分讲到的“起小标题加观点前置”。

搞定了答题结构，等于确立起了题目的基本骨骼框架，在此基础上，下一小节，我们再来具体学习，如何对具体的答题内容，做到有血有肉地填充。

（三）言之有物，言之有理

原则解析

综合分析题一直被同学们公认为是面试最难的题型，究其原因，就在于其“虚”。计划组织类题目再难，起码有实实在在的活动要我们去举办；人际关系题再复杂，起码有具体的工作人际矛盾待我们去解决；应急应变类题目再紧急，起码有具体的突发情况要处理。而综合分析类题目，就是从空中来，到空中去。记得曾有位同学向我抱怨这样一道题目：习总书记在新年贺词中，号召我们“撸起袖子加油干”，请问你怎么理解这句话？那位同学说，这话说得多好呀，我想的就是，干，好好干就行了呀，还能怎么说呢。但我知道，答题的时候我又不能就这么答，还要我各种发挥，但又完全无话可说，真的头大啊。

以上吐槽，不知道说出了多少同学的心声。如果你也是这样，不用过分担心，学习都是一个渐进的过程，找到了自身的问题所在，我们就已经前进了一大步。这一小节的目的，就是要教会大家在答题时，不仅言之有物，更要言之有理。因为，相比起很多同学的言之无物，有些同学确实能说出来一些东西，但来来回回都是口水话，一句话反反复复地说，绕晕了自己，也绕晕了考官。所以，我们不仅要做到有话说，更要说得好。

综合分析题的核心，在于论证。其实，我们面对综合分析题的面试答题无话可说，从根本上讲就是针对一个论题无法展开论证。我们暂停下来想想，是不是这个道理？现在在公考面试中传播比较广泛的论证方法有 3 种，分别是主体分析法、维度分析法和纵横分析法。下面，我们以这 3 种方法为基本，拓展出 7 种具体实用的论证方法，供大家参考学习。

1. 多主体分析法

综合分析题包括社会现象类、政策理解类、寓言故事类等。无论是一项政策，还是一个社会热点，抑或是一个社会现象，最后都要落到具体的主体身上。多主体分析法，就是通过找出与题目相关的主体，从各主体角度来分析原因、影响、对策等。使用多主体分析法能保证答题要点的全面性，而且逻辑性强、有条理。

常见的主体从微观到宏观可分为以下几个层次：

（1）个人或某类群体，常见的有群众、市民、基层干部、执法者、不同职业者等。

（2）社会组织，常见的有行业组织、民间组织、公司企业等，或泛指社会环境、社会风气等方面。

（3）国家社会，如政治方面、经济方面、生态方面、文化方面、社会方面等。

多主体分析法有两种应用情况，一种是题干当中没有相关主体，一种是题干当中有相关主体。如果题目中没有明显的相关主体，我们就可以自行加入主体。下面，我们通过几道题，来练习一下多主体分析法。

经典题目示例 1

某商人赶着一队驴运送货物，其中有一只快驴，有一只慢驴。商人为了加快行进速度，将慢驴身上的一部分货物转移到快驴身上，之后，快驴也变成了慢驴，队伍行进得更慢了。对此，你怎么看？

题目中包含了三个主体，分别是商人、快驴和慢驴。其中，商人代表领导，慢驴代表工作效率较低的同事，快驴代表工作效率较高的同事。回答这道题时，我们可以分别从这三个主体的角度出发，分析原因所在及所产生的影响，并找出问题解决对策。商人的出发点是提高工作效率，但方法简单粗暴，只是将慢驴身上的货物转移到快驴身上，非但没起到作用，还降低了整支队伍的工作效率。慢驴不仅未因为工作效率低而受到责备，反而因此减轻了工作量；反之，快驴不仅未因为工作效率高而受到表扬或奖励，反而因此承担了更多的工作，最终因为心态失衡或过度劳累，也变成了慢驴。

经典题目示例 2

有人认为，挫折和磨难可以磨炼心智，有助于成功，也有人期待成长道路上的一帆风顺。请谈谈你的看法。

本道题中没有明显的主体，这就需要我们根据题干条件，自行添加，展开论证。对于这道题，我们可以添加个人、企业、国家三个主体，依次来论证挫折和磨难对个人、企业和国家的重要性。

示范作答

……挫折与磨难，是人生中无法回避的客观存在。每个人都渴望一帆风顺，然而现实却告诉我们，没有人能够完全避开风风雨雨，一帆风顺地走完一生。正确的态度应该是坦然面对，勇于战胜这些挑战，从挫折和磨难中汲取智慧，积累前行的勇气。

对于个人而言，挫折和困难是成长的催化剂。它们让我们更加深刻地认识自己，理解生活的真谛。在经历了一次次挫折后，我们学会了如何调整心态、如何重新出发、如何在困境中寻找出路。这些经历不仅锻炼了我们的意志，也让我们变得更加成熟和坚强。

企业的发展同样如此。正如那句“冰淇淋要在冬天开业”的俗语所说，企业要想在激烈的市场竞争中立足，就必须经历市场的萧条和危机的考验。只有经历过风雨的企业，才能更加珍惜市场的繁荣，更加努力地提升自己的竞争力。无数百年企业之所以能够长盛不衰，正是因为它们能够在顺境中保持警惕，在逆境中迎难而上，不断积累经验和智慧。

对于一个国家的富强来说，挫折和磨难同样具有重要的意义。中华民族在近代史上遭受了百年屈辱，但正是这些挫折和磨难，让我们更加深刻地认识到“落后就要挨打”的残酷现实。因此，我们更加珍视独立自主、富强民主的机会，更加努力地实现中华民族的伟大复兴。习近平总书记所言，我们从未像现在这样接近中华民族伟大复兴的梦想，这正是因为我们从历史中的挫折和磨难中汲取了力量，找到了前进的方向。

总之，无论是个人、企业还是国家，都需要正确面对挫折和磨难。它们虽然带来了痛苦和挑战，但也为我们提供了成长和进步的机会。只有勇敢面对、积极应对，我们才能从中汲取智慧，积累前行的勇气，最终实现自己的梦想和目标。

经典题目示例 3

目前，社会都在喊为学生“减负”，并为此实行了一系列配套举措，但是始终减不下来。对此，谈谈你的看法。

同经典题目示例 2 一样，这道题题干当中除了小学生，也没有给出其他主体。但是，我们可以根据题目条件，轻松联想出相关主体，如家长、学校、企业、社会等，并从每个主体入手，进行分析。比如：家长受望子成龙的传统观念驱使，对孩子过分严格要求；学校为了自身建设排名，为了追求升学率，将教师工资和职称评比与学生成绩挂钩，教师又将压力传导给学生；高校毕业生年年增多，就业压力加大，企业招聘时愈加“唯学历”“唯名校”论；社会竞争激烈，高考的应试教育大环境长期未变。以上多方原因，导致学生减负，越减越重。

以上就是多主体分析法的具体应用。

2. 多维度分析法

综合分析题中，无论是找原因、谈影响意义还是提对策，都可以从不同维度入手展开阐述。多维度答题，就是说对一个社会现象或观点，我们可以从不同的角度来考虑问题，每个角度就构成了我们答题的一个方面。常见的思考维度有法律制度、监督管理、执法惩戒、媒体宣传、资金技术、思想观念、利益驱动、媒体介入、教育引导、社会风气，等等。多维度答题，能够巧妙地化解无话可说，以及话说不实在的尴尬。下面，我们就通过一道题，来学习下如何具体应用多维度分析法。

经典题目示例

针对当前高校科研工作者论文抄袭的现象，谈谈你的看法。

高校科研工作者论文抄袭是一种负面的社会现象，可以在答题时分析其成因、影响及解决方案。比如在成因和解决方案分析上，我们可以借用维度分析法，从科研工作者的个人思想观念、论文审查机制、科研工作者的考核评价制度、侵权行为的追责力度和知识产权保护法等层面寻找原因，进而提出解决问题的对策。

示范作答

成因：

第一，我国相关法律法规还不是很健全，比如惩处力度偏轻，个别行为界定不明确等，给相关行为留下操作空间。

第二，社会环境浮躁、功利化的影响。一些学者在学术研究的道路上经不住社会上诸如权力和金钱的诱惑，失去了科研的严肃性，从而偏离了正确的科研之路。

第三，科研评价机制也不健全单纯重视论文数量。同时，监督机制的缺失，更是加大了甄别真假的成本与难度。

对策：

我们有必要对论文造假行为加以重视，并采取相关对策。

第一，健全相关法律法规，才能从最高层面上建立让人不敢造假的学术环境，形成让科技工作者不敢、不能乃至不想的局面。

第二，加强高校的学术创新理念，营造良好的学术氛围，科研工作者树立诚信意识，从根本上扭转学术风气。

第三，加强监督监管，比如完善行为不端检索系统，高校加强本校师生论文的检测力度和举报机制等。

以上就是多维度分析的具体应用。学习中养成多维度思考问题的习惯，形成发散性的思维，答题内容就会又多又好。

3. 引用名言

面试答题中，引用名言是论证的方法之一。我们借那些经过岁月沉淀和考验的智慧，来论证我们自己的观点，既有说服力，又能为答案增添文采。

比如要论证“积累”的重要性，我们可以说：“合抱之木，生于毫末；九层之台，起于累土；千里之行，始于足下。”也可以说：“泰山不让土壤，故能成其大；河海不择细流，故能就起深。”还可以说：“聪明在于勤奋，天才在于积累。”“积土成山，风雨兴焉；积水成渊，蛟龙生焉。”

论证坚持对于事业成功的意义，可以说：“谁没有耐心，谁就没有智慧。”可以说：“锲而舍之，朽木不折；锲而不舍，金石可镂。”也可以说：“伏尔泰说过，要在这个世界上获得成功，就必须坚持到底：至去世都不能放手。”

论证立志对人生的重要性，可以说：“人须先立志，志立则有根本。”“立志难也，不在胜人，在自胜。”“志不强者，智不达，言不行者，行不果。”也可以说：“古之立大事者，不惟有超世之才，亦必有坚忍不拔之志。”

引用名言时，引用的名言尽量不要太多，且尽量用短句而不用长句，一则说出来自然流畅，二则不会出现在考场上一紧张就忘词的现象。有一次在课堂上全真模拟演练，一位同学答题时，旁征博引，一道题目用了 8 个名言，博得了教室里其他学生的满堂喝彩。但是，且不考虑知识储备是否能做到如此旁征博引，这样的答题方法在真正的面试考场上并不可取。引用名言的目的是论证，顺便让我们的答案有文采，引用名言太多有卖弄文采之嫌，所以，不能本末倒置。

4. 举例说明

举例论证是面试中经常会用到的一种论证方法，是通过具体事例来证明论点。运用事例可以通俗易懂地说明道理，同时，把冷冰冰的道理用鲜活生动的例子去分析证明，会让答题过程充满感情，提高答题的人情味，实现以情动人。

举例论证时一般可包含以下三步：一是概述事例；二是分析事例如何体现所要论证的论点；三是进行引申，上升到一般层面。

举例论证，一方面，可以以排比的方式，举多个事例论证。比如论证“挫折磨难有助于成功”，可说：文王拘而演《周易》；仲尼厄而作《春秋》；屈原放逐，乃赋《离骚》；左丘失明，厥有《国语》；孙子膑脚，《兵法》修列。还有郑板桥的“千磨万击还坚劲，任尔东西南北风”，这些都告诉我们，挫折磨难可以压垮人，但也可以激发出人内心深处最强的斗志。另一方面，也可以举单个具体的例子例证。例如，同样是论证“挫折磨难有助于成功”，我们也可以说：屠呦呦成功提取青蒿素，获得诺贝尔医学奖，这巨大的成功，是在历经了190次的失败之后，才姗姗来迟的。1967年，全民抗发疟疾523项目启动。屠呦呦回忆道，“我们调查了2000多种中草药制剂，选择了其中640种可能治疗疟疾的药方。最后，从200种草药中，得到380种提取物用于小白鼠身上的抗疟疾检测，但进展并不顺利。西晋葛洪的处方给了我灵感。1971年10月4日，我第一次成功地制取青蒿提取物，并在实验室中观察到这种提取物对疟原虫的抑制率达到了100%。这个解决问题的转折点，是在经历了第190次失败之后才出现的。”真可谓“有志者，事竟成，破釜沉舟，百二秦关终属楚；苦心人，天不负，卧薪尝胆，三千越甲可吞吴”。

5. 道理论证

道理论证就是引用一些道理来进行分析印证。如论证“积累”的重要性，可以说：所谓积累，按照马克思哲学原理，可以理解为量变，任何事物都是处在细微的量变过程中，量变是个渐进词、缓慢的变化，量变达到一定程度会发生质变，引起事物本质的改变，任何事物的发展都是量变引起质变的过程。

如论证“安身立命和仰望星空”之间的关系，可以说：根据马斯洛需求层次理论，人的需求有5个层次，从低到高分别为生理需求、安全需求、社交需求、尊重需求和自我实现需求，所谓安身立命就是实现生理和安全的基本需求，解决衣食住行、吃饱穿暖的问题，所谓遥望星空就是在解决基本生活需求之后，能够追求更高层次的理想，实现自身价值，由此可见，安身立命是仰望星空的基础，仰望星空是实现安身立命之后更高层次的追求。

如论证“平衡的重要性”，可以说：根据马克思哲学原理，事物都是对立统一的，无时无刻不处在矛盾之中，需要把握一个度，把握好平衡原则，所谓“过犹不及”是为此理。也可以说：中国古典哲学认为“天人合一”，即人法地、地法天、天法道、道法自然，万事万物处在相生相克之中，阴阳互为一体，八卦相生相克，这就需要把握好平衡原则，刚能制柔，柔亦能克刚，所谓“刚柔相济”是为此理。

经典题目示例

党的二十大报告指出，要敢于斗争、善于斗争，谈谈你的理解。

示范作答

狭路相逢勇者胜。唯有保持敢于斗争的精神，不断增强做中国人的志气、骨气、底气，不信邪、不怕鬼、不怕压，不惧怕豺狼虎豹，才能闲看惊涛骇浪，静心驱虎降魔。意气用事是莽夫，因势利导是英雄。唯有拥有善于斗争的能力，具备高超的斗争艺术和深远的斗争谋略，才能见招拆招，四两拨千斤，才能赢得尊严，赢得主动。

马克思主义哲学告诉我们，社会在矛盾运动中前进，有矛盾就会有斗争。而现阶段我国社会主要矛盾是人民日益增长的美好生活需要和不平衡、不充分的发展之间的矛盾。唯有所有中华儿女紧紧地像石榴籽一样团结在一起，在具体工作和生活实践中敢于直面矛盾，敢于斗争，充分应用建党百年积累的智慧和经验，才能让党的二十大描绘的宏伟蓝图变成现实。

6. 对比论证

对比论证是一种常用的论证方式，能有效加强论证，增强说服力。世界上的万事万物，往往是相比较而存在的，事物一经对比，差异立现。比如说，通过真与假的对比，可以去伪存真；通过善与恶的对比，可以抑恶扬善；通过是与非的对比，可以拨乱反正。因此，运用对比论证比单从正面说理，论证更有力，观点更鲜明。

最常见的对比论证，包括横向对比、纵向对比和正反对比。横向对比，是指同类事物间的对比；纵向对比，是指时间上的前后时期、事物前后阶段的对比；正反对比，则是指同一事物正反两方面的对比。

比如，要论证“夯实自身文化基础是文化输出的重要前提”这一论点，就可以从正反两个方面展开：一个自信的文化必定乐于“走出去”，文化不是化石，只有发展才能成长，只有走出去才能拥有影响力。文化输出的本质是要传递真实而又全面的中华文化，是要为人类健康向上的发展作出独特贡献，而不能为了输出而输出，揠苗助长一味迎合国际市场需求。因此，修好内功，夯实自身文化基础是文化输出的重要前提。否则，即使走了出去，但反映的不是中华文化的精髓，走出去也走不远，甚至引起对中国文化的误读，可谓适得其反。

7. 比喻论证

比喻论证是指通过类比联想，用比喻来丰富论证内容。比喻者与被比喻者之间要“类相异而理相同”。类相异，才能作比喻；理相同，才能进行推理、论证。它与修辞手段的比喻及类比论证既有相同的地方，也有差异。类相异，这点与比喻相同；理相同，则与不具有论证作用的比喻相异。理相同，这点与类比论证相同；然而它只要求道理真，却不必是事件的真实，这点又与类比论证相异。

这里举个例子。比如论证写文章要认真负责，毛主席曾经形象地打过这样一个比方：“拿洗脸作比方，我们每天都要洗脸，不少人并且不止洗一次，洗完后面还需要拿镜子照一照，要调查研究一番，生怕有哪些不妥当的地方。你们看，这是何等地有责任心呀！我们写文章，做演说，对比像洗脸这样负责，就差很少了。拿不出来的东西就不要拿出来。注意这是要去影响别人的思想和行动啊！一个人偶然一天两天不洗脸，固然也不好，洗后脸上还留着一个两个黑点，固然也不雅观，但倒没啥大危险。写文章做演说就不一样了，这是专为影响人的，我们的同志反倒是随随便便，这个问题就叫做轻重倒置。”①

再如，论证集体力量的重要性，我们可以说：就算自己是一枝娇艳美丽的牡丹，也应明白，一枝独放不是春天，春天应是万紫千红的世界；就算自己是一棵傲然挺立的孤松，也应明白，一株独秀不算英雄，成行成排的树木才是遮风挡沙的坚固长城；就算自己是一艘整装待发的帆船，也应明白，一船独行不算风景，千帆竞发才可以显示大海的壮阔。

以上就是为大家总结的 7 种论证方法。在答题中，结合具体题干和知识、素材储备，选用最得心应手的论证方法展开即可。这样能让你的答题不仅言之有物，还言之有理。

经典题目示例

家政行业需求不断增加，但是从业人员素质低、学历低，高校开办家政专业，报考人数却很少，你怎么看？

示范作答

家政行业作为社会发展和城市进步的产物，特别是在经济发达、生活节奏快

① 源自《反对党八股》，是毛主席于 1942 年 2 月 8 日在延安干部会上的讲演。

速的地区，其需求量显著增长，这无疑是生活水平提高的直观体现。然而，面对家政从业者素质、学历等方面的挑战，高校开设家政专业成为一个积极的尝试，尽管目前报考人数相对较少，但这在新兴职业发展的初期阶段是正常的现象，我们应全面、客观地看待。

高校开设家政专业，其意义深远。随着家政服务内容的不断细化和专业化，对高素质人才的需求日益迫切。通过专业的教育和培训，可以培养出具备高品质、高素质的服务型和管理型人才，以满足市场的多元化需求。同时，这也有助于提升整个家政行业的服务水平和专业形象，推动行业的健康发展。

至于报考人数少的原因，我认为主要有以下几点：首先，传统观念的影响仍然深重，很多人对家政行业的认知还停留在传统的保姆、清洁工等角色上，认为这个行业社会地位低、工作辛苦且不受尊重。其次，青少年对未来的职业规划普遍缺乏明确性，对于新兴的家政专业缺乏足够的了解和认识，导致他们在填报志愿时往往选择更为熟悉或传统的专业。

为了改善这一现状，我们可以从以下几个方面着手：一是加大宣传力度，通过电视、网络等媒体平台广泛传播家政行业的正面形象和发展前景，提高社会对家政行业的认知度和认可度。二是转变思想观念，鼓励人们摒弃传统偏见，以开放、包容的心态看待家政行业，认识到每一个职业都有其独特的价值和意义。三是加强青少年职业规划教育，引导他们了解自己的兴趣、特长和优势，帮助他们选择适合自己的专业和未来职业方向。

此外，家政行业自身也应不断提升服务质量和专业水平，树立良好的行业形象，吸引更多的人才加入。同时，政府和社会各界也应给予家政行业更多的关注和支持，为其发展创造良好的环境和条件。

综上所述，家政行业的发展离不开社会各界的共同努力和支持。通过加大宣传力度、转变思想观念、加强青少年职业规划教育以及提升行业自身水平等措施，相信家政行业一定能够迎来更加广阔的发展前景。同时，我们也应树立正确的职业观，尊重每一个职业的选择和付出，共同推动社会的和谐与进步。

（四）用真情实感，给对手降维打击

原则解析

前面几小节里，我们讲了几个综合分析题答题高分原则，现在有个问题摆在你面前：如果前文所讲的几点，你和你的竞争对手都能做到，那你该如何在众多强者中脱颖而出，成为被选中的那一个？

面试的本质是交流，在交流中最能打动人的，一定是真情实感。试想一下，我们在日常与人交往中，一个聪明但不真诚的人，和另一个真诚十足但没有那么聪明的人，你会更信任谁，更愿意和谁交往？答案不言而喻。在强者如云的面试考场上，真诚就是对竞争对手的降维打击。我一直在说，面试要回归生活工作本质，而真诚交流，答题中展露出真情实感，就是对生活、工作本质的最大回归。

面试考场上，“真情实感”可以理解为“真诚答题”。在“自古真情无人问，唯有套路得人心”，答题越来越模板化的当下，“真诚”尤为可贵。在我看来，面试答题“真诚”主要是体现在两个方面：一是外在形式上（语气、语调、眼神、表情等）的真诚，二是我们的答题内容上的真诚。二者同等重要，缺一不可。

我们先说外在形式。在外在形式上，要重点说的一点，就是眼神交流。面试的本质是交流，眼睛是心灵的窗户，要想你的面试答题充满交流感和自然感，让你的交流一秒有灵魂，眼神交流必不可少。我曾做过一个对比，让一位同学在进行眼神交流和无眼神互动的情况下，用相同的答案回答同一道题目。班里同学作为观察者，给出的一致评价是：这两次答题效果，完全不同。前者交流感满满，听着让人如沐春风；后者则像背书，呆板僵化。

眼神交流的重要性，再怎么强调都不为过。我们从以下三个方面，来学习如何在面试考场上成为眼神交流的“王者”。

1. 为什么眼神交流至关重要？

除过我之前提到的交流感，缺乏眼神交流还会让考官觉得你缺乏自信，从而对你产生不好的印象。总有同学问我，面试中如何展现出镇定自若的强大气场？今天正好回答一下这个问题，眼神交流，就是你展现自身气场的一个最好的窗口。

人都有慕强心理，考官也不例外，尤其是在面试这种高手云集、优中选优的场合。面试中，其实考官很大部分的时间和精力在观察你的外在表现、言行举止，虽然可能自己都没有意识到这一点。实际上，考官真正分配给对你的答题内容进行判断的时间和精力，比你想象的少，而且后者还是要受到前者的影响。所以，眼神交流作为面试交流外在形式的最重要一环，重要性不言而喻。

有的小伙伴可能会说：我天生性格内向，说话时和别人，尤其是陌生人眼神对视就心里发慌。其实公考面试和性格没有太大关系，这就是你为了成功上岸，过上自己心目中的理想生活而必须闯过的一关。面试说到底就是一场对自己从外在到内在的推销，一场形式与内容的综合展示。

同时，考官需要从与你的眼神交流中，感受到你对这场面试的重视，和你对考场所有考官的尊重。我知道很多考生在考场答题时因为紧张、不自信而不与考官进行眼神交流，这样考官会认为要不是你的态度有问题，要不就是你准备得不够充分（其实后者，说到底也是态度问题）。我知道很多考生可能会觉得很冤枉，但重点不是你真的怎么样，而是考官怎么想，考官眼中的你是怎样的。

2. 错误和不当的眼神交流

解决完第一个问题，我们再来看第二个问题：什么是错误的或者不恰当的，我们一定要避免的眼神交流方式。这里给大家做了总结：眼神空洞，眼神涣散，在看考官的时候眼神躲闪、飘忽不定，频繁眨眼，左顾右盼，盯着一个考官看，频繁地切换自己的对视对象，眼睛扫来扫去等。如果你有上述习惯，一定要改正。

3. 恰当的眼神交流

面试考场上，究竟怎样的眼神交流，才能让考官感到舒服？记好以下几个基本方面。

试想一下，我们看人的时候看哪里，才能让对方感到自然放松，既有交流感又无压迫感？答案很简单，三角区。面试的时候，我们答题席和考官的距离近则一米左右，远则两三米。距离近时，我们就看小三角，也就是从额头到眼睛下端这个位置；距离远时，我们就看大三角，也就是从头发到双肩以下这个区域。

人未进场，笑容先到位。我们在进入考场推门而入之前，记得先放松脸部肌肉，绽放自然亲切的笑容，这有助于在进入考场之后，用脸部笑容自然而然地引出眼神交流。

你只要在抬头说话，就要看着某位考官，并且，每位考官都要兼顾，不能只盯着主考官。但注意，这里说你要和每一位考官都有眼神交流，并不是说你真的要睁大眼睛看着他们，而是让他们感到你在看他们，你实际上有没有看并不重要。

举个例子，很多大型节目上，主持人主持节目时，我们会不会觉得他们完完全全是看着我们的眼睛，非常真诚地对着我们讲话，但实际上他们眼中看到的，也许只有空气。同理，我们在答题时，要面带微笑地扫视一遍各位考官，要给他们这种感觉：虽然现场有很多人，但是此时此刻，我在说到这个点时，就是在说给你听。此外还要注意，如果在你答题时，某位考官抬起头来看你，那你一定要抓住这个机会，给这位考官眼神回应。因为很有可能，你的答题内容或者外在的某一点，已经触动了他。给他反馈，和他产生进一步的链接，那很可能你本场面试的最高分，就出自这位考官之手。

还有一个很有意思的现象。很多面试实战过的同学都反映，在考场上，你若表现得不敢直面考官，考官就会盯着你看；如果你大胆地抬起头迎接他的目光，他就会立马低下头。其实这也很正常，考官不过是因为工作原因，被选出坐在了考官席上，但本质上，他们也是普通人，与人交流前总有个相互磨合适应的过程，考官也不例外。所以这更提醒我们，答题眼神交流时，我们的眼神一定要是亲和自然的，不能让考官感到有压迫感。

4. 如何做到内容上的真诚？

说完了形式上的真诚，我们再简单讲下，如何在内容上让答案显得真诚。这里不讲高深的理论，只讲几个非常易于操作的方法：第一，不要执着于语言的高大上；第二，联系身边实际，展现情怀担当；第三，格式化的语言，少说为好。

第一，为什么不要执着于答题语言的高大上？一方面是很可能你根本做不到，做不到硬做，反而容易弄巧成拙，这是最重要的；另一方面，过多高大上的语言，会让答题显得冰冷僵硬，有背书之嫌。

很多同学使自己答题语言高大上的方法，就是盲目套用官方理论，认为能增加语言的震撼感。实际上，用得太多、太杂，背诵痕迹过于明显，会给考官一种堆砌的感觉，反而容易让考官感觉冗繁乏味。而且，盲目用一些自己也许根本不理解的理论，只能弄巧成拙。除此之外，很多同学还会盲目使用那些每个人都能想到的，已经接近口水化、毫无新意的表达句式，比如“全心全意为人民服务”“对这个问题，我认为应该辩证看待”“如果我有幸成为一名公务员，我会这样去做”“凡事预则立，不预则废，我首先要做好一个计划”等。除此之外，结尾处盲目拔高也是常见的一个倾向。然而，并不是所有综合分析题最后都需要用非常有高度的话进行结尾，或者联系国家政策进行最后升华的。

第二，要善于联系身边实际和自身经历，展现情怀担当。我曾经参加的一场面试中有一道关于“平安中国”的题。很多考生的答案，都是客观地从推动“平安中国”的背景以及各地行动去谈，这样能够显示出考生的知识积累，但是没有太多的亮点。我记得有一位考生的答案让我印象深刻。他结合了自己在海外遭遇战乱的经历，真诚地表达了对祖国安全的认可和感动，就很好地传递了自己对“平安中国”的认可，之后结合未来的工作表达了自己要助力“平安中国”的担当，感情真挚，非常打动人。

第三，格式化的僵硬语言，少说为好。什么是格式化的语言？举道真题为例：谈谈你对待就业大学生不愿意脱下孔乙己的长衫的看法。很多同学这样回答：首先表态，“我认为这种现象不好”；其次分析影响，“待就业大学生数量过多，会对社会造成如下影响”；再次分析原因，“我认为产生大学毕业生不愿意脚踏实地的原因是……”；最后提出对策，“我认为解决这一问题可从以下几方面入手”等。这样答题看似内容结构完整，但有一个不是硬伤的硬伤，就是语言过于僵化，培训痕迹太重，答题起来像例行公事，太过规矩。所以，“如下原因”“以下对策”般例行公事的话，要少说为妙，换一个让考官听起来更加舒心的表达方式。

回顾这一小节，我们重点分析了真情实感在答题中的重要性，以及如何在答题中显示出真情实感。下一小节，我们一起来看，如何在答题中，实现从浅层分析到深层思考的质的跨越。

（五）最打动人心的，一定是你有观点

作答综合分析题，绝大多数同学的情况是这样的：对一道题目进行浅层的分析，比如分析某个社会现象产生的原因、影响、结果，初步学习之后能够做到。但要更进一层，提出有深度、有高度的观点和见解，那可就太难了。这样导致大部分同学的答案大同小异，你能想到的点别人也都能想到，你的答案平庸无亮点。

然而，综合分析题作答最核心的部分，就是我们的观点。客观来说，观点的质量决定了你答题的质量。综合分析题没有所谓的标准答案，对于任何事件和现象，站在不同的角度和层次分析，得出的会是不同的见解。所以，一个分析全面、深刻，观点鲜明的答案，自然能在众多千篇一律的答案中脱颖而出，赢得考官的青睐。问题是，如何才能做到？

所谓分析问题要有深度，其实指的就是我们在思考问题时，不能被表象迷惑，而要看到本质，简而言之，就是要透过现象看本质。把它转换成我们作答综合分析题时更为具体的要求，就是：第一，分析思考问题时不能只停留在较浅层次上，而要深挖背后逻辑，去分析原因、影响和后果。遇到问题，多问几个为什么，环环相扣，层层递进，你会有不一样的思考和发现。要做到这一点，我们可以借助**层层递进分析法**，来分析原因、影响，并提出对策；第二，分析思考问题时不能只就事论事，既要做到基于事件本身，又能跳出事件的局限，以点推面，一叶知秋，举一反三，从根源上去解决问题。要做到这一点，我们可以通过**联想演绎归纳法**，得到具有深度的核心结论。第三，看问题要有大的格局。时代在发展，每个年轻人都应该跳出井底看世界。具有国际化视野，是对新时代人才的基本要求。关于什么是国际化人才，有各种见解，但唯有之前参加的一个讲座中，教育部的一位领导说的一句朴实无华的话让我印象深刻。他说：所谓国际化人才，就是要关心世界的角角落落。所以，部委人才应有大的格局，既要有历史观，从古看到今，又要有世界观，由自己看到别人，反之亦然。这种方法，我们暂且把它称为**历史国际法 / 时空维度法**。这一小节的学习任务，就是深入学习并掌握以上 3 种答题方法。

1. 层层递进分析法

首先来看层层递进分析法。在综合分析题的作答中，对原因、影响和结果进行分析是一种常见的作答方法，很多同学应该都不陌生，但我们这里强调的，是层层递进式的分析。很多同学分析问题时只能触及皮毛，无法达到根本，往往是因为在分析了一层之后便固步自封，不继续往深处挖掘。

经典题目示例 1

国外 90% 的人知道中国制造，而只有 3% 的人知道一个中国品牌。对此，你怎么看？

我们来用层层递分析法分析下这道题。

首先问：为什么中国制造在国外闻名？

过去 40 余年，中国制造业得益于改革开放政策和人口红利，取得了快速发展。外资的进入带来了资金、技术和工业设备，以及广阔的国际市场，国际代工生产模式在东南沿海遍地开花，中国的劳动力市场得到充分释放，国内消费市场也逐渐培育起来。这些因素，使得中国制造业在短时间内取得快速发展，一跃成为全球制造业大国。

进一步问：成为制造大国，为什么却没有知名品牌？

因为外资也带来了落后的产能，欧美日发达国家保留高新技术产业、装备工业，并高高竖起知识专利壁垒，将关键零部件的研发制造与高溢价的核心技术牢牢握在手心。中国制造只能存在于全球分工链条的下游。

更进一步问：既然我们处于全球分工链条的下游，为什么不想办法改变现状，为什么不自主研发核心技术？

因为转型困难。在过去的发展过程中，我国的制造业错过了两次发展的大好机会，一是盲目扩大低端产能错过了产能升级的机会，二是单纯追逐微薄利润错过了品牌培育的机会。国际代工模式后遗症严重，出口利润微薄，使得企业无力进行品类的扩充和生产装备的更新。本因作为创新主体的国有企业，却由于垄断利润过高、利润来得太过容易等原因，普遍缺乏创新意识和创新动力。

思考到这里，解决途径也呼之欲出了。科学化政策体系设计，健全创新机制、明确技术创新利益分配、坐实技术创新的决策主体、加大研发创新投入、重视品牌战略管理和品牌培育计划等。

经典题目示例 2

为了丰富乡村精神文化生活，某地农民自己购置电影播放设备，10 年间，走村串寨为农民们义务播放电影 2000 多场。日前，管理部门告知其放映资格被取消，事件经媒体报道后引起强烈争议。对此你怎么看？

对这道题，我们也来层层递进进行分析。

首先问：管理部门为什么要禁止该农民为村民放映电影？因为放电影需要取得电影发行经营许可证以及电影放映许可证，即“电影放映经营许可证”，否则便属于违规行为。从这个层面来说，管理部门是依规定办事。

进一步问：为什么要设置电影放映许可证？这是因为放映电影属于一种文化传播手段，设立许可证门槛，可以让相关部门通过审批对放映内容进行有效监督，阻止庸俗、恶俗内容传播，造成不良影响。

更进一步问：为什么管理部门依合理的规定办事，却引发争议呢？因为规定本身的目的是遏制不良内容通过电影传播，而这位热心村民为村民放映电影的出发点却是丰富村民们的精神文化生活，服务村民。他自己花钱购置电影播放设备，10 年间走村串寨服务村民，对这种行为，管理部门本应予以帮助和鼓励，帮助该农民依法依规获取反映许可，继续为村民做好事。

再一步问：为什么管理部门没有调查清楚情况，让该农民继续合法合规继续为村民放映电影，而是直接取消其放映资格呢？因为直接取消资格简单粗暴，易于操作，宁可错杀一百也不放过一个，一禁了之，无后顾之忧。这种一刀切、多一事不如少一事的行为方式，本质上还是懒政思维在作祟。不考虑村民实际利益和需求，只从自身管理角度出发，以牺牲村民和群众实际利益为代价，简单便捷行事。

经过这样一分析，是不是我们的替代对策也呼之欲出？那就是，帮助该农民获取许可，合法合规继续为村民放映电影，丰富村民的精神文化生活，为乡村建设献力。今后，对类似的公益行为进行鼓励支持，创造有助于其生长的社会环境和氛围。

实际工作中，我们会遇到很多具有争议的规定或政策。遇到这种情况，可以多问几个为什么。经过层层递进的分析和提问，我们往往就能明白，为什么有些政策规定看似不合理却还会被推出，以及那些看似不合理政策规定背后的真正原因和问题所在，也更能让我们以解决实际问题为导向，弥补现有政策规定中的不足，或者找到更好的替代方案。不可否认，实际工作中，拍脑门下决定的个别情况确实存在，但一般情况下，各级政府出台的绝大多数政策，是经过深思熟虑、充分论证和实践检验的。

以上就是层层递进因果分析法，其实就是让我们在思考原因时多问一个为什么，如果不这样，会怎样？为了让我们的答案更全面完整、结构有层次、内容更丰富，我们可以在使用因果分析法时，将其与主体分析法结合起来。也就是说，将与题干相关的不同主体，按照一定的逻辑顺序，分别展开因果分析。我们还是通过管理部门禁止热心村民放映电影这一道题，带大家进行演练。

上面我们分析了管理部门取消村民放映资格的原因，下面我们结合主体分析法，来分析取消放映资格带来的影响。

要用主体分析法，我们首先要找到与题干相关的主体。这道题中，这位热心农民、多年来观看电影的村民，以及管理部门，都是显而易见的相关主体。我们就每类主体，思考管理部门取消热心农民放映电影的资格会产生什么样的影响，带来怎样的后果。

首先是这位热心农民。我们很容易想到的是，免费服务村民做好事却被禁止，这很可能会影响到他做公益的热情。更进一步讲，这件事产生的社会影响，可能让那些有志于从事公益文化服务的志愿者却步。

其次是其他村民。大家享受了这么多年的免费观看电影，说取消就取消，肯定是有怨言的。更进一步想，农村的优质文化供给本来就少，精神生活也相对贫瘠，现在看不了电影，多出来的空闲时间，有人很可能转向寻找一些低端庸俗的娱乐方式，比如说赌博等。

最后是管理部门。村民原本享受得好好的福利，说取消就取消，全然不顾对老百姓实际生活的影响，肯定让老百姓对管理部门有了负面印象和怨言。更进一步想，以点带面，这会不会影响政府公信力，甚至造成群众和当地管理部门之间的对立情绪？

以上就是答题中，层层递进因果分析法和主体分析法相结合的具体展示，是能让你将原因、影响部分深刻全面分析的不二法宝。今天学了这种方法，要通过反复练习，外化于行，内化于心，把它转换成为自己答题的竞争力，在答题中应用自如，让自己的答案一气呵成。面试学习就是一个不断知行合一的过程，再好用的方法，不去反复练习，也毫无用处。

2. 联想演绎归纳法

很多同学在面试答题，尤其是在回答综合分析题时，很容易陷入的一个困境就是只能就题答题，就事论事。这导致作答内容深度不够，你想到的所有点都已经在题干中，但凡你能想到的点，别人都能想到，答案没有新意和亮点。

其实，要摆脱就题答题，就事论事，本质上是要求我们具有由点及面的能力。看到单个事例，能够想到与此相关的一系列事件，从个别到一般，提炼出事件中的共同点，找到本质原因，再从一般到个别，提炼事件中的不同点，找到具体的、有针对性的解决措施，得出有深度的观点。这种方法，尤其适用于事件类的题目分析，我们在这里把它称为联想演绎归纳法。

比如这道题：*小张是某农业单位服务窗口工作人员，负责一项证件办理工作。因为村民对政策信息不熟悉不理解，新证件办理环节多、流程慢等问题，有很多村民为办证来回很多趟。小张为了方便村民办理，将印有自己电话号码的卡片发放给办事群众，让他们有事随时联系自己。请谈谈你对此的认识和感想。*

服务窗口人员小张主动做职责之外的事情，方便群众，宁愿自己多些事，也要让群众少麻烦。很多同学回答这道题时，会赞扬小张这种以人民为中心的服务理念，但是再往深说，就无话可说了。这时候，不妨试试我们今天要讲的联想演绎归纳法，来拓展深度，直达问题本质。我们可以先联想拥有类似逻辑的案例。

比如全国优秀县委书记陈行甲，在他写的书《在峡江转弯处：陈行甲人生笔记》中有这么一个小片段：他在巴东做县委书记时，因为嫉恶如仇，以零容忍之势清理当地的贪污腐败，被政敌恶意公开了自己的手机号码，导致一天到晚接到无数骚扰电话，生活工作被严重影响。这种公开自己电话号码的方式是亲民，出发点当然是好的，但是否可持续，有没有更好的替代方案？

虽然两件事情有不同之处，但是全国优秀县委书记陈行甲的例子，给我们分析小张的例子带来了启发。公务员出于便民目的，主动做职责之外的事情当然是好的，可是毕竟涉及工作和私人时间的冲突，小张的行为出发点是好意，但如强制要求每位公务人员都这么做，既不现实也不长久。

那什么是直达根本，长效又科学的解决方法？还是要从制度层面入手。所以，我们可以从以下几个角度入手作答：第一，小张的做法彰显了全心全意为人民服务的工作理念，值得表扬；第二，小张做法虽好，但还应采取自愿，不宜做硬性要求推广。多做职责之外的事无可厚非，但公布私人电话，牺牲私人时间，公私不分的工作方法反而有可能影响工作效率；第三，小张本意是让群众办事更加顺畅，而造成群众办证不顺畅的根源在制度设计层面；第四，治本之策应该是简化办证流程，将相关政策宣传到位，优化相关信息公开查询，以服务方便群众为根本出发点，打造服务型高效型政府，才能从根本上解决这一问题。

结合因果分析和归纳法，不仅能答出深度，还能答出新意，而且由于归纳法需要考生去联想拥有类似逻辑的事件，因此在答题时还能向考官展示自己熟知社情民意，作答内容也不空洞，接地气。所以，日常积累很重要，既然要考公，要参加面试，平时多注意时政新闻，把每天用手机看八卦的时间，分出一半用在看政府工作相关或者民生新闻上。在使用归纳这一方法时，大家注意，如果联想拥有类似逻辑的事件，尽量联想和政府工作相关的事件，或者是一些民生事件。因为毕竟参加的是公务员面试，作答内容当然要凸显公务员导向。

所谓巧妇难为无米之炊，不要想会点方法技巧就能应对，素材积累是少不了的。面试学习中，最大的投机，就是不投机。

有的同学可能要问了，那我该如何进行热点素材的积累呢？平时我也会注意刷新闻，但是看过就忘，更没觉得对自己复习面试有任何帮助。既然我们是为了面试储备知识积累素材，那就不能再像以前那样盲目地去看，读报、听新闻也并不是像看电视剧那样，看过就算，一定要带着问题去认真读，我们以如下一条新闻为例。

新闻如下：

打破成果转化瓶颈、加快科技成果转化是科技创新必须面对的一道难题。“科技成果‘三权’，即使用权、处置权、收益权，对科技成果转化至关重要。”要解开套在科技成果使用权、处置权、收益权身上的“枷锁”，不仅要有破冰决心，还要有破冰之举。

目前，国内已有北京、武汉、成都等地出台文件，对科技成果类无形资产处置方式、科技成果转化收益分配等一系列重大问题进行改革。相关专家建议，要研究借鉴这些做法，推动科技体制创新，构建创新创业生态圈，进一步释放科研人员的创新创造活力。

比如，高校院所科技成果转化所获收益可按不少于70%的比例，用于对科技成果完成人员和为科技成果转化做出贡献的人员进行奖励；支持高校院所对科技成果转化事项进行自主处置，将原有的“审批制”改为“备案制”；将知识产权授予研发团队的科技成果，不再作为国有资产进行管理等。

针对科技成果转化“短板”，赵韩委员提出，要建立四级企业技术研发平台和信息发布平台，引导产业发展、项目设计和科技创新，推动产学研深度结合。同时，要建立科技成果转化平台，加强技术市场体系建设，促进科技成果转化为现实生产力。①

我们在读这条新闻的时候，要带着这三个问题，有目的和针对性地去读。第一个问题：是什么？也就是这篇新闻说的主题是什么。答案很明显，加快科技成果转化很重要。第二个问题：为什么？为什么科技成果转化很重要？因为科技成果“三权”即使用权、处置权、收益权身上套着“枷锁”，阻碍了科技成果转化。第三个问题：怎么办？即如何加快推动科技成果转化。新闻中也给出了答案。一要推动科技体制创新，解除枷锁、激发活力；二要补科技成果转化的“短板”，如建立四级企业技术研发平台和信息发布平台，建立科技成果转化平台等。只有带着这三个问题去阅读，并在读完之后能够回答出这三个问题，你的阅读才算有效，才能达到为备考面试积累热点素材的目的。

3. 历史国际法 / 时空维度法

思考问题时要有广度和深度，有大的格局也很重要。这就要求我们看问题时要具备历史视野和国际视野。用更朴素的语言说，就是想想，过去怎么样（时

① 稿源:《安徽日报》——《创新发展开创转型升级新局面》，2016年3月7日。

间），别人怎么样（空间）。关于人才培养有一句我们都很耳熟的话，叫作“要培养国际化的人才”。那什么才是国际化的人才？我认为最通俗易懂的解释，就是要关注这个世界的角角落落。这种思维，可以应用到我们的面试作答中。当然，作为准公职人员，在具备历史格局、国际视野的同时，更要具备一定的理论高度，能够结合国家的时政方针去看待和分析问题。我们以下面这道真题为例，来学习如何将这种思维应用到面试答题中。

举个例子：由于本地污染严重，市政府为了治理环境，关停了一些重污染企业。结果导致了大部分工人失业，一些群众对此举褒贬不一。对此你怎么看？

历史国际法教会我们，看待问题要有大的格局和视野，不仅要看到自身，还要看到别人；不仅要看到现在，还要看到过去与将来。在过去几十年中，我们把握住全球化分工的潮流，逐渐成为世界制造业大国。所以，这在很大程度上解决了我们的就业问题，改善了人们的生活，确实让人们享受到了实实在在的好处。中国经济的高速增长带来了国民收入的显著提高，让我们一跃成为世界第二大经济体，但也让我们背负越来越沉重的资源成本与环境成本。步入发展新时期，我们意识并深刻感受到了以牺牲环境为代价的粗放型发展模式的严重弊端。习总书记在党的二十大报告中也指出，推动绿色发展，促进人与自然和谐共生，尊重自然、顺应自然、保护自然，是全面建设社会主义现代化国家的内在要求，“绿水青山就是金山银山”这一朴素而又伟大的发展理念也越来越深入人心。所以，当地政府整改重污染企业是建设生态文明过程中必然要面对的问题。对重污染企业加强治理的举措，不仅有利于促进企业走资源节约型、环境友好型的循环发展道路，也可以促进整个地区经济结构的优化，因此是合情合理的；该政府行为还与史上最严环保法所体现的打击治理污染力度相吻合，从这点来说又是合法的。

但与此同时，我们也要意识到，关停不是目的，促进企业规范、绿色发展才是目的。政府应该积极给予政策、资金、技术、人才等多方面的支持，鼓励和引导金融机构加大对污染企业的转型升级，充当服务者的角色，引导企业走环保发展道路。这才是解决问题的根本方法。

总而言之，前面提到的层层递进因果分析法和联想演绎归纳法，体现的是思维的深度和广度；相比较，历史国际法体现的则是思维的高度。思维要有高度，不仅需要方法，更重要的是知识积累。所以，这种答题方法是拔高，不是基本要求，不强求每个同学都掌握。如果有兴趣，可以在备考阶段，往历史角度、国际角度、大政方针角度去积累素材，以大格局去要求自身，相信会有成效。反之，如果没有相当的积累，硬要拔高却又不能说得有理有据，相当于是自己给自己挖坑，很容易让考官认为我们是刻意炫技，华而不实。

（六）要有政府思维和公职人员思维

作为参加面试的考生，我们的身份可以说是一只脚已经踏入体制内的准公职人员。这种身份定位就要求我们，在答题时，一定要有政府工作和公职人员思维意识。这是对我们答题的基本要求，如果把握得好，也会成为我们答题的亮点，让我们从众多竞争者中脱颖而出。问题是，如何在面试答题几分钟的时间内，通过答题，凸显出自己具有政府工作和公职人员思维意识？这的确不太好办。我们说路遥知马力，日久见人心，要在短短几分钟的面试中展现我们的公职思维意识，并不现实。但是，这正是面试高分的突破点。在面试这场零和博弈中，我们只有想方设法，做到别人办不到的，取胜的机会才会比别人大。针对这一问题，这里特意总结出了 4 种答题思考的方向，帮助我们提升答案的“含公度”，体现出政府工作和公职人员思维意识。

1. 从单位角度出发看待问题

体制内很流行这样一句话，“屁股决定脑袋”，这里我们把它稍作修改，改为“立场决定脑袋”。对同一问题，站位不同，看法和理解也自然不同。举个最简单的例子，对于国学经典《红楼梦》，鲁迅先生有过这么一句评价：“一部《红楼梦》，经学家看见《易》，道学家看见淫，才子看见缠绵，革命家看见排满，流言家看见宫闱秘事。”没有谁对谁错，只是看待问题的角度不同。松下电器的创始人松下幸之助曾在面临人生困惑百思不得其解时，突然有一天灵感迸发，脑海中涌现出这样一个念头：如果我遇到任何问题，能站在对方的立场看问题，不就可以知道他们在想什么、想得到什么、不想失去什么了吗？那么我还愁不知道如何跟他们打交道吗？这些道理其实我们一点都不陌生，《孙子兵法・谋攻篇》里的“知己知彼，百战不殆”，我们早已耳熟能详。现在就到了理论指导实践的时候了，作为面试中想拿高分的考生，我们首先该做的，就是站在考官角度思考问题，知道他们期待听到的是什么。

考官坐在考官席上，代表的是用人单位。他们受用人单位委派，担任考官，为其选拔合适的人才来工作。如果想让你的答题和考官产生共鸣，那一定要把考官的立场当作你的立场。这些理解起来并没有难度，但是，为了防止很多同学

“一听就会，一做就废”，下面通过一道题，带着大家实战演练一下。

经典题目示例

你如何看待“996”和“007”这种加班文化？

对于这道题，百分之九十五以上的考生会顺着这个角度去思考作答，先检验一下，你是否是其中之一。首先，在开头表明自己的态度观点，当然是旗帜鲜明的反对“996”和“007”这种加班文化，然后展开论述“996”“007”加班文化出现的原因，紧接着，从多个角度提出各种措施，来减少甚至杜绝“996”“007”现象。

这种答题思路，看上去结构完整，思路清晰，有条有理，找不出任何硬伤。但是，琢磨来琢磨去，总感觉少了些什么。如果我作为考官，就从内容而言，我说服不了自己给这份答案一个高分，总是感觉差点什么。那差的就是什么呢？想到最后我想明白了，是这道题一开始答题的底层逻辑，思维方向出现了偏差。上述这种作答方向，完全没有站在单位和考官的角度去思考问题，或者我们换一句更简单的话来说，就是你完全没有搞懂这道题，它究竟想考查的是什么，考官期待透过你的答题看到你怎样的三观。

下面我们就试着站在考官和用人单位角度，来分析一下上述答案。作为考官，听到考生一上来就对“996”“007”旗帜鲜明地完全反对，深恶痛绝，会作何感想呢？当然，我们赞同“996”“007”是一种不良的、不健康的工作文化，但是你如此全面激烈地反对，会给考官留下什么印象？会不会觉得你年纪轻轻，怎么就没有在工作中攻坚克难的精神？并且，虽然我们都知道“996”“007”不对，但在某些时刻，它确实又不可避免。比如说在我们国家的一些非常时期、关键时刻，例如抗洪救灾时，很多的基层工作人员、解放军、武警部队官兵等的努力工作辛勤付出程度，早已超过了“996”“007”。再如一些部委机关、基层乡镇单位，加班加点是家常便饭，“996”“007”和他们的工作强度相比，完全是小儿科。所以，如果你上来就反对，会不会让考官产生这样的联想：以后单位需要加班的时候，你会不会不愿意来，会不会叫苦连天？

然而，这还不是这份答案得不了高分的关键所在。最关键的，是你并没有搞清楚这道题想考查的是什么，期待的是怎样一个回答。对于这道题，我们作答的重点，不能放在如何去杜绝、反对“996”“007”上，而是应该放在，我们如何能够在不“996”“007”的情况下，更加可持续性地，健康地，充满幸福感、获得感地为我们的国家建设，为我们的民族复兴，为我们的社会进步做出贡献。

我们的民族是一个非常具有奋斗精神的民族，我们不怕吃苦，不怕受累，用短短几十年的时间，完成了发达国家一两百年才能够完成的任务，但是现在步入社会转型的新时期，随着人们对生活幸福感、获得感追求的上升，我们以往熟悉的这种“996”“007”奋斗模式，开始变得不可持续起来。所以，我们应该做的，就是找到一种更加具有平衡性，更加可持续，能够让我们一边努力奋斗、一边享受美好幸福生活的奋斗方式。

明确思考方向后，我们来看如何具体展开论述。为了不增加难度，这道题我们就用前面讲过的多主体分析法来展开论述。先从国家层面来讲，经济转型升级、科技创新都是可选之策；再从社会层面讲，企业规范用人，提高自己的核心竞争力，不靠劳动力提高利润率，监管机构加强监管处罚，宣传部门营造积极向上、正能量的工作氛围都可改变现状；最后，在个人层面，努力提升自己的就业技能，提高工作效率，做好工作规划，也都是获得工作生活平衡的方法。如果这道题你能够这样答，一定会让考官欣赏。

2. 懂得公职人员的苦与乐

面试考场上经常会碰到类似政府工作人员和群众产生矛盾或冲突这样的题目，比如下面两道：

经典题目示例 1

某公司在某市投放了五万把共享雨伞，投放当天被城管执法人员全部收走，声称其影响市容市貌且没有得到规划许可，对此你怎么看？

经典题目示例 2

时值秋冬交接，火灾事故频发。为切实保障人民生命与财产安全，你单位和兄弟单位，针对存在安全隐患的店铺，联合开展专项整治活动。在执法过程中，你发现一家饭店缺少消防器材，依法对其进行处罚，看到你开罚单时，老板情绪非常激动，哭诉当下自己特别不容易，一旦罚款就会雪上加霜，希望能够网开一面，引来周围大量群众围观。对此，你怎么看？（2023 年安徽省考面试真题）

面对此类题目，很多同学会将错误完全归结于工作人员，群众都是好群众，千错万错都是工作人员的错，似乎只有这样才能体现出“全心全意为人民服务”的博大情怀，才能体现出“权为民所用，情为民所系，利为民所谋”的高站位。但我想说的是，其实大可不必这样。

为人民服务当然是公职人员一切工作的出发点和落脚点，但只有你真正上岗后，才会知道实际工作中有多少心酸和无奈。上面千条线，下面一根针，传说中的喝茶看报真的只是传说，在“农忙时节”，哪个一线单位不是从天亮熬到天黑，从周一熬到周日？当然，这里并不是要给大家传播负能量，没有任何工作是轻易就能做好的，公职人员能站在国家和政府提供的平台上，在这个伟大的转型时期为我们的国家建设，为增进人民福祉做出力所能及的贡献，这种机会不是每个人都能拥有的。我的一位非常让人尊重的前辈，当年全国最年轻的正厅级官员辞职后，曾写过一篇文章，大意是体制内人员一定要珍惜自己所处的平台，从体制内走到体制外才发现，那些对体制内人员稀松平常的机遇和平台，却是多少体制外人员求之不得的。

平台和工作机会是要珍惜，然而，这并不代表着，遇到问题就应该将所有错误都归结到工作人员身上。

面试考场的考官，一般都深耕体制内多年。他们对体制内各层各级的工作现状洞若观火。你看待问题的偏激和片面，不但表明你缺乏实际工作经验，更显出你缺乏在实事求是的基础上，与这份职业共情的能力。你对这一行业完全不了解，只会站着说话不腰疼。既然如此，又如何能保证你在被录取之后，脚踏实地地去思考去工作呢？

所以在答题中，在实事求是的基础上，切勿站在工作人员的对立面。我们要懂得一项政策在执行过程中有诸多无奈，在此情况下，好好思考如何更好地解决问题，而不是去片面地批判。分析看待问题要全面、客观、理性。只有这样，才会赢得面试考官的青睐。

下面，我们以上述思路详细作答一下经典题目示例 2，供大家参考。

示范作答

单位联合开展专项整治行动，以消除安全隐患，保护人民群众生命财产安全，是一项非常重要的工作。作为执法人员，在执行任务时，既要保证执法到位，又要确保群众满意和支持，同时还要做好舆情把控，避免群众误解。面对这样的情况，我会采取以下措施，妥善处理。

首先，与涉事店铺老板进行充分沟通，安抚其情况，了解他的疑虑和不满。我会耐心解释专项整治的目的和重要性，以及我们执法的依据和必要性。同时，我也会听取他的意见和建议，尽量在执法过程中兼顾他的合法权益和经营需求。

其次，我会详细说明执法的过程和结果，确保老板和围观群众都能了解我们的工作进展。在开具罚单时，我会严格按照法律法规和执法程序进行，确保罚单的合法性和公正性。同时，我也会向老板解释罚单的具体内容和金额，以及后续整改的要求和流程。

在执法过程中，我会特别注意态度和言行，保持冷静和礼貌，避免引起不必要的争执和冲突。同时，我也会积极回应围观群众的关切和疑问，及时澄清误解和谣言，维护执法部门的形象和公信力。

此外，我会积极关注网络舆情，及时回应网民的关切和质疑。对于不实言论和恶意攻击，我会通过官方渠道进行澄清和反驳，防止舆情失控。同时，我也会加强与媒体的沟通合作，及时发布权威信息，引导舆论走向。

最后，我会及时向领导汇报工作进展和结果，并总结经验教训，不断完善执法流程和方法。同时，我也会与相关部门加强协作配合，形成合力，共同推进安全隐患整治工作，为人民群众创造一个安全、和谐的生活环境。

通过以上措施，我相信可以有效地推进专项整治行动，消除安全隐患，同时也能够赢得群众的理解和支持，维护社会稳定和谐。

3. 有集体意识，关键时刻一致对外，互相补台

体制内非常重视和强调集体意识，工作行事的基本准则之一，就是以集体利益为重。所以，作为一名公职人员，在思想上要高度重视团结协作的重要性。只有团结协作，单位才能拧成一股绳，劲往一处使，也才能事半功倍。在工作中更要以身作则，做有利于团结协作的事。

看到这些，可能有的同学会认为这些都是些冠冕堂皇的面子话。其实不是，回归到实际工作中，上述这些话语有一个更简洁的表达方法，叫作互相补台。

我们一切的工作都在单位这个平台上开展，要始终明白自己的利益和单位利益从根本上讲是高度统一的，只有单位发展得好，我们的工作才能如鱼得水，个人发展才能畅通无阻。往虚了说，维护单位，体现的是我们的集体荣誉感；往实了说，我们的年底绩效，奖金多少，哪个不是和单位的年终评比挂钩。一句话，只有单位好，我们才能好。

那究竟如何维护单位的荣誉感？关键时刻一致对外，互相补台，是必备的素质和能力。

“补台”说到底，是顾大局、讲团结的表现（能在答题中体现出你的大局意识，一定是考官眼中的加分项。某种程度上来说，考官就相当于你单位的领导，学会从领导角度出发考虑问题，才能明白和掌握考官喜好）。只要对工作有利，对单位有利，在不违反原则、不违背道德的情况下，就应该积极主动“补台”。关键时刻，我们应把该挑的担子挑起来，为了工作顺利开展、任务圆满完成，维护单位形象，积极查漏补缺，相互弥补失误，不争高低，暂时撇开个人私利，一致对外。

有句话说得很实在，“相互补台，好戏连台；相互拆台，一起垮台。”试想，别人工作出现失误或遇到困难时，如果不是及时“补台”，而是袖手旁观甚至“拆台”，最终工作出问题，单位受损，自己也会受到影响。所以，多“补台”而不“拆台”，平时相互支持，关键时刻相互帮助，不仅有利于增进团结，更能在相互提醒和帮助中共同提高，推动单位建设“好戏连台”。

除开这些，谈谈个人角度的一些深刻体会。体制内工作多年，见过形形色色的人，你不能奢望每一位同事都愿意补台、善于补台，但确实，和会补台的同事一起工作，你会越干越有劲；和互相拆台的同事共事，你就像一匹千里马被人绑住了双脚，浑身的劲使不上。愿意补台，是心怀善意；会补台，是有能力；善于补台，是高情商。谁不想和既善良，又有能力，情商还高的人一起共事呢？这样的人，考官见了一样会发自内心地欣赏。

下面，我们就通过2022年天津市公考面试的一道题，具体展示一下，如何在答题中体现出我们关键时刻一致对外、互相补台、集体利益至上的担当意识和大局意识。

经典题目示例

上级领导来你单位检查文明单位评选，有调查人员反映楼道有烟味，公共场所禁烟情况不好，影响评选。如果你负责陪同，你会怎么做？

对于这道题，如果没有学习过上述内容，大多数同学会从这个思路来作答：

首先，向调查人员诚恳承认错误，虚心接受批评，将其提出来的问题逐一记录在册，记录问题点位；其次，把情况上报领导，并提出具体的改进措施和意见，有针对性地开展提升工作；最后，赶紧落实整改措施，找出相关负责人，尽快整改，并定期检查整改效果，形成长效整改机制。

你认为这个答案怎么样，如果你是面试官，能给多少分？如果分数分为“优秀、良好、一般”三项，我想你十有八九会得到一个“一般”，给个“良好”就顶破天了，“优秀”是绝对不可能的。

背后原因，就是这个答案丝毫没有体现出关键时刻愿补台、会补台、善补台的综合能力，以及一致对外、互相补台、集体利益至上的担当意识和大局意识。

我记得年幼时读《红楼梦》，对一个场景印象极为深刻。王夫人的丫鬟金钏，因在宝玉面前举止轻浮，被王夫人责骂赶出家门，不堪屈辱跳了井。在金钏死后，宝钗来宽慰王夫人。王夫人这时正为自己找借口，说撵金钏出去不过是为了气一气她，聪慧过人的宝钗马上便顺着话头，宽慰王夫人，说金钏多半是失足落下井里的。

简单几句话，便将金钏投井一事，归咎于偶然事件，把王夫人摘了个干净，让其心安不少。这里我们先不论宝钗的冷血，但实际上她也没有说假话，失足坠井，本来也是可能的。既没有说假话，又解开了“上司”心中的心结，是何等的高情商。

为什么讲这个故事，这个故事和我们回答上述这道题又有什么关系？很多同学回答上述这道题，最大的误区就在于“实事求是的态度”。我们常说知己知彼，百战不殆，这道题要想得高分，首先要知道它考查的是什么。这道题考查的核心，不是你承认错误的勇敢态度，而是你巧妙化解危机，合理化解和转移矛盾的能力，以及关键时刻能否有效维护单位利益的大局意识。

回看题干信息我们会发现，题干中并不涉及什么原则性的问题，就是楼道里烟味。但这个非原则性的问题，却有可能给单位带来不利影响。调查人员依据有烟味，就推导出我们单位的公共场所禁烟工作做得不到位，对我们以往工作进行全面否定，影响评选，既不公平也不客观。所以，当前最重要的事情，在于维护单位的形象和利益，在承认错误之前更为紧要的一步，是解释清楚误会。

依据上述，我们来看下面这个答题思路。

首先，总说我们对这件事情的一个应对原则。单位为了文明单位评选付出了很大的努力，不能因为楼道偶然出现烟味这样一个问题，就否认了我们长期以来的努力，作为单位一员，必须要扭转这个局面，尽量保证文明单位评选的结果不受影响。在此基础上，再针对具体问题，提出具体改进措施和意见，监督实行，保证效果。

其次，向检查组解释，说明出现烟味儿的一些客观原因。比如说群众来访、施工人员休息时抽烟等，其并非单位工作人员所为。当然，以后再遇到此种情况，我单位人员会立马上前制止。

再次，重点介绍我单位在文明单位评选过程当中的工作成效，比如重点去介绍控烟、禁烟的一些做法，出台的一些制度，张贴的禁烟标语等，向调查人员详细介绍我们在禁烟方面的一些做法和成效；再如，针对评选其他的要素，例如工作效率、服务质量、工作态度、办公环境等方面去做一个完整详细的汇报，尽量让调查组看到我单位在评选过程当中所做的一些长期努力。把调查人员的注意力从“楼道有烟味”这一细节上转移过来，看到我们工作的全景。

最后，虽然楼道有烟味不能说明我们禁烟工作做得不好，但毕竟也反映出了监管上的小问题，所以理应拿出具体措施来整改。但是这个整改是要放在最后说，什么先说什么后说很重要。要让检查人员感到，我们工作做得既扎实，态度又谦虚，孜孜不倦追求进步。

上述参考思路展现了我们在工作中转危为机的能力。通过从危机中发现机遇，把这场危机逆转成一次对单位工作成果的展示，这就是关键时刻为单位补台、为同事补台的体现，是集体意识和大局意识的展现。面试的根本考查是情商，这句话不是我说的，是我根据与多位面试考官的交流而总结出的共通的本质精髓。这句话，值得将要参加面试的我们去反复琢磨。

4. 前瞻眼光和预见性

毛主席曾经说过：“……坐在指挥台上，只看见地平线上已经出现的大量的普遍的东西，那是平平常常的，也不能算领导。只有当着还没有出现大量的明显的东西的时候，当桅杆顶刚刚露出的时候，就能看出这是要发展成为大量的普遍的东西，并能掌握住它，这才叫领导。”[①] 这段话足见前瞻眼光这种能力，在公职人员素质中的重要性。

公职队伍中，不仅有领导干部，也有一般干部。每个人职务有高有低，责任有大有小，年龄有长有轻，经历也各不相同，但是工作和做事的前瞻性和预见能力，绝对是每一个人工作能力的试金石。这不由让我想起来我曾经工作过的一个西北省会城市市政规划部门的一位领导。十多年前那个城市要修路，那时这座城

① 摘自《人民日报》文章《毛泽东工作方法的几个特点》，2013 年 12 月 27 日。

市连一条四车道的路都没有，这位领导力排众议，顶着压力，把连接两个城区的主干道修成了一条六车道的道路。十多年过去了，现在那条路，成为这个城市上下班高峰期唯一一条不堵的行车道路。那条路我在省政府工作的时候上下班走了五年，每次坐着公交车，冬天时看着窗外的白雪皑皑，夏天时吹着窗外的徐徐微风，内心总是格外感慨。

所以，我们只有在工作中提高预见能力，看到别人看不到的，想到被人想不到的，才能用自己手里的权力和资源，更好地造福人民群众，尽好自己人民公仆的本分。反之，也只有那些心里真正装着百姓福祉，对手中公权力满怀敬畏的干部，才会有内驱力不断努力学习，不断提高自己做决策、办事情的能力。

那如何在具体的答题中体现出我们办事创业的前瞻眼光？

综合分析题中有一类非常重要的题型，叫作社会现象类。题干中会给出一些新兴或流行的社会现象，然后问你对此的看法。例如：

随着电子产品的普及，街边的报刊亭被冷落，有的人认为应该拆除，有的人认为应该继续，你怎么看？（2023 年河北省公务员面试真题）

中国文化在海外流行，你怎么看？（2023 年贵州省公务员面试真题）

家政行业兴起，不同于阿姨等人群，“95 后”也纷纷加入进来，提供的服务更加精细化、专业化，对此，你怎么看？（2023 年黑龙江省公务员面试真题）

网络直播带货发展火热，但是在个别直播间却出现了普通药品当作“神药”售卖，还有穿白大褂的人在旁边站台撑腰，损害了市场秩序，侵犯了消费者权益。请谈谈你的看法。（2023 年宁夏维吾尔自治区公务员面试真题）

上门服务这种上门经济如春笋般冒出，你怎么看？（2023 年云南省公务员面试真题）

对于这一类题目，我们在思考作答时，可以借鉴如下几个角度，来体现我们的前瞻意识和预判性：

首先，分析新事物出现的大的背景及本质原因。

其次，对新现象新事物的态度。不能着急下定论，而要包容有耐心，用发展的眼光看问题，给它成长成熟的空间和时间，使其发展成为有利于社会、有利于人民的事物。

最后，预料风险，防患于未然。说明新事物新现象在发展成熟过程中可能会出现的一些问题，未来可能的发展趋势，以及应如何解决、趋利避害，如何引导新事物往更好的方面去发展。

下面，我们以“上门服务这种上门经济如春笋般冒出，你怎么看？”这道题，给大家做详细解答。

示范作答

近年来，随着互联网技术的飞速发展和消费者需求的日益多元化，一种名为“上门经济”的新型服务模式应运而生。这种服务模式通过互联网平台或社交媒体等渠道，将服务人员或商品直接送到消费者家中或指定地点，为消费者提供了前所未有的便捷、个性化、高效的服务体验，同时也为服务提供者创造了更多就业机会和收入来源。

“上门经济”的兴起，展现了其强大的生命力和广阔的发展前景。首先，它满足了消费者日益增长的个性化需求。无论是定制化的餐饮外卖，还是根据个人时间安排提供的上门理发或美容服务，都体现了“上门经济”在个性化服务方面的优势。其次，它极大地节省了消费者的时间成本。消费者可以在家中享受各种服务，无需外出，省去了交通和等待的时间。此外，“上门经济”还拓宽了数字经济的发展模式，通过线上线下融合，打破了传统服务业的地域限制，使得优质服务资源得以更广泛地分享。最后，它增加了劳动力市场的供给，为更多人提供了灵活就业的机会，降低了从业门槛，有助于缓解就业压力。

然而，任何新兴事物的兴起都伴随着挑战和风险，“上门经济”也不例外。

首先，服务质量和安全保障是消费者最为关心的问题。由于上门服务涉及消费者的私人空间和财产安全，一旦服务过程中出现问题，将给消费者带来不小的损失。因此，提高服务人员的专业素养和职业道德，加强服务过程的监管，是确保“上门经济”健康发展的关键。

其次，劳动关系不明确和权益保护不充分也是“上门经济”面临的问题。由于上门服务人员多为灵活就业者，他们与平台之间的劳动关系往往较为模糊，导致他们的权益难以得到充分保障。因此，需要建立健全的劳动关系认定机制，明确双方的权利和义务，保障服务人员的合法权益。

最后，监管滞后和法律空白也是制约“上门经济”发展的因素。由于这是一种新兴业态，相关法律法规和监管措施尚未完善，给平台企业、服务人员和消费者都带来了一定的风险。因此，政府应加快制定相关法律法规，完善监管体系，为“上门经济”的发展提供有力的法制保障。

综上所述，“上门经济”作为一种新兴的服务模式，既具有广阔的发展前景，也面临着诸多挑战和风险。在推动其发展的过程中，我们应充分发挥其优势，积极应对挑战，加强监管和法制建设，确保其在健康、有序的环境中发展壮大。同时，我们也应看到，“上门经济”的发展不仅关乎经济增长和就业促进，更关乎消费者权益保护和社会和谐稳定。因此，我们需要全社会共同努力，推动“上门经济”朝着更加规范、安全、可持续的方向发展。

三、搭建答题框架，打有准备之仗

综合分析题属于典型的虚题。在很多考生看来，怎么想的题目完全是让你“无中生有”，确实很头疼。看其他考生答题时口吐莲花、滔滔不绝，等到自己答题时，不是答题思维混乱，不切题，就是无话可说，卡顿不流畅。这种差别背后的原因之一，很可能是其他同学有备而来，而你在打无准备之仗。准备中很重要的一部分，就是答题基本的框架。

综合分析题要答好，依次有三个步骤：精准审题，搭建框架，丰富内容。如何精准审题，丰富内容，我们在前面已经讲过。这一小节，我们主要来看如何搭建答题框架。

为什么要搭建答题框架？框架的主要作用有三点：(1) 为思考找准方向；(2) 大大缩短思考时间；(3) 有备而来，获得心理上的安全感，提升自信度。这些正是我们回答综合分析题时最需要的。所以，要快速找准思路，就要有一个合适你的，自己总结出的，有特点、有亮点的框架。除此之外，有了框架，答题基本也就有了层次，这也是高分答案必不可少的一点。

（一）社会现象类

近年来，社会现象类题目在考生中使用最广泛的通常是如下框架：

(1) 破题：论述该现象产生的背景、环境以及自己对该现象的评价。

(2) 分析：积极的社会现象分析其意义和价值，消极的社会现象分析其危害和后果，辩证的社会现象就积极面和消极面分别分析。

(3) 对策：如何完善、推广、落实积极的社会现象 / 如何预防、化解、避免消极的社会现象 / 对待辩证的社会现象如何扬长避短。

（4）升华：现象联系理论，结合岗位、实际生活，展望未来。

类似框架能够流行起来，必然有其可取之处。它可以帮助考生快速找到思考方向，展开作答，并且让答题结构清晰明了。但是随着其使用越来越普遍，有些新的问题也随之出现。第一，过于格式化。每一个考生都会从这几个方面来说，大同小异，听完态度评价考官就知道你要说原因，听完原因考官就知道你要说对策。所有人的答案，都像从一个模子里面刻出来的一样，换汤不换药，导致考官的好奇度和耐心呈递减状态，对考生答题毫无期待。第二，这样的答题框架，等于给自己下了硬任务，那就是必须想出几条原因和对策，并分条列明。平时练习时可能感觉还好，但考场上你还真不一定能完成这个任务。考场上环境高压，时间紧张，有时候对某一种社会现象的产生原因或者解决对策，你还真就想不到，或者只能想到其中一两条，另一条怎么也没有思路，于是进入了死胡同，越想不出越着急，越着急越想不出。为了解决以上问题，今天在这里，给大家介绍一种我个人认为更好用、更新颖也更符合命题发展趋势的答题框架，供大家参考选择。

其实对于社会现象题，我们答题时可以切入的维度有很多，比如可以表明对这个现象的态度，分析其发生的背景、产生的影响、导致的后果以及这种现象产生的原因、解决对策，并且联系自身（以上已经 7 个维度了）。所以，我们大可不必拘泥于“表态—原因—对策”这样固定的格式，而是可以从这 7 个维度中任意选取三四个，把它们当作我们答题的分论点，来进行详细阐述。比如，这三四个维度的组合可以是“背景—原因—对策”，可以是“原因—对策—对策”，可以是“背景—背景—对策”，也可以是“对策—对策—对策”或者其他。这几个维度可以重复，也可以不一样，挑选你对这道题最擅长、最有话可说的维度，答题时最有感而发的维度，按照逻辑顺序自由排列组合展开即可。

在前文我们讲过，回答综合分析类题目，最核心的、最吸引考官的，永远是你的观点。你观点的广度和深度，很大程度是上决定了你答题的质量。上述这一框架的目的，正是教你把能想到的最吸引人、最有亮点的观点亮出来。面试培训发展多年，说是为了提高培训效率也好，为了让考生以最快速度做到开口答题的效果也好，我们人为僵化了面试答题，给它安排了一个“表态—原因—对策”这样固定的格式，却忘记了答题最关键的，是思想观点的迸发和碰撞。这里介绍的这个新的答题框架的底层逻辑，其实就是在教你返璞归真，回归面试本质。我们说时尚是一个轮回，其实面试也是。我们可以把它叫作“综合分析类答题 2.0 版本”。这是方向，也是趋势。在“反模板”风口，应用这种答题方法和思路，多加练习，熟能生巧，一定会取得意想不到的效果。

下面，我们一起来做一道题。

经典题目示例

近年来，不断涌现的新型职业让不少劳动者“心动”，希望能通过学习相关技能“持证上岗”。于是一些培训机构利用劳动者的心理“乘虚而入”，家庭教育指导资格证，7980 元代考包过；整理收纳名师培训，10 天速成取证……培训机构以获取“职业资格”为噱头，乱培训、滥发证，野蛮式增长。对此现象你怎么看？（2023 年青海省考面试真题）

示范作答

我国经济社会的快速发展确实催生了众多新职业，这些新职业的出现不仅反映了社会分工的细化，也体现了劳动力市场的灵活性。然而，新职业培训考证热背后的问题也不容忽视。

新职业培训乱象频发，主要源于利益驱动和信息不对称。一些培训机构看中了新职业市场的巨大潜力，纷纷涉足其中，通过夸大证书含金量、虚假宣传等手段吸引劳动者参与培训。同时，由于劳动者对新职业了解不足，往往难以分辨培训机构的真伪，容易被误导。此外，监管的缺失也为培训乱象提供了可乘之机。

这些“变味”的培训不仅侵害了劳动者的合法权益，也损害了新职业的形象和健康发展。劳动者花费大量的时间和金钱参与培训，却得不到应有的技能提升和就业保障，这无疑是对他们权益的严重侵害。同时，新职业市场的健康发展需要从业者具备真实有效的职业技能，而培训乱象则会导致市场对新职业的认可度降低，从而影响其发展前景。

因此，我们必须采取有效措施治理新职业培训乱象。首先，要加强监管力度，完善相关法律法规，规范培训机构的经营行为。对于存在违法违规行为的培训机构，应依法予以严厉打击，维护市场秩序和劳动者权益。其次，要提高劳动者的信息辨别能力，加强新职业的宣传和普及工作，让劳动者了解新职业的真实情况和就业前景。同时，还要加强职业培训的质量监管，确保培训内容和质量符合市场需求和劳动者需求。

此外，我们还应认识到，新职业培训市场的规范和发展是一个长期的过程。

在这个过程中，政府、企业、培训机构和劳动者等各方都应积极参与，共同推动新职业培训市场的健康发展。政府应制定相关政策和标准，引导市场规范发展；企业应积极参与人才培养和引进工作，提高新职业的社会认可度；培训机构应提高自身的教学质量和服务水平，赢得劳动者的信任和认可；劳动者也应不断提高自身的技能水平和综合素质，适应市场需求的变化。

总之，新职业培训考证热的背后既有市场需求的推动，也有利益驱动的乱象。我们应以客观理性的态度看待这一现象，既要看到其积极的一面，也要正视存在的问题和不足。通过加强监管、提高信息透明度、加强质量监管等措施，我们可以推动新职业培训市场的健康发展，为经济、社会发展注入新的活力。

（二）政策理解类

一般情况下，对于政策理解类题目，很多考生，尤其是应届毕业的考生，由于平时对各种政策关注较少，理解力不足，在此类题目的作答中往往很难做到深入分析，所以想得到高的分数，整体难度也较大。

政策理解类题目一般包括中央出台的政策规定和地方出台的政策规定。在对政策的理解上，很多同学一开始的表态往往有这样的困惑：我说它不对，会不会不符合政府工作人员定位，但我确实觉得它有不妥之处；我说它好，会不会显得我没有辩证思维，思考问题不全面深入，但是我又确实觉得它很好。想一想，你自己是不是也有过这样的困惑？

在政策理解类题目中，会不会表态很重要，它直接决定了我们接下来的思考方向。那究竟如何正确表态，这里记好“两个凡是”原则：凡是中央出台的政策，那一定是经过充分调研、深思熟虑的，所以我们答题的侧重点，要放在如何更好地去实施这项政策规定，使其发挥实效上；凡是地方出台的政策规定，制定的出发点一般情况下也都是合理的，只是很可能在某些方面还有着不足和可改进之处。因此，我们答题的侧重点，要放在如何具体优化政策规定，使其更好地服务人民群众上。

还要记住一点，没有无缘无故出台的政策，任何政策的出台都是为解决某些实际问题，所以在答这类题目时，若结合政策出台的背景以及想要达到的效果进行分析陈述，既能体现出我们对政策的掌握程度，也能点出题目的要点。

所以，根据以上原则，这里给大家提供两个政策题目的答题框架，供大家参考。

框架一：

中央出台的政策规定：

开头：政策出台的背景，其伟大意义。

主体：如何践行（分论点）。

或者

主体：积极意义（分论点）。

结尾：总结升华展望。

框架二：

地方出台的政策规定：

开头：政策出台的背景，肯定出发点。

过渡段：政策可能存在的不足及原因。

主体：优化措施。

结尾：总结升华展望。

下面，我们用一道题，带着大家具体演练一下这种答题框架。

经典题目示例

你如何理解“中国式现代化”的诸多战略、策略等？（2023年4月15日贵州省考公务员面试真题）

示范作答

中国式现代化是一种基于中华文化传统和现代化理念相结合的现代化路径和思维方式，它将中国特有的文化传统和现代化经验创造性地融合在一起，形成了既有特色又现代性的现代化模式。中国式现代化，不仅仅是政治经济的现代化，更涉及文化、道德、社会制度等多个层面的变革与转型。

首先，中国式现代化需要遵循“现代化与本土化相结合”的基本原则，即在适应世界潮流的同时，保留和发展本土的文化特色和传统，使中华文化成为中国式现代化的核心部分。这种本土化的理念体现在文化与艺术领域的变革中，传统文化艺术的同步创新，使之与现代化相结合，形成现代中国文化特色。同时，在社会、制度等方面的变革也在逐渐适应全球化的趋势，但是保留中国传统的家庭观念、孝道等思想，转向具有中国特色的现代制度与观念。

其次，中国式现代化需要深入思考中国自身的特点与发展模式，寻找一种与中国实际相匹配的现代化道路。传统中国思维强调“事业成败在人心”，在中国式现代化中，将之具象化，搭建起一个多元而有序的社会信用体系，使其成为推动现代化进程的动力。经济方面的发展，中国式现代化不能只是照搬西方的经验，而应该立足于中国的实际，注重创新，具体认真落实国家的产业政策，重视科研发展和创新能力，加强基础设施建设，发展高新技术产业和服务业。这样的发展方式，与西方国家流行的市场化经济有所不同，更符合中国式现代化的本质。

最后，中国式现代化也需要追求经济、文化和政治的协调发展。政治稳定是现代化进程的前提条件之一，过强的经济扩张会导致政治风险的增加，从而影响现代化进程。因此，中国式现代化在这方面需要找到一种相对平衡的路径。在文化方面，要重视文化的传承与创新，并在国外推广优秀的中华文化，促进国际化的文化传播。在政治方面，要加强制度建设和民主政治，为现代化建设提供有力保障。

总之，中国式现代化是中国特有的现代化模式，既具有全球化的普通性，也体现了中国传统文化的特殊性。在新时期，中国式现代化必将在多方面呈现出更具现实操作性和实际意义的层面。

（三）领导人讲话类

近年来，领导人讲话类题目在面试中的考查频率越来越高。这里给大家提供如下答题框架，供大家参考。

（1）破题：解释含义，笼统阐述其指导意义。

（2）主体：分论点论证。

可选论证角度一：影响意义阐述（如对工作的影响、对个人成长的影响或随机组合）。

可选论证角度二：如何践行阐述（如个人、社会、国家）。

可选论证角度三：分论点解释此句讲话（每个关键词或关键句，就是一个分论点）。

可选论证角度四：以上角度随机组合。

（3）结尾：联系自身，总结升华。

答好领导人讲话题的关键，在于论证是否充分、有效、有感染力。但是，如何展开论证却是让很多同学最头疼的一点。下面，就给大家介绍几种特别适用于领导人讲话类题目的展开分析论证的方法。

1. 主体分析法

分析习近平总书记或别的领导人讲话内容的重要性时，可从同一核心主题的不同主体出发，如个人、社会、国家等，以小见大，层层递进进行分析，以丰富论证内容。

经典题目示例

习近平总书记在多个场合强调："志不立，天下无可成之事；立志而圣则圣矣，立志而贤则贤矣；青年要立志做大事，不要立志做大官。"请结合实际谈谈你的看法。

对这道题，首先从个人角度论证：立大志、立远志，能激发青年人的斗志，把握人生努力的方向，获得奋斗的源源不断的动力。其次从社会角度论证：青年人的价值取向是未来整个社会价值取向的风向标，青年人立大志、立远志能够使整个社会朝气蓬勃，斗志昂扬。最后从国家角度分析：青年强则国强，青年兴则国兴。青年人立大志、立远志，是国家的繁荣富强、兴旺发达的最重要助力。

2. 关键词分析法

在领导人讲话类题目中，经常会遇到一些带有简单修辞手法的表述，用朴实无华的语句，形象地道出其道理。如：习近平总书记曾说过，人生的扣子，从一开始就要扣好。对此，你怎么理解？对这类题目，我们可以通过挖掘题目中关键词背后所反映的本质内涵，来展开分析和作答。

经典题目示例

习近平总书记在给莫斯科大学中国留学生的回信中强调，青年一代要有理想、有本领、有担当，请对此谈谈你的看法。

首先找出题干中的三个关键词，分别是"有理想""有本领""有担当"。我们可以从这三个关键词入手，先选择一个论证角度，然后以每个关键词延伸出一个论点，进行阐述。

比如，我们可以选择"影响意义"这个角度进行论述：第一，理想，是年轻人前行的目标和动力；第二，本领，是年轻人在社会上立足的基础；第三，担当，是年轻人大有作为的根本助力。

3. 对比分析法

为了充实论证内容，除了以上介绍的两种方法，我们还可以使用对比分析法，即把具有明显差异、矛盾的双方进行对照比较，通过一正一反的不同做法进行举例论证，以此突出核心道理的重要性。

经典题目示例

习近平总书记强调："在家尽孝、为国尽忠是中华民族的优良传统。没有国家繁荣发展，就没有家庭幸福美满。"谈谈你对"家国情怀"的理解。

我们来看下这道题如何展开正反对比论证。首先可举满怀家国情怀的正面例子：家是最小国，国是千万家。当国家好、民族好时，作为民众的大家才会好，《孟子》有言："天下之本在国，国之本在家，家之本在身。"家是国的基础，国是家的延伸，在中国人的精神谱系里，国家与家庭、社会与个人，都是密不可分的整体，我们的个人前途与国家命运同频共振。大数学家华罗庚，在七七事变后，从生活待遇优厚的英国回到抗日烽火到处燃烧的祖国，不为金钱和学位，回国后积极参加抗日救国运动。1950 年，他已经成为国际知名的第一流数学家，并被美国伊利诺伊大学聘为终身教授，但他毅然带领全家回到刚成立的新中国。"大国工匠"徐立平潜心钻研改进技术，解决火药整形这一世界难题，主动请缨危险任务排除发动机隐患，用心血书写爱岗敬业和工匠精神，为国家出力；"卫星之父"孙家栋领导发射了中国三分之一的航天飞行器，见证了中国航天从无到有的全过程，正如他所说的"牢记使命和责任，为强国之路保驾护航"。无数前辈用他们的一生，践行着家国情怀，他们的一言一行，树起了中华民族屹立于世界民族之林的脊梁。

接着，我们再举反面例子论证：然而，仍有个别青年爱国情怀缺失，成长为精致的利己主义者，只关心自身得失，忽视国家利益。每年，国内百分之八十左右的赴美留学生学成以后不再回国，而在美国从事相关的职业。美国五百强企业当中排名靠前的科技研发公司中，很多是来自国内的清华大学、北京大学人才。虽说良禽择木而栖，选择在哪里发展纯属个人自由，但如此大规模的高级别人才流失，仍让我们感到心痛与惋惜……

以上就是领导人讲话类题目中，主体分析法、关键词分析法和对比分析法的具体应用。

（四）警句寓言故事类

很多同学对名言警句寓言故事类题目有畏惧心理，觉得这类题目太过迷幻，云里来雾里去。但是，仔细观察我们会发现，其实所有警句寓言故事类题，不过是观点题目的变种。唯一不同的是，观点题中，总观点是直截了当给我们的；而警句寓言故事类题目，需要我们先根据题目故事，提炼出它想表达的核心观点。其实这是把双刃剑，既给我们带来了难题，也给我们提供了机会。

为什么这么说？观点题中，给出的观点是既定的，你只能围绕这个观点展开论述，即使你对这个观点没有积累，无话可说，也得硬着头皮去上；但警句寓言故事类题目，给出的只是立意的范围和方向，你可以在这个框架和范围之下，根据自己的理解，朝着对我们有利的方向，自由选择我们擅长的论证观点和论证角度。

所以，建议大家换个角度看问题，一旦我们心理上的包袱卸了下来，题目的难度也就降下来了。我们接下来需要做的，就是多看多练，看到一幅漫画、一则寓言故事时，练习观察和思辨的敏感度。同时也要提醒一下，警句寓言故事类题目，虽然给了我们理解和选择的自由度，但这里说的只是不同的理解角度，最起码的是非曲直是不能变的，要做到新而不斜，否则过犹不及。

下面，我们就来看一下警句寓言故事类题目的基本答题框架。

（1）开头：解释其蕴含的道理。

（2）主体：分论点论证。

可选论证角度一：影响意义阐述。

可选论证角度二：如何践行阐述。

可选论证角度三：分论点解释此句讲话。

可选论证角度四：以上角度随机组合。

（3）结尾：联系自身，总结升华或者自然结尾。

下面，我们结合一道题演练一下。

经典题目示例

有位大师，一生潜心苦练，最终练就了一套“移山大法”。有人诚恳请教：“大师用什么神力，才可以移山？我怎样才可以练出这般神功呢？”大师笑道：“练此神功其实非常简单，只需掌握一点：山不过来，我就过去。”谈谈你的理解。

示范作答

题干中大师的回答发人深省，寓意深远，也带给我很多思考和启示。

第一，要学会用豁达的心态看待问题。在面对困境和挑战时，我们往往容易陷入自怨自艾的情绪中，抱怨外部环境的不利，却忘记了改变自身的态度和应对方式。大师用“山不过来，我就过去”的智慧告诉我们，与其被动地等待环境改变，不如主动地去适应和改变自己。这种豁达的心态，不仅能够帮助我们更好地应对当前的困难，还能让我们在未来的生活中更加从容和自信。长征途中，红军面临着前所未有的困难和挑战，但毛主席却能以豁达的心态坦然面对，写出了“红军不怕远征难，万水千山只等闲”的豪迈诗句。这种豁达的心态，不仅激励了红军战士们勇往直前，也为后人留下了宝贵的精神财富。在现实生活中，我们也应该学会用豁达的心态去看待问题，无论是工作中的挫折，还是生活中的困难，都应该以积极、乐观的态度去面对和解决。只有这样，我们才能在困境中不断成长，最终实现自己的目标和梦想。

第二，要善于创新，避免僵化思维。大师在面对大山时，没有墨守成规地坚持移山，而是选择了移动自己，这种思维方式本身就是一种创新。这种创新不仅突破了传统的思维模式，更找到了解决问题的新途径。这种敢于尝试、勇于创新的精神，正是我们在面对困难和挑战时所需要的。

在当今社会，随着科技的飞速发展和社会的不断进步，创新已经成为推动社会发展的重要动力。因此，我们应该学会用创新的思维去看待问题和解决问题。在面对困难和挑战时，不要局限于传统的思维模式和解决方案，而是要敢于尝试新的方法和途径。只有这样，我们才能不断突破自我，实现个人和社会的共同进步。

第三，要学会用逆向思维看待事物。逆向思维是一种非常有效的思考方式，它能够帮助我们从不同的角度和层面看待问题，发现新的可能性和解决方案。就像大师在面对大山时，没有选择传统的移山方式，而是选择了主动走到山前去欣赏美景，这是一种典型的逆向思维。这种思维方式不仅让他成功地解决了问题，还让他体验到了不同的风景和心境。

同样地，我国的“一带一路”倡议也体现了逆向思维的智慧。与某些霸权主义国家不同，我国没有选择用武力去征服其他国家，而是选择了与邻国共同发展、共同富裕的道路。这种和平崛起的方式不仅赢得了国际社会的认可，也展现了我国的大国担当和正义精神。这种逆向思维不仅符合中国人的文化传统，也符合当今世界和平与发展的主题。

在现实生活中，我们也应该学会运用逆向思维来看待问题和解决问题。有时候，我们可能会陷入固有的思维模式和框架中，难以找到新的解决方案。这时，如果我们能够换一个角度去思考，或许就能发现新的思路和出路。

以上就是我对这道题的作答，谢谢各位考官。

（五）辩证双观点类（互补型和非互补型）

辩证双观点类题目是综合分析题中常考的题型。通常在题目中，不同的主体站在不同的角度对同一个话题会有不同的认识。其命题结构一般表现为“……（现象），有人认为……，也有人认为……，你怎么看”“有人说……（道理），也有人说……（道理），你怎么看”。其最终考查的是考生的思辨能力，也就是对问题能够“全面、客观、理性看待”的能力。辩证双观点类题目可分为两种：互补型和非互补型。我们先看一个典型的互补辩证观点类题目。

例题如下：

有人说“没有规矩，不成方圆”，也有人说“要有创新，就要打破规矩”。请问你如何理解。

通过这道题我们可以看出，之所以将这类题目称为互补辩证观点类题目，突出“互补”二字，是因为题干中描述的两种观点之间并不矛盾。命题者用这种方式提问，只不过是一种障眼法，让我们第一眼看过去，以为这两个观点是矛盾的，走入一个非此即彼的思维误区。我们再仔细看一下这两个观点，似乎哪一个都对，但都只强调了一个方面，只有把二者结合起来，才更加全面、客观、公正。所以，题干中的两个观点，不矛盾，但互补。这类题目有意思的地方往往在于，第一个观点的片面之处正好是第二个观点，而第二个观点的片面之处也正是第一个观点。

所以，为了全面分析问题，我们在答题时，对每个观点既要分析其合理之处，也要分析其片面之处。下面介绍两种具体的答题框架，我们可以根据自身情况在答题时自行选择。

答题框架一

（1）表态：对两种观点的看法（两个观点并不矛盾，并且都有合理和片面之处，要全面理解）。

（2）分析：观点一的合理之处＋观点二的合理之处。

观点一的不合理之处＋观点二的不合理之处。

（3）总结：应该将两种观点结合起来理解，指导实践（如何实践，可以细说）。

答题框架二

（1）表态：对两种观点的看法（两个观点并不矛盾，并且都有合理和片面之处，要全面理解）。

（2）分析：观点一的合理之处＋不合理之处。

观点二的合理之处＋不合理之处。

（3）总结：应该将两种观点结合起来理解，指导实践（如何实践，可以细说）。

经典题目示例

有人说，人生路上免不了犯错，只有不断犯错才能进步；又有人说，一步出错，满盘皆输。请谈谈你对这两句话的理解。

示范作答

苏联著名文学家及教育家卢那察尔斯基曾深刻指出："犯错误是取得进步所必须交付的学费。"这句话恰如题目所描述的那样，人生之路难免曲折，我们时常会遭遇失败和挫折。然而，正是这些错误和挫折，为我们积累了宝贵的经验教训，最终浇灌出成功的花朵。然而，我们必须警惕，"一步出错，满盘皆输"的警示并不遥远。每一个微小的错误，都可能如蝴蝶效应般引发连锁反应，导致无法挽回的失败。因此，我们须以全面的视角看待错误，深刻认识到其两面性。

一方面，错误是人生的必经之路，我们要学会从中汲取智慧，不断成长和进步。毕竟，人非圣贤，孰能无过？外部世界的复杂多变与个人的年龄、经验、认知及能力的局限，共同构成了我们犯错的内外因素。在人生的道路上，我们不可避免地会跌倒，会遇到挫折。但重要的是，面对错误，我们不应惧怕，而应勇敢地面对它，及时反省，认识错误，并妥善处理。每一次的错误都可以成为我们积累经验、磨炼心性的宝贵机会，最终指引我们找到正确的方向，助力我们成长。马云历经四次创业的失败，每一次都从中吸取教训，不断调整策略，最终缔造了阿里巴巴的商业帝国；屠呦呦经过190次的失败，才成功提取青蒿素，为医学界作出巨大贡献；哥伦布在四次远航中，前三次均未能发现新大陆，但他并未放弃，最终在第四次远航中实现了梦想。这些例子都告诉我们，面对错误和失败，只要我们保持积极的心态，认真反思，就有可能突破自我，实现成功。

然而，我们也不能忽视错误的另一面。一步之差，可能导致全局的失败；细节的疏忽，往往决定了最终的成败。“一步出错，满盘皆输”的警示，提醒我们在关键时刻要格外小心谨慎。任何一个被忽视的错误，都可能引发无法预料的后果。对于个人而言，如果不能及时纠正自身的致命缺点，那么这个缺点可能会成为我们前进道路上的绊脚石，让我们一蹶不振，从成功的巅峰跌入失败的深渊。历史上，西楚霸王项羽因刚愎自用、不听谏言，最终走到了四面楚歌的境地，自刎乌江；美国哥伦比亚号航天飞机因一块脱落的泡沫击中隔热系统，导致升空80秒后爆炸，7名宇航员丧生。这些悲剧都告诉我们，对细节的疏忽可能导致无法挽回的损失。因此，在工作中，我们必须保持高度的警觉性，认真对待每一个细节，避免因为小小的失误而酿成大错。

因此，我们需要全面看待错误，既不能因害怕犯错而畏首畏尾，也不能放纵错误或知错不改。在一些关键环节中，我们更要努力避免失误，减少走弯路的可能性。

首先，国家应继续完善激励机制和容错纠错机制，为改革创新者提供强有力的支持，激发他们的积极性和创造力，让广大干部敢于担当、勇于创新。同时，个人也应积极响应国家的号召，敢于尝试、勇于创新，在实践中不断提升自己的能力和素质。

其次，面对错误时，我们要保持冷静和理智，敢于正视并承认错误。不要逃避或气馁，而是应该积极主动地寻找解决问题的方法。同时，我们还要努力弥补因错误可能造成的损失，通过不断学习、请教专家等方式提升自己的能力和水平。

再次，我们要善于从错误中吸取教训、总结经验。每一次的失误都是一次宝贵的学习机会，我们应该及时反思并找出问题的根源所在。通过总结经验教训，我们可以有针对性地改进自己的工作方法和策略，避免再次犯同样的错误。

最后，我们要注重细节，追求精益求精。在工作和生活中，我们要秉持工匠精神，对每一个细节都进行严格的把控和打磨。只有这样，我们才能减少错误的发生，确保工作的顺利进行。同时，我们还要保持大胆创新的勇气，敢于挑战未知领域，不断开拓人生新境界。

总之，错误是人生中不可避免的一部分，我们需要以全面、理性的态度看待它。既要从中吸取经验教训，不断成长进步，又要注重细节、避免失误。只有这样，我们才能在人生的道路上越走越远、越走越稳。

了解了互补辩证观点类题目，我们再来学习非互补辩证观点类题目。一起来看这道题：

有人说奉献才是幸福，有人说财富才是幸福，有人说放下才是幸福。对此你怎么看？

和互补辩证观点类题目一样，题干中给出的几个观点，看似矛盾，实则不然。但不同于互补辩证观点类题目的是，题干中的几个观点是相互较为独立的，不存在互补的情况。所以，我们在答题分析论述时，要将题干中的几个观点分开论述。其答题框架与互补辩证观点类题目基本一致，只是在分析部分时，将题干中观点各自独立分析，结构会更清晰明了。

答题框架：

（1）表态：解释观点，其都有合理和片面之处，要合理理解。

（2）分析：观点一的合理之处＋不合理之处。

观点二的合理之处＋不合理之处。

观点三的合理之处＋不合理之处。

（3）总结：应该将几种观点结合起来理解，指导实践。

下面，我们通过一道题，来一起演练非互补辩证观点类题目的答题思路。

经典题目示例

我们单位评选岗位标兵，有人认为要民主，搞无记名投票；有人认为要看工作业绩，谁干得多，谁最累；有人说要平衡各科室利益，不能厚此薄彼，你认为谁说的有道理？（2022年山东省考）

示范作答

在岗位标兵评选过程中，确实存在着多种不同的价值标准，每种标准都有其独特的合理性和适用场景。对于民主投票，它能够直观地反映群众的意见，选出大家普遍认可的标兵，但其局限性在于可能受到人际关系的影响，导致结果不够客观。注重工作实绩则能充分体现对劳动和付出的尊重，但在实际操作中由于岗位差异，很难做到完全公正的评价。兼顾部门平衡有助于提升部门间的协同配合，但如果过于追求平衡，则可能违背评选活动的初衷。

因此，为了确保评选的公正性和有效性，我们需要从多个维度和方面来综合考虑。首先，明确选拔标准是关键，应以工作实绩为基础，同时综合考虑理想信念、为民服务、廉洁自律等方面，全面考查德、能、勤、绩、廉的综合表现。这样既能体现对劳动和付出的尊重，又能确保评选结果的全面性。

其次，优化评选原则也是必不可少的。我们应该注重兼顾公平，根据各个部门的人数和岗位性质，分类别、按比例进行部门推荐。这样可以确保评选的针对性和辐射力，避免标兵过于集中或过于分散。

最后，健全选拔程序也是非常重要的。我们可以综合个人自荐、部门推荐、民主投票、领导评价等各种方式，科学设置权重比例，多措并举提高评选考查的科学性。这样可以确保评选过程的透明度和公正性，选出领导满意、大家认可、部门服气的岗位标兵。

总之，岗位标兵评选工作需要我们多维度、全方位地实施评选考查工作，确保评选结果的公正性和有效性。只有这样，才能真正发挥标兵的榜样激励作用，推动整个组织的发展和进步。

以上就是这一章的学习内容。无论国考、省考、选调、遴选、事业单位考试，综合分析题都是必考和重点题型。希望你在掌握本章内容的基础上，多学多练，知行合一，熟能生巧。

第四章

计划组织类题型

计划组织类题型是公考面试中考查频率最高的题型之一。它的命题形式常常是让考生在特定背景下计划、组织、开展一项具体活动，可以是特定的某种整场活动，也可以是整场活动的某个阶段的具体组织。它侧重于考查考生的计划组织协调能力，即对自己、对他人、对单位各项活动加以计划，合理高效地安排时间和协调资源，并对在此过程中可能出现的矛盾冲突进行协调解决的能力。

例如：

1. 我市要针对外来务工人员组织一次法律宣传活动，由你组织，请问你怎么组织？

2. 你是一名税务局的工作人员，你单位一名同志违反了单位规定，受到了处罚，现在单位内部要举办一个廉政教育的活动，由你来组织，你怎么办？

3. 你负责召开一场推介会，向中小企业宣传国家政策和项目，你要重点关注哪些问题？

一、面试中最易提分的题型

对于计划组织类题，“会答简单，答好很难”。如果你之前参加过面试，有着一定的学习基础，相信你对这句话一定有深刻共鸣；如果你是首次接触面试学习，那恭喜你，它让你在学习之初就对这种题有清晰的认识和准确的判断，学习起来更能精准发力，有的放矢。

“会答简单，答好很难”，不仅是很多考生学习这类题的切身感受，也正是这类题的难点所在。虽然入手简单，突破很难，但一旦掌握诀窍，它确实又是面试中提分最快，甚至立竿见影的题型。接下来，在全面学习如何将计划组织类题目答出亮点和新意，取得高分之前，我们先从题目分类、命题趋势，以及它为什么“看似简单，答出新意却很难”方面，对它有初步的认识。

（一）题目分类及命题趋势

题目分类

计划组织类题目可以分为 7 大类，即调研类、宣传类、会议类、培训类、接待类、比赛类、专项整治类。我们在考试中可能遇到的所有活动，都是以这 7 大类活动为基础而衍生出来的。所以，熟练掌握这 7 种活动就可以了。

命题趋势

公考面试中，计划组织类题目由来已久，命题趋势也经历了一些变化。最初题目设置较为简单，限定条件较少，给考生的自由发挥空间较大。例如："领导让你组织一个野外素质拓展活动，目的是增强团队的凝聚力，你怎么组织""领导要你组织一个大学生就业情况调查，你如何组织？"后来，题目开始出现细化的趋向，会给定题目背景，确定角色定位和活动目的。例如："某单位针对地方特色项目开展宣传工作，但取得的效果不佳，因此，单位计划组织一个关于宣传工作的专题培训会议，单位领导将此事交由你负责，你会怎么做？"再往后，题目设置开始与社会热点、时事政策，并与单位工作实际相结合，出现了工作中用什么就考什么的倾向。与此同时，提问方式也出现了新的变化，如精细化和针对性提问、连续提问等。

（1）为了推动农村特色产业发展，提升农民专业技术知识水平，单位计划组织专家"送技术下乡"活动，假如领导让你做本次活动的组织者，你认为工作的重点是什么？

（2）撰写调研报告，你准备从什么渠道搜集信息？

（3）你单位打算组织人员去旅游业发展质量高的地方考察调研，学习它们的好经验、好做法，助推本地旅游业发展。如果让你负责本次活动，你认为工作重点是什么？

（4）某市要创建志愿者之城，提出"奉献、互助、参与、进步"四个核心理念。为响应这一号召，单位准备组织干部职工开展志愿服务活动。请你以其中的一个理念为主题，同时策划两个具有创意性的活动，并就其中一个活动谈谈如何开展。

（5）如果由你负责组织单位新任职公务人员培训，你准备怎么组织？哪些是重点要做的？

但要提醒大家注意的是，这些趋势并不是固定不变，或者不可逆的。命题权掌握在命题者手中，以任何一种方式考查，都有可能。在近两年的部委面试中，就出现过多次题目限制条件很少，给考生充分自由发挥空间的题目，比如："单位要举办一场党史教育活动，你会如何组织？"所以，我们要做的，就是全面准备，胸有成竹。这样，上了考场之后，才能不慌不乱。

（二）看似简单，答出新意却很难

有一定学习基础的同学应该都知道，回答计划组织类题目有两种最简单易上手的思路：第一是时间轴，即按照活动的每个阶段来组织答案，按照先后顺序去答，也可以称为阶段答题法；第二是要素轴，每一类活动都有其基本组成要素，我们将这些要素一一展开叙述，这道题也就答完了。这两种方法都比较好上手，经过练习，一般同学都能掌握，所以，计划组织类题目，上手起来比较容易，最初的学习和练习之后，每一位考生总能说出那么几句。回答起来，不像综合分析题，真的会出现让考生大脑一片空白、无话可说的现象。然而，这看似的简单背后却大有陷阱。而很多同学正是掉入陷阱中而不自知。

正是因为一般的答题规律简单可循，所以很多同学很容易以相同的思路来思考，用相同的话语来答题。举一个最简单但也最常见的例子：很多考生回答如何举办一场活动的时候，都会说："领导把这项活动交给我，是对我的信任，所以我会高度重视。首先，在活动开始前，我会成立活动工作小组，撰写活动方案，然后报领导审批……；其次，在活动开始后，我会……；最后，在活动结束后，我会把活动资料整理成册，总结反思不足之处，为今后的活动提供借鉴。"答题内容"同质化"严重，谈准备，必谈明确时间、地点、人员；谈宣传，必谈拉条幅、贴海报；谈调研，必谈问卷调查、线上问卷；谈总结，必谈二次宣传，并总结反思，汇报领导。

这样说也不是不对，也能够让你在考场上得到一个中不溜的分数，但是高分你就不要想了，原因也很简单：千篇一律，毫不走心，无实质内容。如果觉得我对上述表述的评价"不走心、没内容"过于苛刻，那不妨在心底问问自己：我到底有没有理解这几句话的含义？我究竟有没有思考过如何将这场活动办出实效？还是说我只是在背诵这些千篇一律的、放之四海皆准的话语？相信你的心里已经有了答案。

做公考辅导这么久，我发现其实很多同学在学到上述这些话语后，都会在心里沾沾自喜一番，觉得自己比之前进步了，认为计划组织类题目不过这么回事，自己已经掌握得八九不离十了，其实这才是最危险的：学半桶水不如不学，因为半桶水直接从根本上斩断了你出彩、得高分的可能性。这也能部分解释一个面试怪象：很多上过高价面试辅导班的同学，平时答题自信满满，考场上却名落孙山。原因很简单：你被培训成了流水线上的答题机器，答题无感情、无思想、无交流感，这反而比不过那些没有被套路、自然真诚的同学。现在考公、考编竞争越来越激烈，考官对考生的要求和期待也水涨船高，这样不走心、无思考、无实质内容的回答，已经满足不了考官的要求。

现阶段，反套路答题已经成为考官衡量考生答题质量的一个重要标准。所以，指望掌握一两种简单的答题套路，就打败所有竞争对手并高分上岸的想法，必须要摒弃。现在，想要上岸，学习就要走心。计划组织类题目，学会开口答题确实很简单；但想答得好得高分，就得下功夫。

二、答题的低分雷区

前一小节，我们全面认识了计划组织类题目，了解了其考查重点、题目分类及命题趋势。带着“会答简单，答好很难”这一认识，这一小节，我们来学习计划组织类题目常见的答题雷区。这些雷区，踩中必低分，所以，答题时一定要高度重视，尽力避免。

（一）泛泛而谈，空洞无物

计划组织类题目是典型的实题，答题的最终目标是解决实实在在的问题。既然要解决具体的问题，答案就要具体有细节。但是，现在很多同学回答计划组织类题目的最显著特点，就是内容泛泛而谈，空洞无物。我们以下面这道题为例，以考官视角，感受一下“泛泛而谈”和“具体有细节”这两种截然不同的答题方法的差别。

经典题目示例

为了方便市民读书，我市在公共场所安装了自助阅读机，免费向市民开放。然而，投入两年后却鲜有人问津，领导让你去调研此事，你会怎么做？

这是一道调研类题目。调研题可按照“调研的意义、调研的准备、调研的实施以及调研的总结”这个思路作答。在这里，我们抽取“调研准备”这一部分，展示一下大而化之和有具体细节的答案分别是什么样的。

我先示范作答一下泛泛而谈的答案。“首先做好调研的准备工作，我会成立调研工作组，对此次调研的目的和内容进行一定的说明，并召开工作会议。在会议上，我们会充分讨论这次调研的范围、内容、方式、对象以及物资准备等。然后，将讨论结果以书面形式上报给领导，并根据领导的意见，对调研方案进行调整修改，形成最终的调研方案。”

根据我的经验，在大量考生中，对这份答案有两种典型的反应：第一种（常见于零基础的同学)，“这个答案很好啊，面面俱到，我都想不到”；第二种（多见于有着一定面试学习基础但是并不扎实牢固，半桶水，只知其然不知其所以然的同学)，“完了，我就是这么想的，上次考试也是这么答的，怪不得我没得高分，但这个答案怎么不好，我还是不太懂”。我们不急于解释这份答案的不妥之处在哪里，下面，我们紧接着看一份内容具体、有细节的答案，相信一经对比，高下立现。

“首先要做好充足的调研准备工作。我会成立调研工作组，对此次调研的目的和内容进行一定的说明，并召开工作会议。在会议上，我们会充分讨论这次调研的范围、内容、方式、对象以及物资准备等。鉴于此次调研的范围十分广泛，所以调研范围主要锁定在自助阅读机投放力度较大的区域，调研的对象主要分为青少年、上班族、老年人以及自助阅读机专门负责部门。针对不同人群，我们会采取不同的调研方式。调查的内容主要包括使用自助阅读机的频率、时长、时间等，对阅读器的图书数量、内容的意见及其操作的灵活程度、改进意见和建议等，之后会形成书面方案上交给领导。”

大家是否看出了区别所在？第一个回答虽然清楚明了，但却给人一种放之四海皆准的感觉，你可以把这个答案用在这道题中，但也可以用在其他任何调研题目中，内容空洞。题目如此提问，是想让你调研清楚自助阅读机为何无人问津，由此提出解决方案，而你的答案，没有提供任何有实际价值的信息。第二种回答，则是在第一个答案的基础上做了具体的填充和阐述。有了细节的展开，才是真正地回答了“如何进行调研准备”这个问题。

（二）贪多贪全，面面俱到，流水账式答题

很多同学刚开始学习计划组织类题目的时候，面临的最大问题是无话可说。但随着学习的深入，往往学到最后，会出现答题时什么都想说、话多超时的现象。原因也很简单：每一种活动，都有它的基本组成要素，像会议类活动，就包括会议的主题、举办的时间和地点、会议通知、参加人数、会议的议程、物资保障、材料整理、会场签到、秩序维护、会场服务、散会后会场的清理、文字视频音频材料的归档、会议精神的落实、会后的二次宣传等。在经过初步的学习，掌握了活动举办设计的要素之后，很多同学采取的策略，就是把这些要素一一详细地展开，都来阐述一遍。积累越多，越是这样，好像只有面面俱到，才能体现出我们掌握的知识，我们的学习和积累才没有浪费。

但是，这样答题容易导致两个后果：第一，我们的答案容易呈现出流水账的特点，平铺直叙，毫无特色和亮点，我们说着无聊，考官听着也容易打瞌睡；第二，受限于答题时间，面面俱到的后果，必然是每个环节都只能蜻蜓点水一带而过，这样我们的答案就没有了重点，也就少了亮点。所以，回答计划组织类题目不要追求面面俱到，否则很容易泛泛而谈，没有重点，应合理兼顾全面性和重点性。知道的有一桶，但能针对题目要求，精准输出高质量的一杯，这才是最好的答题效果。

下面，我们就一道题，对比感受一下面面俱到答题和有重点答题的区别。

经典题目示例

单位要组织一场新农村建设新思路大讲坛，由你负责，你会如何组织？

示范作答（面面俱到式）

开头略。

首先，我会做好本次大讲坛的前期准备工作。我会通过查阅资料和多方面学习，了解这次讲坛举办期间的注意事项，确定好这次讲坛的主题，举办的时间和地点，确定好此次论坛的具体活动流程，邀请有经验的专家学者来向我们授课。对此次活动的物资保障，如要用的一些宣传材料、讲课音响设备，专家们的授课指南、听课指南、注意事项等，也提前准备好。与此同时，通过多种形式，如官网宣传，下发通知，上传微信公众号等，做好此次讲坛的宣传工作，保证宣传覆盖的广泛性和互动的参与度。并且提前布置好会场，调试会场中要用到的各种设备，如电子显示屏、投影仪、话筒等，并且提前联系好设备调试人员，在活动举办当天在现场工作，防止活动当天出现意外状况。在活动开始前一天，对活动进行演练，模拟一下，保证当天的活动能顺利进行。

其次，保证讲坛开展的实效和有序性。在活动举办当天，我会和同事分工协作，确保会议的有序开展。我会提前安排一名同事负责签到，一名同事负责座位引领，一名同事负责会场互动环节传递话筒，一名同事负责维持会场秩序。与此同时，做好论坛讲课专家的接待工作，提前与专家取得联系，保证专家能够准时到达会场，将专家授课要用到的材料进行提前导入。

最后，做好此次讲坛的收尾工作。我会充分收集参加学员对此次活动的意见反馈，并对此次活动举办的优缺点进行汇总整理分类，形成工作总结，以及附带进一步改进的意见建议，上报领导批阅。在今后的工作中，借鉴相关经验，让下次活动举办得更加出彩。

以上就是我对这道题的作答，谢谢各位考官。

读完之后，感觉这个答案如何？其实这就是很多考生，甚至特别优秀的考生在考场上的真实回答，很有代表性。如果你觉得这个答案好像还可以，也并不奇怪，因为如果不是今天读到这里，很有可能上述答案就是你在考场上能发挥出的最好水平。但实际上，这是一个典型的流水账式的作答，面面俱到地铺开，好像它什么都提到了，但听完之后，却没有一点能给听众留下深刻的印象。其实出现这种问题的根本原因，一方面在于我们缺少对题目的整体把控，我们熟，但不巧；另一方面，没有用心动脑，想着如何把活动举办出特色和亮点，只是想着把题目答完即可。在答题的时候，要时刻记住，对每道题，我们在考场上能展示自己的时间，只有两三分钟时间，我们的核心任务，就是在这两三分钟的时间里，巧妙地向考官展示我们的思路，让他们明白，我们工作有思路、有重点、有亮点。面面俱到答题，确实事无巨细，但在考场上，无法向考官展现出我们对题目的把控感。这种对题目的把控感折射到现实工作中，就是我们在举办一场活动时，目标清晰，能够把握住其中的关键环节，能够合理调配人财物等资源，正确安排各项工作的流程，对计划执行过程中的重要环节创新，对潜在问题有所准备，分清主次，将活动举办得有声有色。

所以在这里，建议大家一定要在思考后，合理地安排自己的答题内容，做到有详有略、详略得当，做到两点论和重点论的结合。我们对上述答案进行了调整，大家感受一下其中的差别。

示范作答

（开头略。）

首先，为了确保本次大讲坛的圆满成功，我会精心策划并细致落实前期准备工作。一方面，我会通过广泛查阅资料、向经验丰富的同事请教，来深入了解本次讲坛的关键注意事项，并学习借鉴以往组织活动的成功经验。另一方面，我将积极邀请在农村发展和基层组织建设等领域有深入研究的专家学者，作为理论讲师，为我们带来最前沿的学术观点和研究成果；同时，我还会邀请优秀的村干部、大学生村官代表、农产品企业中的先进企业负责人，以及农村电商平台、旅游平台的负责人等，作为实践讲师，分享他们在新农村建设和发展中的宝贵经验和感悟。此外，我也会确定大讲坛的具体时间和场地，并准备好所需的宣传资料，确保活动的顺利进行。

其次，为了扩大大讲坛的影响力和参与度，我会积极开展动员宣传工作。一方面，通过单位的官方网站和官方微信，我会详细介绍本次讲坛的嘉宾阵容和讨论话题，以激发广大群众的兴趣和关注度。另一方面，我会在城区的主要宣传栏张贴精美的海报和展板，营造浓厚的活动氛围；同时，我还会与基层政府及村两委工作人员紧密合作，通过“村村通”广播、公告栏张贴以及入户走访等方式，将大讲坛的信息传递给每一位群众，确保活动宣传的覆盖面达到最广。

在具体活动的开展中，我会注重知识的系统性和案例的生动性。一方面，我会邀请专家学者就新农村建设的最新前沿政策、法律法规进行集中授课，为听众提供全面的理论支撑；同时，我还会邀请村干部分享他们在基层工作中的实际经验和注意事项，帮助听众更好地理解和应用所学知识。另一方面，我会组织对典型突出先进事例的分组讨论，将新农村建设的各个方面进行分模块、分领域的深入探讨，如环境治理、治安管理、经济建设等。在讨论过程中，我会注重引入农村中的实际案例，使讲解更加贴近实际、更具针对性；同时，我也会尽量使用通俗易懂的语言，鼓励现场答题和互动交流，以增强活动的趣味性和互动性。

此外，为了让更多的人能够参与到大讲坛中来，我还会在网上进行直播，让关注新农村建设的广大群众能够实时观看并参与讨论。这样不仅能够扩大活动的影响力，还能够让更多的人了解到新农村建设的最新动态和成果。

最后，为了确保大讲坛效果的持续性，我会在活动结束后及时整理精彩发言和讨论内容，制作成视频短片和图册，并在单位的“两微一端”及合作媒体上进行广泛宣传。同时，我还会总结本次活动的组织经验和不足，以便在今后的工作中加以改进和完善。此外，我还会依托远程教育平台和论坛讨论区等渠道，为参与者提供后续的学习和交流机会，帮助他们继续拓展思路、交流经验，为新农村建设贡献更多的智慧和力量。

对比之后我们发现，这份示范作答与之前答案最大的不同，在于它有重点。不同于前一份答案的面面俱到，它只在活动举办的每个阶段抽取了几个关键方面，对其进行细节的展开，而对那些无足轻重的环节，如签到、引导进场、散场等，并没有花时间去阐述。要时刻记住，我们在面试考场上说的每一句话，都是为了得分，具备这种带点功利性的考官导向性思维，是我们得高分的一个关键点。

（三）思路单一重复，语言单调枯燥

但凡学习过面试的同学，相信对于“反套路”这个词都不会陌生。套路化作答主要体现在两个方面：一是在思路上，别人怎么想我也怎么想，比如举办一场活动，一味按照“活动前、活动中、活动后”来思考作答；二是在语言表达上，别人怎么说我也怎么说，比如让举办一场活动，无论是宣传、调研、会议等，思路必然是“活动前期我会……活动中期我会……活动结束后我会……”，题目的表态必然是“领导把任务交给我，是对我的信任，因此，我一定会努力将活动办好，不辜负领导信任”。不说其内容好坏，我们先站在考官的角度去换位思考一下，相同的话听了一遍又一遍，你是否能做到耐心依旧？

套路化作答流行的原因主要有两个方面：一是流水线般的培训。为了让同学们尽快学会开口答题，体验出培训效果，培训机构会给大家灌输一种或者几种固定的答题思路，让考生去模仿去背诵，这无疑是最快捷的方式，远比启发式教学、循循善诱教会大家思考并表达出自己真正观点要快得多。二是考生面试复习时急功近利的心态，不愿意真的静下心来去动脑思考，一心只想着用最短的时间，花最少的精力，获得立竿见影的效果。

一位哲人曾说过：“人类为了逃避真正的思考，愿意去做任何事情。”思考本就是一件辛苦的事情，但是，如果你想在面试中脱颖而出，取得高分，那主动思考、学会思考就是必备的。一味追求速成，必然把你变成流水线上的答题机器。但是，我也特别理解考生普遍的焦灼心态。现在的面试安排，在笔试成绩公布后，留给大家最多也只有两三周的面试准备时间，很多单位留给考生的面试备考时间甚至只有一周。时间虽紧迫，但利用好，沉下心来，也是会大有效果的。怕就怕在不能把握住这两三周的关键时间，只是在假装努力：不愿走出内心的舒适区，逃避思考，只想走捷径。

但其实公考，尤其是公考面试，已经是我们能够找到的最具投入产出比的学习途径。你只需要投入不到一个月的时间，就有可能得到一份很不错的工作。如果在如此短暂的时间里都做不到用心投入，那很可能说明，你其实并不适合参加这样的考试，公职这种职业，也未必适合你。与其这样，倒不如早做别的准备。所以，在学习开始之前摆正心态，是成功的最为重要的一步。

（四）过于穿靴戴帽，形式主义泛滥

很多同学在答题的时候纠结的一点，就是开头要不要破题，怎样破题；结尾要不要总结，怎样总结。我相信很多面试培训老师都讲过，答题时好的开头和结尾很重要，于是，很多同学花费了大量的时间在开头和结尾上，结果过于穿靴戴帽，答题流于形式主义。要知道，我们在考场上，根据不同的考试，平均回答一道题的时间只有三四分钟，把宝贵的时间都花在开头和结尾上，挤占了我们答题的主体，也就是真正能出彩的部分，是舍本逐末。

根据我的观察和分析，造成这种现象主要有两个原因：第一，没有理解组织活动类题目的本质。组织活动类题目是实题，想要你的作答亮眼出彩，实实在在地解决好题干中的问题是关键，问题解决得好，好的开头和结尾是锦上添花；问题没有解决，再好的开头和结尾也只是本末倒置。第二，你实际上是在偷懒。活动该如何举办才能出效果，才能达到活动目的，这些是要你真正动脑去思考才能得出答案的。

那问题来了，我们到底要不要破题和总结呢？我的回答很简单：破题也行，不破题也行；总结也行，不总结也行。无论破题还是不破题，总结还是不总结，我们答题的核心点，永远在把题目当中要求的活动举办好，问题解决好，内容具体细节，步骤清晰明了。

如果开头不过多破题，我们完全可以说："各位考官，我将从以下几个方面来着手，举办好这次活动。"如果结尾不总结，我们也完全可以说"以上就是我对这道题的回答，谢谢各位考官"，用它来简练收尾。

有的同学可能要说了：这样答题我还是心里有些不踏实，我还是想有个差不多的破题和结尾，让我的答题结构更完整、更有文采，但是我又不知道具体应该怎么做才合适。基于这个问题，下面就给大家介绍几种好用的开头和结尾的方法。我们先看开头。

第一种，谈职责破题法。

第二种，谈后果破题法。

第三种，谈感情破题法。

第四种，谈背景意义破题法。

第五种，谈要求目的破题法。

第六种，谈工作思路破题法。

我们用山东省考的一道题，来实际演练一下这几种破题方法。

经典题目示例

因为天气的原因，当地农产品发生了滞销，现在需要政府举办销售活动来帮助农民朋友们促销，将这些滞销的农产品卖出去。作为政府的工作人员，你会怎么办?

我们先用第一种谈职责破题法，我们可以说：作为一名政府的工作人员，急群众之所急，想群众之所想，全心全意服务好群众，是我们工作一切的出发点和落脚点。因此，我会高度重视这次农产品促销活动，会尽我所能，和我们的农民朋友齐心协力举办好这次活动。

第二种谈后果破题法，我们可以简要谈一谈这场活动如果举办不好，会有什么样的一些后果，具体就这道题，我们可以这样来破题：对于农民朋友们，农产品销售是他们收入的一个重要来源，农产品滞销问题解决不好，不仅会影响到农民朋友们这一年的生活，更会影响到他们对于我们基层政府的信任，有损于我们政府的公信力，因此我会从以下几个方面着手，努力做好这项工作。

第三种谈感情破题法，我们可以充分调动自己的感情，打打感情牌。就这道题，我们可以思考一下，农产品滞销对我们的农民朋友有什么样的影响，那对于这种影响、这种状况，我们究竟痛不痛心，我们难不难过，我们要不要做点什么？顺着这个思路，我们真情实感地谈谈自己的想法，可以说：农民朋友们辛苦一年的农产品滞销，这不仅让农民朋友们痛心，更是压在我们基层干部心里的一块大石头。如果不能切实帮助农民朋友解决好这一问题，让农民群众重开笑颜，那我们作为基层干部是夜不能寐的。

下面，我们再来学习谈背景意义破题法。针对题干，我们可以结合大的背景、趋势和政策来破题。就这道题，我们可以说：作为人民公仆，群众路线是我们做好一切工作的根本方法；步入新时期，乡村振兴更是摆在我们面前的一大要义，这次农产品促销活动规模不大，但是影响意义深远，因此我会从以下几个方面切实做好这项工作。

我们再看谈目的要求破题法，这很简单，就是想一想我们这项工作要得达到什么样的要求，要实现什么样的目的。就这道题，我们可以这样说：农产品滞销事关农民群众的一年生计，因此我们一定要深入群众一线，集思广益，动用一切手段和方法，实实在在地帮助群众解决好农产品滞销这个问题。具体而言，我会从以下几个方面开展这项工作。

还有最后一种，谈工作思路破题法。这种破题法对考生的要求比较高，需要我们在答题最开始，就对一项工作如何开展有大致的思路和方向（这也是“总—分—总”答题的一种表现形式）。在答题开头，给出总体的工作原则和工作方法，再在主体部分一一分步骤详细地阐述。对于这一道题我们可以这样破题：农产品滞销事关农民群众一年的生计，这项工作由我负责，我会充分调动各种渠道资源，协调各个平台举办好这次农产品促销活动，切实帮助农民群众解决好这一问题。

以上就是我们讲的6种破题方法。善于总结的同学看到这里肯定已经明白了，这6种方法既可以单独使用，也可以自由进行排列组合。比如，我们可以将谈职责破题法和谈工作思路破题法进行个组合，先谈职责表态，再讲具体的工作原则和安排。具体如何排列组合，根据具体题目而定，但总共加起来，我们的开头最多不要超过4句话就可以了，这是最理想的效果。

说完了如何破题，我们再来看如何结尾。我们将结尾分成两种情况：一种是自然结尾，一种是总结升华结尾。自然结尾，我们可以简单说一句“以上就是我的这道题的作答，谢谢各位考官”。下面我们主要来看如何总结升华结尾。

第一种，谈结果结尾法。比如上面这一道，我们可以通过谈农产品促销活动举办的结果来结尾：我相信，通过我们多方合力、多管齐下，农产品滞销的问题一定能够得到解决，我们的农民朋友一定能够重展笑颜。第二种是谈展望结尾法，就这一道题，我们可以做出如下展望：这次活动是对我一个全方位的历练，让我能够深入群众，感受群众的苦与乐，那在今后的工作中，我会继续在干中学，学中干，彻底从根本上践行群众路线，让自己的工作能够更接地气，更出彩，更具实效。

这里有非常重要的一点我要澄清，以免有的小伙伴断章取义引起误会。我说不要过分穿靴戴帽，但并没有说不要开头和结尾，只是要分清主次。破题和结尾都不是重点，真正务实具体地解决好问题、举办好活动才是核心。不要把开头和结尾神化，好的开头和结尾固然有用，如果能毫不费力地用好、用活我上面讲的那些方法，当然好；但如果不行，就把考场上宝贵的精力和时间放在思考如何决定举办活动上，这才是我们作答的核心和本质、重点和亮点。另外，一场考试三四道题，其实这些题目加起来是个有机的结合。我们没有必要每一道题都有一定的破题和总结，这样显得答题结构僵硬模板化，但也不能每一道题都没有开头和总结，这样显得唐突不完整。总之，根据自己的具体情况，考场上随机应变，灵活发挥。

（五）脱离题干，答非所问（审题是重中之重）

面试答题高分答案的标准有很多，但如果你要问哪一个最重要，那无论何时我都会毫不犹豫地告诉你，是紧扣题干，做到问什么，答什么。这看似是一个很低的标准，事实上要做到并不容易。多年的一线辅导让我发现，很多同学，其中不乏面试高手，都免不了在审题上踩坑。这也部分解释了我们在考试中经常会遇到的一个比较奇怪的现象：有的人平时答题可圈可点，但是正式面试的时候，分数却不高；有的人，平时答题平淡无奇，但是正式面试的分数却不低，考官好像变得越来越难以琢磨。那究竟为什么会出现这种现象？

这其中很重要的一个原因，很可能是我们的审题出了偏差。当然，这与我们近几年的命题新趋势和新变化也有关。很多题目设置越来越灵活，让考生看了一头雾水，不知道究竟要干什么，或者自认为看懂了，其实并未抓住重点。于是，很多培训机构提供的所谓答题套路都用不上了。此外就是题干变得越来越长，也没有那么容易在考场上一眼看过去就能看懂，于是很多考生是在没有完全明白题目意思的情况下就开始作答的。那究竟什么是审题不清呢？下面我们举一个具体的例子。

经典题目示例

我村组织村民进行电商培训，在培训过程中，有些村民交头接耳玩手机，还有一些村民认为培训的内容理论与实际脱节，领导让你重新组织第二次培训，你会如何组织？

对这道题，很多同学容易犯的一个错误，是把它等同于简单地举办一次电商培训，没有注意到题目中设置的实质性首要问题，是交头接耳玩手机和培训内容与实际相脱节。出现这种问题的根本原因，是思维僵化，习惯按照一套固定的流程来回答组织计划类题目，只想完成任务似的把题目答完，为了降低思考的负担，有意或者无意地忽略题干当中的关键信息。也有同学可能要说，现在题目是越来越难审了，防不胜防。对于这种说法，我只想问一句：能够笔试进入面试，能写出不错的申论作文，你是真的不会审题，读不懂题目吗？当然不是，你只是懒，不再愿意真正地去动脑去思考，而是选择在看到题目的时候一眼带过，生搬硬套那些所谓的套路和框架，人为地把题目往自己熟悉的套路上去靠，导致最后只敢也只能在自己最熟悉的思路的引导下去机械地思考，机械地答题，在真正进行思考和一切套用模板这两条路之间，你选择了你认为好走的那一条。

但是，无论什么时候，都记住这一句话，面试答题最大的美德，就是问什么，答什么。如果连最基本的都做不到，那考官凭什么给你高分？就因为你答题流畅，逻辑清晰，内容丰富？问题是再流畅、清晰和丰富，也没有解决题干当中要解决的问题。这样避重就轻的审题和答题，前几年侥幸也许还可以取得不错的分数，但现在已经越来越行不通了。近年来题目的问法越来越趋于细节化，如专门针对活动的一个环节，或是询问活动的重点难点、活动的针对性、调研信息的有效性、合理化建议等。因此，大家在回答计划组织题时，一定要强化审题，做到问什么，答什么，避免流水账式的铺陈、避重就轻的抖机灵，应突出答题重点，切实做到问什么，答什么。

读到这里相信很多的小伙伴要问了：我已经知道了问题的严重性，但是具体要怎么去解决呢？其实这一问题解决起来并不难。第一，针对题干较长的题目，一定不要漏过题干中的每一句话，你漏掉的很有可能才是题目的关键，为什么呢？因为你潜意识里过滤掉的一定是真正有难度的部分，那平常的练习中，审题时不要只看到自己想看见的，然后故意把答案往简单式的回答的方向去套，要真正做到问什么，答什么。即使前期练习时我们回答不好也没有关系，起码我们是在正确的方向上努力。确保真正地回答了题干提出的问题，我们才具备了高分的基础，然后踏实练下去，一定会有提高和改进。第二，探究规律，切中考点。不管是哪一种题型，题干中总是系统地包含着诸多的矛盾，比如上面这道题，包含的矛盾就是期待的培训效果和参加培训的村民实际表现的矛盾，即有些村民交头接耳玩手机，还有一些村民认为培训的内容理论与实际脱节，而领导又要求将活动办出实效。所以，我们要学会从问题出发，厘清矛盾主次，抓住主要矛盾，那这就命中了考点，找准了主要的答题方向，一定不要在那些无关紧要的细节上纠缠。

以上就是回答计划组织题时，易入的答题低分雷区。下一小节，我们来学习计划组织题答题的高分原则。

三、答题高分原则

（一）“是什么 + 为什么 + 怎么办”，神奇的答题高分三步走

原则解析

学习或参加过面试的同学一定都听过“反模板”这几个字，在上一小节我们

也提到过，模板化作答指大家都用相同的模式答题，答题趋同化严重。主要体现在两个方面：一是在思路上，别人怎么想我也怎么想；二是在语言表达上，别人怎么说我也怎么说，语言表达乏善可陈。

在实际学习中，很多同学把模板等同于框架，其实这二者有本质的区别。模板是不用思考，拿来就可以直接用，无论具体题目如何，它都能够让我们答出放之四海皆准的答案。而框架是思考方向和步骤，它的作用是不断发散思维，让我们能以好的思路，结合题目要求以及我们的经验积累，答出真正属于我们的有特色的内容，让我们的答题内容充实、具体、有条理，达到娓娓道来、不疾不徐的交流状态。简而言之，前者让我们逃避思考，后者教会我们思考。对待套路要坚决舍弃，对待框架要认真去学，然后结合自身，总结出属于你自己的独特框架，用在答题上。因为，任何的框架，只有经过你的思考，融入你自身的东西，才能成为属于你自己的独一无二的框架。

这里以一道题为例，来让大家更清楚地理解什么是框架、框架的重要性，以及在答题中如何用好框架。

经典题目示例

今年的大学毕业生就业情况不理想，因此很多毕业生选择自主创业。你所在民政部门要就今年的大学生创业情况做一个调研，以便制定出相应的精准帮扶政策。如果由你负责调研工作，你会如何开展？

在本章“不可过于穿靴戴帽”那一小节，我们讲了6种破题方法，对于这一道题的开头，我们可以从中选出“意义”“目的”“要求”三方面，组合成我们的开头。结合如下：

在就业情况不理想的背景下，高校毕业生选择自主创业，为缓解就业压力、增强经济发展内生动力发挥了重要的作用。为了真实、有效地了解大学生自主创业的状况，分析创业问题与障碍，激发创业热潮，在这次调研中，要保证调查对象的丰富性、调查方式的科学性、调查内容的针对性、数据分析的准确性和真实性，以及提出建议的科学有效性。

以上就是“意义＋目的＋要求”的组合开头。下面我们再来看答题的主体部分。

主体部分，我们可以分如下三个步骤展开：

（1）充分做好调研的准备工作＋为什么要做好调研的准备工作＋如何做好

调研的准备工作（一方面制订方案……；另一方面精心抽取调研人员……）。

（2）调研中全面收集信息＋为什么要全面收集信息＋如何全面收集信息（针对大学生……；针对学校……；针对政府部门……；针对产业园区……；针对普通市民……；针对产业学生家长……）。

（3）系统科学分析收集到的数据，提出可行性建议供领导参考＋为什么要科学分析数据＋如何科学分析数据（首先，整理数据，去粗取精，去伪存真……；其次，邀请创业领域专家学者分析数据……；再次，分析报告及建议……）。

以上就是主体部分的框架。我之前说过很多次，面试答题最好又最易掌握的结构是“总—分—总”结构，但因为开头时的“总”我们已经说得比较详细，结尾处，我们可以放心地自然结尾：以上就是我对这道题的回答，谢谢各位考官。

以下是这道题的完整参考答案。

示范作答

在就业市场严峻的背景下，高校毕业生选择自主创业，不仅有效缓解了就业压力，更对增强经济发展的内生动力起到了关键作用。为了深入了解大学生自主创业的现状，分析其面临的问题与障碍，进而激发创业热潮，本次调研将严格确保调查对象的丰富性、调查方式的科学性、调查内容的针对性，以及数据分析的准确性和真实性，并提出具有科学性和有效性的建议。

首先，我会精心准备调查的前期工作。一方面，制订详尽的调查方案，包括明确调查时间、划定调查范围，并设计针对大学生的调查问卷。问卷内容将涵盖大学生的个人基本情况、对创业的兴趣程度、创业项目的准备状况、解决的就业人数、对地方政府创业政策的了解程度以及他们期望得到的社会支持等。另一方面，我们将精心挑选调查人员，鉴于本次调查涉及面广泛且要求细致入微，因此我们将选择具备出色沟通能力和吃苦耐劳精神的调查人员来执行这一任务。

其次，在调查实施过程中，我将采用多种方式来全面收集信息。只有确保信息来源的广泛性和全面性，调研所得数据才能具备科学性和有效性。针对大学生群体，我们将采用线上与线下相结合的方式发放调查问卷，特别是利用微信、微博等社交平台推送问卷，并通过设立奖励机制来激发大学生参与调查的积极性，从而最大限度地扩大调查范围，增强影响力，并深入了解大学生的创业现状。此外，我们还将通过电话联系学校的就业指导中心，获取关于就业人数与创业人数的第一手资料；与政府部门的多方会谈中，重点选择政府就业办与工商局作为沟通对象，了解大学生创业的注册信息、纳税要求等，记录现行的创业优惠政策，并收集创业大学生的纳税信息和带动的就业人数，用以分析大学生创业对经济的贡献；对创业园区进行实地走访，记录大学生创业的成就与遇到的障碍；通过街头随机采访普通市民，了解他们对大学生创业的看法和态度，这也能为我们提供有价值的参考。

最后，在调查结束后，我将会对收集到的问卷数据、文献资料、访谈笔记和录音等进行仔细整理和分析。通过去粗取精、去伪存真的过程，横向和纵向对比数据，剔除无效信息，并利用分析工具和历史数据进行对比，得出大学生创业环比和同比的增长情况。我将撰写一份详尽且清晰的分析报告，并附上相关建议，提交给领导审阅。

以上便是我对这道题的回答，感谢各位考官的倾听。

细心的同学可能会发现，上述参考答案主体部分，每一个步骤都用了这样一个答题框架："是什么 + 为什么 + 怎么办"三步走。这是回答计划组织类题目非常好用并且出彩的一个答题方法，下面我们就来详细介绍分析一下。

组织计划题是典型的实题，所以建议每一段落答题开头，一定要首先精练简明地告诉考官你要做什么，这既有助于统领你的思路，也有助于考官跟上你的思路；说完要做什么之后，紧接着说出为什么要这么做。正因为组织计划题是典型实题，所以绝大多数人答题只会把关注点放在如何去做上，而想不到要解释一下为什么要这样做。但千万不要小瞧这一言两语的"为什么"，任何面试题目考查本质之一，都是你的三观。考官透过答题，想看到的是你对这件事情的认知。与其让考官去想，我们不如主动告知。这也能让我们的答案虚实结合、张弛有度，听起来更加舒服。再者，实题需要细节，所以在说完为什么要这么做之后，要详细地就如何具体做来展开，这样才能显示出你解决问题的诚意和能力。三个步骤环环相扣，才能让我们的答案既脚踏实地，又有思想高度，既有宏观把握，又细致入微。下面，我们通过一道题，来一起演练一下这三步。

经典题目示例

近期，城市基础建设部门要就城市基础建设方面的问题向市民征求意见。你负责组织，怎么执行？

我们先简单看下如何开头。之前介绍的 6 种破题方法中，任意选取你擅长的 1 ～ 2 种即可。比如用意义破题法：城建部门要就城市基础建设方面的问题征求市民意见，体现了政府对人民群众意见的重视。政府从高高在上的管理者，变为了服务人民群众的服务者，体现了由管理型政府向服务型政府转变的重要体现。

其次，主体部分。回答计划组织题有两个逻辑轴：时间轴和要素轴。这道题我们就按照时间轴来思考，每一步该做什么。

要做好这项工作，第一，必须先对它有一个全面的了解，先理解透彻工作才能开展工作。第二，工作小组必须要组建，这不是靠一己之力可以完成的工作。第三，要进行实际的走访调查。第四，要汇总整理分析数据，提出意见。这是答题大概的一个框架。

我们以第一步，“首先，全面了解工作”为例，来演练一下“是什么 + 为什么 + 怎么办”答题结构。很多同学说完“要全面了解工作”之后就不知该如何继续了。知其然，也要知其所以然，我们可以紧接着解释一下，为什么要首先全面了解工作，然后再有细节、有条理地展开。“为什么”的部分，我们可以说：城市基础建设是一项复杂系统的工程，事关城市整体发展和城市里的千家百户。覆盖面广，牵扯甚大，因此，只有首先对这项工作有全面深入的了解，才能掌握工作重点，抓住工作难点，切实组织好这场活动。这是我作为一名组织者，干好工作的基本前提。

下面到了第三步，“怎么办”。我们可以说两个方面，用“一方面”“另一方面”连接，也可以从三方面展开，由“其一”“其二”“其三”连接，具体看自己的储备积累及临场发挥。当然，无论选择哪种方式，一定要把内容有层次、条理清晰地输出。

我们可以说：“第一点，要明确城市基础建设的范围有哪些，只有明确范围，才能有针对性地征求群众意见；第二点，要对现有的城市基础建设现状有清楚的了解，例如，房屋建设、环境保护、道路绿化、道路交通、城市排水规划、海绵城市建设等；第三点，可以吸取其他地市开展此类活动的经验，便于我们更好地开展工作。”

以上就是答题主体部分第一个分论点中，“是什么 + 为什么 + 怎么办”框架的具体展开和应用。这样答题，内容具体翔实有逻辑，并且务实接地气，能让考官认为我们就是想认认真真地把这件事情办好。同样，对于第二点、第三点，也可以用“是什么 + 为什么 + 怎么办”这个框架来具体展开。

下面，这道题的框架给大家列出来。

（1）开头：意义破题（具体：由管理型政府向服务型政府转变）。

（2）主体：

首先，“是什么＋为什么＋怎么办”。

其次，“是什么＋为什么＋怎么办”。

最后，“是什么＋为什么＋怎么办”。

（3）结尾：期待展望，预计后果。

下面是这道题的完整参考答案。

示范作答

城市基础建设部门要就城市基础建设方面的问题向市民征求意见，体现了政府对民众的尊重与重视，这是政府从管理型向服务型转变的显著标志。若由我负责策划并推动这项工作，我将从以下几个关键环节入手。

首先，深入了解工作内涵。要有效地开展意见征求活动，必须明确城市基础建设的涵盖范围，这样才能有的放矢地收集群众意见。同时，我们需要对现有的城市基础建设状况有清晰的认知，涵盖房屋建设、环境保护、道路绿化、道路交通、城市排水规划、海绵城市建设等诸多方面。此外，我们还应积极借鉴其他城市的类似活动经验，以确保我们的工作能够更加高效、精准。

其次，组建高效的工作团队。在人员选拔上，我们将优先考虑那些具有相关工作经验且沟通能力强的人员，以确保工作效率。同时，我们将为这项工作设定明确的时间节点，以推动团队成员高效地完成各项任务。在分工上，我们将根据每个人的能力特长进行科学的分配，确保每个人都能发挥自己的优势。此外，我们将严格执行工作纪律，要求团队成员端正态度，确保所收集的意见真实、全面。

再次，针对不同群体，开展有针对性的意见收集工作。对于普通市民，我们将利用网络平台，如微博、微信和移动应用，进行线上意见征集，重点关注他们关心的网络通信、城市交通等问题。同时，我们还将深入社区，通过座谈会等形式，收集市民对供水、供电、供气等基础设施建设的意见和建议。对于特殊群体，如残疾人、孤寡老人等，我们将通过实地走访，了解他们对盲道建设、无障碍设施以及城市设施安全性等方面的需求。此外，我们还将通过电话和面谈等方式，征求与城市基础建设相关的工作人员的专业建议。为激发市民的参与热情，我们还将举办有奖征集活动，确保意见收集的广泛性和全面性。

最后，我们将对收集到的意见进行整理和分析。我们将根据意见内容进行分类汇总，并通过统计手段，找出群众反映强烈的热点问题。我们将制作详细的统计表，为政府下一步的决策和问题解决提供有力的数据支持。

以上就是我的作答，感谢各位考官。

真正能让你的答案出彩的，是你对题目的思考，而框架就是我们思考的方向。有了正确的方向，很多同学就能想出细致具体生动的内容。所以，平时练习中，一定要主动建立、积累适合自己的框架，针对每一种题型、每种细分，知道如何思考，有切入点，才能思考出内容，我们把这个框架牢牢地记在心里，多加练习，熟能生巧，在考场上就能灵活应用。

（二）“细节＋具体”是让你的答案有区分度的关键

原则解析

在多年的一线教学中，我发现，很多同学，无论是面试小白，还是有学习基础的考生，在回答计划组织题的时候，往往都习惯于“领导腔”“指挥腔”，一副指点江山的派头。说到这里可能很多同学会不服气：我答题的时候态度可谦虚诚恳了，生怕自己的态度不礼貌，怎么可能“领导腔”。但事实上，你是在用“领导腔”答题而不自知。

“领导腔”答题最大的特点，就是凡事只给出一个大的方向，而不管具体执行操作层面的细节。计划组织题是实题，需要我们实实在在地举办好一场活动。题干中现在提到的这些活动，都可能是我们在入职之后会遇到的。作为“非领导”的具体“执行者”，你的心中不光要有大的工作方向，更要能对工作进行具体的展开，阐述具体如何去实施，这才是让你的答案有区分度的关键。

清楚“领导腔”答题的不妥，但我更知道，其实很多同学并不是真的喜欢用“领导腔”答题，而是苦于无话可说，不知道如何具体展开，答题时说完这一条便无话可说，像挤牙膏一样，再挤也就是那么勉为其难的十来个字。今天就教大家几种非常好用的方法，帮你摆脱计划组织题答题无法具体展开的困境。

第一种是前文提到的“是什么＋为什么＋怎么做”三步走。在这里重温一下，就是我们在提出一项做法之后，紧接着来解释一下为什么会提出这项举措，然后阐述要如何具体去实践。通过三步走的环环相扣，让我们的答案既逻辑严谨，又内容丰富具体饱含细节。这样在答题中再也不用担心没有思考的方向，不知道从何发力。当然，这仍然需要我们反复练习才能内化于心，但只要方向对，经过反复练习，相信大家一定能够掌握。

第二种，举例子。这其实是一个很巧妙的，大家用过很多次，但却又不自知的方法。很多同学回答综合分析题时，辩证自己观点的时候知道用举例论证法，在写申论作文的时候知道用举例论证法，殊不知我们在回答计划组织题的时候，也可以用举具体的例子来丰富充实我们的答案。我们用上面提到的“利用微信微博官方媒体等多种渠道，对这次活动进行大力宣传”来练习。经过前面的分析我们知道，这句话其实只给出了一个大的工作方向。下面，我们就用举例法，对它进行细节的填充。我们可以说：第一，利用微信微博官方媒体等多种渠道，对这次活动进行大力宣传。比如，我们可以在单位官方网站上，发布一个详细的活动通知，对活动主题，举办的时间、地点、参加人员、活动流程等进行详细的介绍，鼓励大家积极踊跃报名参加。再如，利用单位的微信公众号和官方微博进行宣传。现在是一个自媒体时代，一个微信号、微博号，就是一个自媒体平台，连接的是数以万计的用户，其影响不容忽视。我会对文字的编写进行严格的审核把关，保证其符合微信、微博用户的阅读习惯，以图文并茂，并附以视频多媒体的形式进行宣传。这就是举例法的具体应用。

第三种，通过谈工作重点、难点来拓展。答题中，谈某项工作中的重点和难点，其实是一个向考官展示你思考的过程，展示的是你面对一场活动该如何举办，深度思考，运筹帷幄的能力，你不仅知道细节，还能把握其中的重点、难点，所以这实际上是一种很巧妙的拓展方法。我们以上面“首先，确保此次调研任务调研对象的全面性”为例来演练一下突出重难点法：首先，确保此次调研任务调研对象的全面性。调研对象全面与否，事关调研结果的科学公正性，因此不容小觑。我认为，要保证此次调研活动对象的全面性，主要有以下两个重点需要格外注意：第一是调研对象覆盖面要全，要涉及相关的方方面面；第二是在广覆盖的基础上，选择的调研对象还要有针对性，要做到两点论和重点论的统一。

这种“谈工作重点、难点拓展法”最大的好处，在于可以帮助我们快速不费力气地找到细化做法的话题。那在这里有的同学可能要说了，我不知道这项工作要做好有什么具体的重点和难点，这该怎么办？其实这有一些思维局限和僵化了。我们说面试答题没有标准答案，只要你的回答解决了题干当中的问题，能自圆其说，言之有理就是好答案。活动举办中的每一项具体步骤与工作都可以是活动举办的难点和重点，这本来就是带有主观性的选择和判断，只要你能自圆其说，言之有理。我们不要在一开始就把自己局限在“什么是难点和重点”这个死胡同里出不来，而要学会在答题中，适当聪明地把自己熟悉的答法往题目设置的方向上去靠。

第四种，场景化拓展。面试本质上是一场交流，所以我们答题要生动，要有感情，不能做冷冰冰的答题机器，只有这样才有交流感，才能打动考官。我相信很多同学听过类似的表述，对其并不陌生，但问题是，如何才能让我们的答案生动吸引人？场景化就是一个很好的方法。在答题时，要有代入感，把自己真正地带入这项工作中去，多做一些场景化合理化的想象。比如说举办一场党风廉政建设的知识比赛，我们充分发挥想象力，如何才能调动大家的参与热情，保证比赛当天现场的热烈且有序的气氛？进行一场关于基层人民群众对惠农新政策满意度的调研，我们不妨想想，如何才能让群众愿意和我们交流，对我们吐露心声，说出他们的心里话？作为社保局工作人员，在社区面向社区居民举办一场新医疗政策的宣传活动，为了宣传效果，我们是否可以入情入境地想一下，怎样的宣传方式最能营造热热闹闹的社区宣传氛围，成功地吸引社区居民？比如悬挂横幅、设置流动宣传车，发放宣传小手册，开展现场问答，设置工作宣传账号微信二维码，通过关注可获得印有宣传口号的水杯、扇子等小礼品等，通过如此场景化的想象，氛围感是不是就出来了？作为公职人员，我们干工作切忌高高在上，一定要将自己置身到真正的工作场景中去，弯下身子弓下腰，只要你愿意将自己代入真实工作的场景，就一定能想到很多具体化的工作场景，从而将你的答案变得丰富而生动。计划组织题就是要我们以实实在在办好活动为目的，充分展开设想，你先说服了自己，才能说服考官。我们通过下面这道题，来看一下如何场景化拓展。

经典题目示例

你是街道办人员，让你和社保局工作人员组织在社区进行新医疗政策宣传，你会怎么办？

示范作答

为确保我社区居民能够充分享受新的医疗保险优惠政策，我将从以下几个方面着手进行新医疗政策的宣传工作。

首先，我将主动与社保局负责医疗政策的工作人员进行对接，全面了解新医疗政策的具体内容及其创新点。我将仔细对比新政策与以往政策的差异，以便将其作为宣传工作的重点。同时，我也会详细记录医疗政策的基本信息，包括缴费时间、标准、办理医保的流程、补偿政策、定点的医疗机构以及报销方法等。在全面掌握新政信息后，我将与社保局工作人员共同商讨并制订宣传方案，根据新政的特点选择群众易于接受和喜爱的宣传方式。此外，我还会确定参与宣传的工作人员数量，并统一进行宣传培训工作，确保每位工作人员都能熟练掌握政策内容，宣传到位。所选择的工作人员将具备出色的沟通能力和责任感，以确保宣传工作的顺利进行。

其次，我们将在社区内采取多种方式进行广泛宣传，如悬挂横幅、设置流动宣传车等，以营造浓厚的宣传氛围。同时，我们将组织工作人员深入街道、小区、小市场等人口密集区域进行流动宣传。工作人员将穿着统一服装，佩戴身份标识牌，并分发宣传小手册，为居民提供详细的政策讲解。对于居民反映的难以理解的问题，我们将进行归类整理，以便后续统一解答。此外，我们还将把宣传小手册留在人流密集的社区供居民自取，并在社区门口邀请社保工作人员进行现场问答活动，向居民介绍新政的变化。同时，我们将设置微信二维码，引导居民关注街道办微信公众号，对医疗政策进行深度解读和精准宣传。为了激励居民参与，我们还将提供印有宣传口号的小礼品，如水杯、扇子等。

最后，新医疗政策的宣传工作需要持续进行，以更好地服务于居民。我们将根据宣传后居民的参保情况及社区工作人员的反馈，对宣传工作进行完善和优化。我们将在街道办和居委会设立专门的热线电话，解答居民关于政策的疑问。此外，我们还将充分利用社区宣传栏、微博、微信公众号和官网等渠道，积极推送医保信息与健康常识，并对宣传中不易理解的内容进行细致解答和发布。通过这些措施，我们希望能够让广大居民对医保政策有更深刻、全面的了解，提高他们参保和续保的积极性，增强群众的满意度和获得感，推动民生工作“最后一公里”的建设。

（三）换一种让人赏心悦目的表达方式

原则解析

答题的僵化和模板化，一方面在思路上，而更直接拉低给考官印象分的，其实是在语言表述上。下面介绍几种计划组织类题目答题较有特色的表达方式。这里只是举出几个例子，希望能够抛砖引玉，让大家在面试学习中做有心人，注意积累好的语言表达方式。

一、特性法

（1）保证准备工作的充分性。

（2）保证宣传动员的广泛性。

（3）保证活动开展的有序性。

（4）保证总结汇报的有效性。

二、重点方面法

（1）解决“谁来组织”的问题（主体）。

（2）解决“对谁组织”的问题（对象）。

（3）解决“组织什么”的问题（内容）。

（4）解决“怎么组织”的问题（方式）。

（5）解决“如何保证组织效果”的问题（长效机制）。

三、打牌法

（1）打好准备牌。

（2）打好宣传牌。

（3）打好组织牌。

（4）打好总结牌。

四、确保法

（1）确保（调研）对象的广泛性。

（2）确保（调研）方式的针对性。

（3）确保（调研）内容的全面性。

（4）确保（调研）数据分析的科学性。

五、先行辅助法

（1）调研先行，保证活动计划制订的科学性。

（2）细节到位，保证活动开展的有序性。

（3）二次宣传，保证活动效果的长效性。

六、重点关键突破点法

为确保活动的顺利进行，在活动过程中，我会以优化活动流程为重点，以强化活动效果为关键，以细化责任到人为突破点，着重做好以下几个方面：

…………

（四）逻辑层次永远是基本线

原则解析

面试的本质是交流，虽然在面试中考官是被动的倾听者，但这并不妨碍面试的本质。既然是交流，那答题就不能自说自话，一切以你的交流对象，也就是面试考官愿意听，听得懂，听得舒服为目的，否则你的答案再好，考官听不进去，也是白搭。这点大家应该不难理解。

做公考面试教学以来，我发现考生中普遍有这样一种片面的认知，那就是容易神化考官，认为“考官既然能做考官，那他们都是面试高手，每道题考官都会，都能答得很好”“考官都认真负责，考官都火眼金睛，能从我粗糙的答案里发现我答题的亮点”“考官都精力充沛，从早坐到晚他们一点也不累，并且对每个考生的答题都能聚精会神地去听”等。

我们当然希望自己遇到的考官都是这样专业耐心的，在考场上一整天听着大同小异的答案，也丝毫不会感到枯燥、乏味和疲倦。我也相信大多数考官是这样的，专业且尽责。但是大多数同学忽略了一点，那就是考官也是正常人，普通人有的情绪，他们一样不少。高压又严肃的考场上一坐就是一整天，考官也会疲倦，也会失去耐心。但是，聪明的选手不会把决定权交到别人手里，而是会去主动创造条件，来让考官认真听自己的答案。主动创造条件，首先要做的，就是让考官听懂你的答案。

我曾经做过多年的外事英语翻译。一般的外事场合会有很多听众，有的很懂英语，有的懂一些，有的只懂点皮毛。工作多年后，我发现了在场的听众对现场翻译的翻译水平有一个很有趣的判断标准，你猜是什么？答案可能稍微有点出乎你的意料，那就是：他们能否听懂。如果他们能听懂你翻译的内容，他们就会认为你是一个好翻译，翻译得到位、恰当。如果他们听不懂，那他们会条件反射地认为是你翻译得不好，而不是认为自身的英语水平不够，无论哪种英语水平的听众，基本都是这样。举个例子，曾经在一场外事活动当中，要翻译“天时地利人和”，现场的一个翻译小姑娘，把它翻译成了“Right time，right place，right people”。多简单的翻译，我相信只要学过小学英语，应该都能听懂，这个翻译获得了大家的一致赞赏。正是因为听得懂，所以才让听众有了参与感和获得感。听众就有了参与感，他们就会愿意去听，愿意顺着你的思路走，这真的是一个非常正常的现象。站在听众的角度，你也会有这种感受和心理，而它，同样适用于面试考场。

那公考面试答题如何让考官听得懂、听得舒服？一个不二法宝，就是答题有逻辑、有层次。差不多内容的答案，有些同学说出来，重点突出，主题明确，让人听着很舒服，越听越想听；有些同学说出来，却三句话说不到重点，表述混乱无重点，让人越听越迷糊，越听越累，于是也越听越生气。往往其中最重要的一个差别，就是前者有层次、有逻辑。没有结构和层次，再好的内容，也是白搭。

有了逻辑和层次，考官听了这句，就知道你下一句大概要说什么，你为什么这么说，所以，即使考官偶尔走神，回神后也能立马跟上你的思路。夏日炎热，冬日严寒，高压严肃的场合下一坐就是一天，做考官其实一点都不享受。所以不要让考官去分析你的答案，抓你答题的中心和重点，猜你的思路，费心理解你所要表达的内容。你要把你的思路主动呈现给考官，你要像手里拿着一个指路牌一样，把你要表达的每一步说得明明白白。

那如何让自己的答题有逻辑、有层次？这看似难度很大，勤学苦练后才能实现，我总结了一个化解难度的方法，那就是：起小标题，观点前置。这一点，我们在第二章讲综合分析题的时候也提到过，这里结合具体的计划组织题，再来重温一下。

小标题，简而言之，就是答题主体部分的各个分论点。起小标题是为了答题层次清晰明了，观点前置是为了让考官轻松抓住你的观点，这两者并不是割裂开来的，做到了前者，后者就自动完成，反之亦然。

我们举几个例子来看。

经典题目示例 1

市里有工作人员来你村视察美化乡村环境的工作成果。领导让你负责接待，你怎么做？

答题主体部分的每一个分论点，如“第一，先行走访，收集资料；第二，充分沟通，做好准备；第三，做好接待，陪同视察；第四，记好反馈，努力改进”，这就是我们答题时的小标题。

经典题目示例 2

你们单位在九月初九重阳节召开离退休老干部茶话会，有老干部提出单位活动形式太少，报销流程复杂，对老干部生活关心不够，你是工作人员，你会怎么处理?

这道题的具体分层和小标题，我们可以紧扣题目当中给出的问题，一一分层解决。如：第一，针对活动形式太少的问题；第二，针对报销流程复杂的问题；第三，针对对老干部生活关心不够的问题。我们要学会根据题目要求，灵活选取分层方式，让题目牢牢地处于我们的控制之下。

经典题目示例 3

领导安排你组织单位的春节联欢晚会，你会如何将活动落实到位?

第一，确定晚会雏形；第二，广泛宣传动员；第三，做好晚会筹备工作；第四，确保晚会顺利圆满进行。

经典题目示例 4

市公交公司要举行一次“文明乘车”宣传周活动，领导让你负责组织，你认为此次宣传活动有哪些重点环节?

第一，宣传方式多种多样；第二，宣传内容要有针对性；第三，宣传效果要有持续性；第四，宣传效果要有长效性。

经典题目示例 5

你是学生会的成员，学校让你调查本校学生当家教的情况，你打算怎么组织本次调查，以保证调查结果的真实性和有效性?

第一，全面细致做好准备工作；第二，分工合作，有序开展调研；第三，分析调研数据，撰写调研报告。

经典题目示例 6

目前“空巢问题”愈发严重，如果要召开一次针对养老问题的研讨会，研究怎么解决这个问题。领导把联络、召开此次会议的相关工作交给你，你怎么开展?

首先，对周边老人空巢状况进行调查，掌握基本情况；其次，精心挑选研讨会参会人员；再次，合理设置会议环节，充分展开讨论；最后，整理会议讨论结果，撰写会议报告。

经过以上示例，我们来总结一下在答题中善用小标题统领有什么具体好处。其实仔细品味后我们会发现，小标题不仅仅是一种语言表现形式，更是一种答题思想和答题方法。在思路上，它向考官展示了我们看问题能看到本质和归纳提炼的洞穿力，说事情能抓住要点的表达力，以及分析解决问题有步骤、有逻辑的控制力，通过用小标题来突出回答重点，让你的回答层面分明起来，考官听起来自然觉得你有重点有层次了。在语言上，前置小标题一是对我们接下来要讲的内容进行一个总结，让考官明白我们的思路和逻辑；二是对称、有韵律的小标题，说起来朗朗上口，能够吸引考官的注意力，让他们有继续往下听的兴趣。

认识到了小标题的好处，下一个更为实际的问题扑面而来：如何才能起好、用好小标题？这里给大家几个标准来参考，第一，小标题务必简单明了。在使用小标题时一定注意不能复杂，删繁就简，既能考官听得明白，又能保证我们答题的流畅性；第二，充分调动我们之前的所学积累，如诗句标题、古文标题、俗语等，都是小标题的来源；第三，前置小标题是统领后面具体展开内容的，切忌小标题和后面具体内容“两张皮”，各说各话。

最后还是要提醒大家一点，前置小标题是为内容服务的，所以我们在答题时，首先要做的是对内容进行填充拓展，其次才是语言上的拔高。小标题能起得对仗工整、文采飞扬当然好，但是我们不要陷入过分追逐小标题的辞藻华丽的误区，而忽视了后面具体的展开，这样反而给人一种不脚踏实地的感觉。文采跟不上时，我们大可用简洁朴实的语言，对后面要具体阐述的内容做一个总结归纳，把它当作小标题即可。记好，小标题是为了后面具体的内容服务的，如果小标题和后面的内容驴唇不对马嘴，完全脱节，会让考官认为，你只是在机械地背诵答案。下面，我们通过一道题的完整示范讲解，来帮助大家练习巩固一下这种方法，做到内化于心，自如应用。

经典题目示例

市政府准备在广场进行居民听证活动，你觉得准备工作应该做什么？

示范作答

在广场上进行居民听证活动，是一项汇聚民意、公开透明，利民惠民的阳光举措。对于这次活动的筹备工作，我认为应当从以下几个关键方面着手。

首先，确定听证活动的核心议题。为了更精准地把握群众的心声，我会提前在市政府微信公众号、官方微博上发起话题征集，号召广大市民踊跃表达他们所关心的热点问题，比如绿化、交通、教育等。通过细致梳理群众留言和多渠道反馈，我们将整理出群众最关注的高频问题，并以此作为此次听证活动的核心内容。

其次，邀请相关参与人员。本次听证活动旨在广泛汇聚各方意见，因此邀请的参与人员必须兼具广泛性和代表性。我将在市政府的官方网站、官方微博以及微信公众号上发布电子调查问卷和听证活动方案说明，鼓励市民积极报名。通过筛选，我们将选出年龄层次丰富、具备听证经验、表达能力出众的群众代表。同时，我们还将对接相关部门负责人，如交通、教育等领域的代表，并实地走访邀请民生领域的专家，确保听证活动能够全面反映各方利益诉求。

再次，明确听证活动的具体流程。本次活动将分多个环节进行。首先由政府各部门代表就群众关心的问题、现有政策、应对措施及开展状况进行陈述；其次请专家对方案进行论证并提出建议；最后群众代表将进行发言和互动答疑。为确保活动有序进行，我们将安排专人记录，并建立问题回应机制，对听证活动中未解决的问题进行后续跟进和回复。此外，我们还需提前通知相关参加人员，确保他们了解活动安排，并准备好会议所需的材料。

最后，做好各项保障措施。我们将密切关注天气情况，避免在极端天气下举办活动。同时，准备好必要的音响设备，并在广场进行调试。为确保活动现场秩序井然，我们将对广场进行分区，并安排工作人员负责引导。此外，我们还将联系当地媒体进行宣传报道，提高活动的社会影响力。同时，邀请公安部门协助维持现场秩序，预防意外事件的发生。此外，我们还将配备医护人员和设备维护人员，以应对可能出现的突发状况。

通过以上几个方面的精心筹备，我相信这次广场居民听证活动将能够顺利举行，真正起到汇聚民意、推动社会进步的作用。

（五）各类活动，你中有我，我中有你

原则解析

计划组织题包含多种活动类型，题目的要求往往是我们举办某一类型的活动，比如说举办一场调研、一场会议、一场宣传、一场培训等。很多同学答题的时候想着要紧抓题目要求，于是调研就专想调研，宣传就专想宣传，时刻做到紧

扣题干。这固然很好，但有实际工作经验的同学应该都知道，在现实工作中，各种类型的活动是很难这样清晰割裂开的。

为了将一场活动办出效果，我们往往需要在一项活动中穿插不同的元素，让各项活动你中有我，我中有你。比如：针对大学生自主创业情况，领导委托你负责开展一次调查，你会如何开展？为了这次调研活动取得实效，我们是否可以在调研之初先展开一个广泛的宣传动员，让社会各界积极踊跃地参与配合这次调研，从而保证我们调研范围覆盖的广度？再如这道真题：领导让你负责举办一次返乡务工人员的就业培训会，帮助返乡务工人员在家乡再就业，你应该如何举办？这是一道标准的培训类题目，很多同学的思路会一开始就集中在选择培训导师、确定培训内容、培训考核这些方面。这些固然是培训活动的重点，但是换个思路，我们能否在培训活动开始之前，先进行一个全面、广泛、准确的调研？我们首先可以调研一下返乡务工人员，了解他们的就业现状、就业诉求和具体的就业困境，再调研当地企业代表，了解企业的发展现状、具体的人才需求，最后调研当地与就业相关的部门，比如说人社局、就业局，了解针对返乡人员在当地工作的优惠政策和具体的帮扶措施？在全面了解掌握这些背景信息后，我们再开始确定具体培训内容，会让培训内容更加贴合实际，培训才能取得实效，更能实实在在地帮到返乡务工人员，解决他们的燃眉之急。

当然，这里要提醒一下，我们讲各类活动“你中有我，我中有你”，但重点还是题目中要求举办的活动，别的要素只是为了题目活动能举办出效果的一些辅助和补充。就像上面的那两个例子，调研之前宣传，是为了扩大本次调研的影响，提升调研对象的覆盖广度，我们最终要重点开展的，还是调研活动。所以，千万不能偏离题干重点，本末倒置。下面，我们再以一道题，来具体演练一下这种方法。

经典题目示例

本市将开展对于外来人口的入户调查工作，对于此项调查工作你有什么想法？

示范作答

外来务工人员是城市建设的坚实力量，他们凭借辛勤的努力与智慧，为城市的繁荣做出了巨大的贡献。本次调研的目的在于深入了解外来人口的数量分布、变动趋势，进一步完善流动人口的管理机制，推动流动人口公共服务建设，以及切实维护他们的合法权益。针对此次调研任务，我将着重从以下几个方面着手。

首先，为了广泛宣传本次入户调研活动，我将采取多种措施以确保外来务工人员的参与度和配合度。一方面，我会将调研通知分发至各个居委会，请求他们协助通知本社区内的外来务工人员，并在社区公共场所的公告栏上提前张贴调研通知，使大家能够提前做好准备。另一方面，我也会与当地社区合作，通过短信方式提前告知每一位外来务工人员调研活动的具体时间，以便他们能够做好配合。

其次，为确保调研数据的客观性和有效性，我将联合单位内具有相关经验的同事成立调研组。由于本次调研将采用入户形式进行，因此调研人员需具备专业的调研能力和出色的人际交往技巧。在确定调查方法和调研组成员后，我们将组织有针对性的培训活动，深入讨论调研中可能遇到的困难，如外来人员的不配合、如何获取具体信息等，以确保对本次调研有充分的准备。

接下来，我们会精心设置调研内容，确保其全面且具体。调研内容将涵盖外来人员的行业结构、住所分布、就业情况、劳动关系、收入、社会保障等相关信息，并将这些信息整理设计成调查问卷。

此外，本次调研工作虽以入户调研为主，但我们也将充分利用其他调研手段，以获取更加真实、准确、客观的数据。在入户调研的同时，我们将组织专业人员查阅当地派出所的违法犯罪资料，以及社会保障局劳动保障方面的相关资料，并深入相关企业，特别是大型制造企业，了解职工的收入、保障、保险等情况。

最后，鉴于本次调研涉及的人群数量大、流动性强等特点，这对我们的工作提出了更高的要求。在调研过程中，我们将与街道办、派出所、社区管理部门等相关方面密切协调与衔接，多方寻求支持和配合，为调研工作的顺利开展创造有利条件。调研结束后，我们将整理各方面的数据，并组织团队进行深入研究和分析，最终将调研结果以报告形式呈交给领导。

四、各类活动的基本组成要素

对于很多同学，尤其是没有实际工作经验的同学来说，计划组织类题目之所以难，是因为对它没有概念，不知道每种活动究竟包括哪些具体内容，即其基本组成要素是什么。为了解决这一问题，现将每一种活动的基本组成要素罗列如下，帮助大家掌握这一基本概念。

调研类：调研目的、调研对象、调研方式（问卷、网络、访谈、座谈、实地考察等）、调研内容（重点）、调研数据分析、调研报告撰写等。

宣传类：宣传主题、宣传对象、宣传内容（重点）、宣传方式（宣讲会、媒体宣传、宣传栏、宣传车、传单、宣传册、宣传演出、条幅、板报等）、宣传结果验收、二次宣传等。

会议类：会议工作小组、会议通知（时间、地点、注意事项）、会议主题、参会人员、会场设备、会场布置、会议材料、会议议程、会议主持、会场秩序、会后总结报告等。

接待类：前期联络（人数、职位、时间、特殊要求等）、工作小组分工、接待方案（饮食、住宿、活动、医疗、应急预案等）、欢送、后续联络、满意度回访等。

培训类：培训预算、培训目的、培训安排、培训师资、参训人员、培训方式（理论讲解、传统授课、实践操作、小组讨论等）、培训内容（重点）、培训纪律、培训考核（问卷、考试等）等。

比赛类：比赛主题、通知下发、前期宣传、活动小组、活动方案、参赛人员、比赛评委、比赛流程（重点）、赛场秩序维护、颁奖总结等。

专项整治类：前期调研摸底、整治对象、整治内容（重点）、整治目标、整治方案、多部门联合执法、工作小组及分工、宣传教育、执法常态化（不定期抽查）等。

这里需要格外说明的一点是，罗列每类活动的基本要素，只是为了让大家清楚每种活动的基本内容，但这并不意味着我们在实际答题中，得事无巨细地将这些元素全部都罗列一遍。记得在前面讲到的一个答题应避雷区：切勿贪多贪全，面面俱到反而容易泛泛而谈。在心中有活动全貌的情况下，我们要根据具体题目，合理选择自己答题的侧重点，这样才能做到重点突出，给考官留下深刻印象。

第五章

情景应变类题型

情景应变题，通过设置与报考岗位职责相关的情境，要求考生在特定身份下，妥善解决突发的各种状况、问题和矛盾，以此来考查考生对岗位职责和工作内容的了解、应变能力，紧急情况下解决问题的能力，以及自我情绪控制能力。由此判断，考生是否适合或胜任所报考的岗位。

例如以下真题：

（1）有个老旧社区，居民反映有漏水的情况，但是在调查时发现漏水是由于顶层业主违章搭建造成的，为了解决这个事，政府决定先进行走访，走访过程中发现一些业主和另一些吵起来了，你作为走访的人员，你会怎么处理？（2023年四川省考面试真题）

（2）会议翻译中，外宾口音重，你听不懂，怎么办？（2023 科技部下属事业单位面试真题）

（3）今年夏季经历了极端强降雨，你社区地势低洼，排水不畅，只能通过污水管道排污，经常积水，而且气味大。你作为社区管理人员，请问你会怎么处理？（2024 年 3 月北京京考面试真题）

（4）村里面在过年的时候修路，然后遇上雨雪天气，无法施工就停工了，村里面又有人结婚，路堵住了。下面是 3 个村民的对话。A 说村里面不为村民着想，大过年的修路。B 说是不是有人在里面吃油水。C 说这个工程耽误到什么时候也不知道。如果你是驻村支书，你怎么解决？（2024 年 3 月浙江省考面试真题）

（5）你是新来的驻村干部小赵，村里基础设施建设不完善，重建设轻管理，发现路灯大面积不亮，水质不合格，道路破损不堪，有塌陷，如果你是小赵，你会重点做什么？（2024 年 3 月山东省考面试真题）

一、面试中最务实、接地气的题型

近年来，情景应变题在公考面试中的考查频率稳步提升，大有成为必考题之势。综合近几年各省份命题状况，其综合考查频率已经远远超过人际关系题，开始并肩于综合分析题和计划组织题。这与题目务实接地气的特点紧密相关。可以说，它是公考面试中最务实接地气的题，这是向近年来机关单位越来越强调务实作风趋势的看齐。如 2023 年四川省考的执法类岗位，三道面试题目中就有两道是情景应变类题目：

（1）我们当地的一个农产品旅游发展得非常火热，但是有群众举报出现了以次充好以及用外地的非有机蔬菜代替本地蔬菜的情况，领导让我去处理这个事情。

（2）有一个大货车司司机拉了600公斤土豆被拦在了高速路口，高速公路的工作人员告诉他必须要卸下来一部分土豆才能进城，但是货车司机觉得我们的工作人员是在刁难他，于是跟我们工作人员起了争执。我作为一个在现场的执法工作人员，我会怎么处理这件事情。

对于这种重要性呈稳定上升趋势的题目，下面，我们就通过考查要素、题目分类以及命题新趋势三个方面，对其进行全面了解。

（一）考查要素

情景应变题，因为与报考岗位职责密切相关，更直接地考查考生处理与工作相关问题的能力，尤其是面对突发状况冷静思考、迅速反应、合情合理地解决问题的能力。所以，与其他题目相比更加逼真，也更加务实接地气。

具体而言，这类试题主要考查我们5个方面的能力：

第一，思维的敏捷性和情绪的稳定性。遇到问题不慌乱，能快速反应，这是对公职人员心理素质的基本要求。公职人员一方面是人民公仆，另一方面也承担着社会管理者的角色。面对突发紧急情况能临危不惧，乱中有序，是履行好其职责的基本前提。

第二，对突发事件的应急和应变能力。现实工作中的问题往往更为复杂，需要考虑方方面面，远不是一板一眼、按部就班就能顺利解决的。这就要求我们将原则性和灵活性结合来解决实际问题。

第三，对突发事件的整体驾驭能力。现实工作中的问题往往更为复杂，牵扯多方面的利益得失，所以，这就要求我们将各方面的关系都考虑进去，妥当处理。

第四，对工作事务能否分清轻重缓急，把握重点，按照管理顺序处置的协调能力。事情再乱也总能理出头绪，情景应变题之所以有挑战，就是因为考查的是我们是否具有充分利用有限的资源解决问题的能力。

第五，找到问题根源，防微杜渐的能力。能妥善解决出现的问题固然是有能力，但更重要的是要有能预判形势，提早发现问题，把问题扼杀于萌芽状态的能力。防火远胜救火。

（二）题目分类

根据具体命题内容，情景应变类题目可以分为三大类：一般工作生活类、公共危机类和考试场景类。

1. 一般工作生活类

这类题目以实际工作中可能发生的各种较为紧急情况为背景，考查考生解决工作相关突发问题的专业能力和职业操守。比如下列真题：

（1）有一份很重要的文件需要指定领导签字后才能上报有关部门，你作为办理此事的主要工作人员，因大意忘记让领导签字，明天是最后期限，此时领导已去国外考察，你怎么办？

（2）你带领执法人员检查和清理违规烧烤摊时，几个摊主拒不接受检查。有个摊主表示自己刚刚失业，全家只靠烧烤摊为生，求你高抬贵手。面对这种情况，你怎么办？

（3）你所在的城市有一座写字楼摇晃，导致谣言四起，需要组织一场新闻发布会。请问你会如何组织？

2. 公共危机类

公共危机是指在社会运行过程中，发生的可能会危害大众正常的生活、工作以及生命财产的事件。它具有三个最基本的特点：第一是突发性。突然发生，始料不及或者防不胜防。第二是公共性。危害的不是个别人，而是某一区域内的所有公民。第三是危害性。危害大，且容易引发社会恐慌，加剧破坏性。

关于公共危机事件有一个法定标准，当今社会面临的或者可能发生的突发公共危机事件主要有4类：公共卫生事件（如重大疾病、食物中毒）、自然灾害（如气象灾害、地质灾害、生物灾害）、事故灾害（如火灾、危险品事故、交通事故）、社会安全事件（如社会治安、群体事件）。

比如下列真题：

（1）马拉松比赛遇到极端天气，许多参赛选手求救，还有人出现低温症。你作为民警，怎么去救援？

（2）你是驻村干部，你们村旁公路上有货车发生侧翻，货车司机受伤了，现场有村民正在求助。货车上的有毒工业盐撒了一地，部分不明情况的村民在捡拾工业盐，现场情况比较混乱。路过的车辆发生拥挤，堵车的司机和现场的村民发生纠纷，此时，你怎么办？

3. 考试场景类

这类题目，是指以这次考试为背景，设计一些压力情境，来综合考查考生的心理素质、应变能力、品德修养等。这些题目本身没有什么难度，但是难在会给考生造成心理压力，而考查的也正是考生在压力下的真实反应。例如：

（1）你今天的表现在我们看来其实并不是特别理想，对此你怎么看？

（2）听说你大学期间谈过多个（男）女朋友，能不能请你具体谈一谈？（外交部面试真题）

（3）如果这次考试没被顺利录取，你会怎么办？

（4）我对你刚才这个问题的回答并不满意，对此你有什么要进一步解释的吗？

（5）追问或打断。

…………

考试场景类题目，在省考面试当中一般很少出现，但在各大部委的面试中，尤其是一些对考生的应变能力、心理素质较为看重的部委，如外交部、商务部、中纪委等，是经常会考的题型。

考试场景类题目答题原则

这种题目其实就是命题人有意为之，想考查我们在压力下的真实反应，是否会内心崩溃、原形毕露。我们大可先在内心花一两秒的时间“鄙视”其心思不单纯，然后认认真真地作答。答题高分的关键，不仅在于巧妙避开陷阱，更要能够化被动为主动。

对于这类题目，想要答出亮点取得高分，在这里为大家总结出了3条原则，供大家参考借鉴。

第一，不卑不亢、实事求是。

不论题目设置的是什么样的陷阱，要显出一身正气，这是作为公职人员的底色，也是你应该留给考官最重要的印象之一。前几年这类题目中，有的问题会比较刁钻，如“你有没有为这次考试走后门”（现在这类问题已经很少出现了）。遇到类似这样的问题，我们要不慌不乱，没有的事情，为何要去紧张？实事求是地讲我们没有这样做，并且为什么不会去这样做；再如，考官说我们的表现并不理想不突出，书生气浓重，那就事实求实地分析下自己的优劣势，说出自己为获得心仪工作所做出的具体努力，以及会继续努力不放弃的决心和信心。虽然身处考生的角色，但这本质上也是一场双向选拔考试，所以，要在礼貌尊重的基础上，做到不卑不亢。实事求是是跳出陷阱的第一张王牌。

第二，真诚永远是“必杀技”。

很多小伙伴在回答这类题目的时候容易走两种极端，一种是太过慌乱，比如考官一说你表现得不行，或者指出你哪方面的问题，内心立马就崩溃，直接自暴自弃了；另一种是过于镇定，显出一种我对一切了然于心，知道这只不过是命题套路的状态，大有“用魔法打败魔法”的架势。

其实这两种状态都不可取。前者的心理素质太差，后者太不谦虚，没有显示出对面试场合、考官的尊重。而公考面试，无论考试本身还是考官，暗中考查的非常重要的一点，就是你对体制内文化是否尊重和认同。所以，无论题目的套路有多明显，你都要真诚地去作答；你不能表现得看出套路，而要把这当作考官对你发自内心真正的提问，要让考官感觉到，我们是认真的、真诚的，用发自内心的真情实感来回答这个问题。面试套路千万条，真诚永远是最高境界，很少有人能拒绝或者去讨厌一个真诚的人。

当然，这里不是让你真的去做小白，懵懵懂懂什么都不知道就上了考场。不要寄希望于和相信那些所谓临场超常发挥的传奇。面试考场上，一切的超常发挥，都是因为有备而来。准备得越充分，对这个阶段可能问到的问题提早演练，我们的表现才能越自然从容，没有前者，何谈后者。

一句话总结：我们要有高手的储备和小白的真诚。这是答题最好的状态。面试短短十几二十分钟的时间，要对一个人做出全方位的判断，实事求是地讲，本身就含有主观成分。所以，不可否认，面试就是含有表演的成分，每个人都在利用这十几二十分钟的时间，充分展现自己。真诚地演，演得真诚，大家可以好好揣摩一下这两句话。

第三，巧妙转化题目，化被动为主动。

一般情况下，这类题目将我们置于一个被动的角色。所以，我们要学会化被动为主动，把它变成一个表现自己的机会。危机，是危也是机。比如，考官说你的表现不好，那就详细讲述一下我们对这次考试的重视，为这次考试所做的准备，以及今后会继续做怎样的努力；考官问你大学的成绩不理想怎么解释，那就细说下那次成绩不好给自己带来的教训，以及自己的弥补和后来的改变；考官说你的书生气、学生气太重，那就说下多年学术生涯对自己的影响，比如说做事严谨、谦虚好学、求知欲强、上进勤奋，可能是这些特质让自己看起来学生气比较浓，在今后，会在保持这些品质的基础上，积极地去做一个社会人；考官问你落选后的打算，那就说下自己对这份工作和岗位的热爱和期盼，以及为此所做的努力和准备，如果落选，也会不忘初心继续努力，因为相信念念不忘，必有回响；等等。在回答了考官本身提问的基础上，自然而然地把话题延伸到自己的相关优点和闪光点上。

考试场景类题目其实和自我认知类题目有很多相似之处。因为本书字数的限制，对自我认知这一大类不会展开去讲，但这类题目的重要性与日俱增，是公考面试中的另外一匹黑马，所以对它也一定要重视。

经典题目示例

你认为自己在此次面试中的排名会是怎样的？

示范作答

各位考官，我不能确定地说这次面试中我的排名会如何，因为强中自有强中手，今天来参加面试的每一位候选人都很优秀，都有各自的闪光点。但我非常确定的一点是，这次参加面试的宝贵机会，以及面试的准备过程，让我受益匪浅。

当得知进入面试之后，我的心情是很激动的，并且马上开始认真准备面试。我在备考过程中的具体收获，主要有以下几点：

第一，我认真梳理总结过去工作经验及自身优劣势，这对我来说是一次重要的复盘与总结，让我对自己的优点、劣势，再次进行完整的梳理和反思，指给我新的努力提高的方向。

第二，开始了解这个行业，重新认真思索，自己为什么要报考公务员，为什么想成为一名人民公仆。准备面试的过程中，我了解到了很多优秀的人民公仆的故事，他们对初心的坚守，深深地打动了我。他们是我人生前进路上新的灯塔和方向。

第三，语言表达能力的提升。我所在的大学的校训是“行胜于言”，一直以来我也是这样严格自我要求的。但是准备面试的过程，让我意识到，除过认真做事，踏实做人，优秀的语言表达能力也非常重要。近期的备考，让我的口头表达能力有了明显的提升，虽然我今天在这里说了很多，但实际上还不够我真实经历的千分之一。但是，提高自己的语言表达能力，成为今后我的一个努力提高的方向。

我特别重视这次面试，所以客观来说，今天的面试，我也是有一些紧张的，也希望能把自己最真实的一面展现给各位考官，得到各位考官的认可。虽然我不知道自己是否能够成为最适合这个岗位的人，但我相信，人生没有白走的路，付出的每一滴汗水，都是有意义的。在这里我也感谢单位和各位考官，给了我这样一次宝贵的锻炼机会，我会以此为新的起点，严格要求自己，不断提高自己，不负光阴，不负青春，不负这个美好时代，努力成为社会的栋梁之材，成为一个对单位、对家庭、对社会有价值的人。

（三）命题新趋势

情景应变题在公考面试中的重要性与日俱增。近年来的命题特征和趋势可以归纳为如下三点。

第一，和具体岗位职责职能密切相关，紧扣工作背景和岗位职责，注重人岗匹配。

工作中用什么，就考什么，越来越务实接地气。这也是公考面试返璞归真，精准、务实选人的一个重要体现。举几个例子：翻译岗位，很可能会考你在执行翻译任务中时，遇到突发状况，如发言嘉宾口音太重，遇到了不懂的专业名词，如何处理；外事类岗位，很可能会考你在外事接待中遇到突发情况，如外宾走失如何处理；行政执法类岗位，很可能考你在面对群众对执法不满、情绪激动时，如何沟通；社区类岗位，很可能考如何就一具体问题去做社区大爷大妈的思想工作。诸如此类，都与岗位工作日常密切相关。

第二，重视解决问题的能力。

现在的情景应变题，越来越重视考生在紧急压力条件下解决实际问题的能力，这也是这类题目考查的核心内容。答题成绩的高低，以你是否合情合理、妥善全面、实实在在地解决问题为首要判断标准。

第三，三大分类中，一般工作类考题占据绝对重点。为了增加题目的难度和复杂性，一般工作生活类考题还常与人际关系要素和综合分析要素结合，更加侧重考查考生在实际工作过程中人事变化的应急处理能力。

例如：

（1）你是封闭培训的负责人，有的学员擅自外出，造成了不良影响。对此，领导批评了你的工作。你怎么办？（2023 年辽宁省考面试真题）

（2）领导要求你完成一个文件，这个文件需要让有关部门工作人员确定相关

内容，审核完成后立马交过来，但是两位工作人员有不同意见，情绪激动，你怎么办？（2023年青海省定向选调面试真题）

（3）暴雨预警，小李是乡干部，听取乡里安排集体转移村里人员，但是暴雨没下来，村民抱怨，认为劳民伤财，耽误时间，以后再也不听暴雨预警转移了。现又有暴雨预警，领导让小李负责此事，你认为小李应该怎么办？（2023年河南省考面试真题）

（4）违规自建房占用耕地，现在李乡长去村里视察违规自建房拆除工作，有人说：盖的时候没人管，盖好了又让拆；有人说：困难户的房子也要拆，没有人情味；有人说：这片荒地荒废好长时间了，现在说是耕地。假如你是李乡长，你怎么回复？（2023年河南省考面试真题）

针对以上命题趋势和特点，在这里给大家提出一个应对的最好方法，那就是：个性化和差异化备考。好好研究你报考的岗位，如它的工作职能和工作日常、对工作人员的基本及特殊要求、干好工作所必备的素质等，都是必须了然于心的。尤其在部委面试、事业单位面试、（高水平）人才引进、选调、遴选等用人单位命题自主权较大的考试中，更要予以重视。以往很多人、很多机构习惯的“一招鲜吃遍天”，无论报考任何单位、任何岗位都按照一个模子去备考，讲相同的思路，练相同的题目，但实际上这种做法早已行不通。知己知彼，才能百战不殆。在可预见的将来，公考热还会持续下去，随着竞争愈加激烈，面试水平和难度必然会水涨船高。还是那句话，这个时候，比的不只努力用功，更有用心。

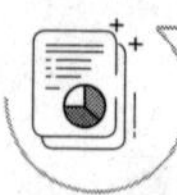

二、基本的答题框架

情景应变题答题框架很简单，我们在前面讲过，公考面试题目可以被分为基本的两大类，一类问你“怎么看”，另一类问你“怎么办”。情景应变类题目，属于典型的后者。因为是解决问题导向型，答题的目的明确，所以没有必要有太多华而不实的内容，整体结构，按照“干脆有力破题（总体表态）+分步骤解决+事后总结反思”即可。

对于很多考生，这类题目在答题时普遍存在的问题，在于分步骤解决矛盾和问题这一步：展不开，无法把答案细化具体化，答题寥寥几语，三四十秒钟答完便无话可说，只能草草收尾。要解决这一问题，可以参照我们在“计划组织类题型”中提到的“是什么+为什么+怎么办”结构来细化答案。因为在前文已经做过详细讲解，这里就不再赘述。接下来，我们看下独属于情景应变类题目的几个答题高分原则。

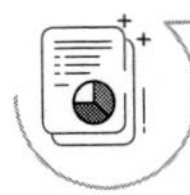

三、答题高分原则

（一）精准审题很关键：身份、矛盾、时效

原则解析

对于结构化面试中的所有题型，精准审题都是关键的第一步。对于情景应变类题目来说，这更是我们快速找到思路的第一步。情景应变题目的精准审题，要做到以下三点：审身份、审矛盾、审时效。做到了这三点，才算看清了题目要求。

第一，审身份。

情景应变类题目，通常在题干中清楚地告诉考生作答身份，例如下列真题：

（1）你单位接待一个重要的外宾团组，上午要开展一个研讨会，并且请了业内的专家来讲课，但是会议开始前专家突然不来了，导致有外宾议论纷纷，质疑这次研讨会的专业性。作为研讨会的负责人，你该怎么办？

（2）你在组织召开一个群众路线教育实践活动的会议，会议中途突然有同事站起来非常激动地批评你做事专断，言语粗暴，不尊重工作，其他的同事也跟着起哄和附和，这时你怎么处理？

（3）你在窗口工作，因为业务不熟练，导致排长队现象，群众说你办事效率低，甚至出现混乱。你怎么办？

（4）群众举报企业排污，督察人员去查，结果被企业没收设备、扣押人员，拒绝配合，你该怎么办？

（5）某座桥塌了，有十来名工人受伤了，你作为政府值班负责人，怎么办？

（6）有一个大货车司机拉了600公斤土豆被拦在了高速路口，高速公路的工作人员告诉他必须要卸下来一部分土豆才能进城，但是货车司机觉得我们的工作人员是在刁难他，于是跟我们工作人员起了争执。你作为一个在现场的执法工作人员，会怎么处理这件事情？

（7）你是学校教导主任，学校电脑中病毒，许多资料被加密。为了保证周一可以正常教学，你怎么办？

以上7道示范题目中，除第4题，其余几道明确告知了我们的作答身份（如果遇到第4题这样的题目，我们就把自己身份假设为一般工作人员）。不同的身份有着不同的权限和任务，你是负总责的领导，还是具体的工作人员，所应思考和做的事情是不一样的。在其位，谋其政，既然已经给出了“你”的职位，那“你”就有责任行使范围内的权力去处理好责任范围内的事。

比如上述第1题中，我们是“研讨会的总负责人”。“总负责人”这一身份，让我们明确了任务的处理权限。在处理专家事宜、解决有人质疑的问题的过程中全权负责，不用处处和领导申请汇报，同时也须全面处理好与研讨会相关的各项事宜，保证研讨会如期召开。再如上述第3题，题干题目字数不多，但几乎每一个字都是作答时需要考虑的关键信息点。“窗口工作人员”的身份定位和工作性质，表明了我们直接与群众接触，所以发生状况，应该首先直接向群众道歉，请群众理解，保证加快办理；因为是“窗口工作人员”，所以解燃眉之急中，遇到不能做主的问题，比如临时加派人手、设置咨询台，则需要请示领导，提出意见后，由领导来决定。还有上述第7题，学校教导主任是学校领导之一，可以充分利用和协调相关资源，如联系学校老师，请计算机领域的技术人员协助解决电脑病毒问题；联系授课老师，询问上课资料是否已备份；协调兄弟院校，询问能否发送上课资料等。

但是要注意一点，即使题干中我们的身份定位是“总负责人”，也并不是说我们只需要高高在上，大手一挥，给出方向即可。情景应变题从本质上考查的还是我们具体解决实际问题的能力，只不过这样的身份定位，对我们掌握全局、宏观思考方面提出了更高的要求。一句话总结：如果你是负责人，想得就要多一些、深一些，做到宏观把控和分步骤解决兼顾；如果你是工作人员，就要记得多请示汇报，把每个步骤做细做实。

第二，审矛盾。

要解决问题，首要任务是找到并清楚题干中有哪些需要解决的矛盾和问题，并且抓住主要核心矛盾，按照轻重缓急顺序去解决。现在很少有题目是单一矛盾和问题。比如上述第5题：某座桥塌了，有十来名工人受伤了，你作为政府值班负责人，怎么办？看似单一矛盾，但其实需要解决的问题绝非只有一个：工人受伤住院就医、社会舆论处理、工人赔偿、后续防范机制，这些都是需要考虑和解决的。

所以在审题中，问问自己这些问题：要解决的是什么问题？核心问题是什么？后续问题有哪些，如何解决？解决中可能出现什么样的新问题？解决问题需要什么资源？

第三，审时效。

事情紧急与否，紧急程度如何，有多长时间让我们去解决，这些都是审题时要看清楚的。相同的任务，不同的时效，解决方式也会不同。一般题干当中，会清楚地告诉我们解决任务的时限。如下列真题：

1. 周日晚上，突然接到紧急通知，单位的电脑有病毒入侵，所以要对单位的所有电脑进行检查，确保**第二天周一早上**，办公电脑能够维持正常的办公。领导要你去处理，你怎么处理？

2. 上级发传真要求你单位领导明早去开会并做汇报，小李由于疏忽，**下班后8点多**才看到传真。如果你是小李，怎么办？

3. 你所在单位的领导和同事都出差在外，单位就你一个人，上级部门发来一份急报材料，要求**马上上报**。你怎么办？

4. 领导交代你一项紧急工作，要求材料**中午前**交到办公室，后来你发现一个重要问题，但是领导开会关机，联系不上领导，你该怎么办？

我们以上述第2题为例，详细讲述下时效对于答题思路的影响。我们的整个解决方案，都是要在有效时限中进行的。上级发传真要求领导明早去开会并做汇报，而我们下班后8点多才看到传真，所以这个时候，要马上查看传真中关于明早会议的确切时间、地点以及具体要求，然后立即打电话通知领导，一刻都不能耽误。有些同学可能会想，大晚上打电话会不会打扰领导休息，这个考虑是正常的，但在情况特殊紧急时，只能也必须这样去做，否则耽误了领导第二天早上的会议，才会真正地酿成大祸。

通知完领导后，后面还有很多工作要做。比如，询问领导需要准备的材料内容及汇报的重点方向，敲定第二天的行程，确定出发时间、集合地点及出行方式等，都要提前做好安排。确认无误后，不论多晚，都要再次联系领导，把汇报材料发至领导，让领导提前熟悉内容。如有必要，可以把材料整理并打印出来，迅速送往领导家中。如果领导此时不方便，就和领导约好时间，确保在第二天一早就送达。

再来看下上述题目中的其他几道题。第1题中，在周日的晚上接到通知，要保证第二天周一早上，办公电脑能够维持正常的办公，那只能在晚上联系相关人员来共同解决；第3题中，“马上上报”指明了这一事件的紧急程度，所以我们要立刻联系领导（因为领导出差在外，并不意味着我们可以擅自做主）；第 4 题中，题目中要求中午前将材料交到办公室，机关工作很多时候留有余地，那么办公室可能也会对材料预留相应的处理时间，这就又为我们解决问题创造了机会。所以，最后如果我们通过各种途径仍然不能解决问题，就可以尝试联系办公室协调材料的递交时间。

以上就是对审题中的三要素——审身份、审矛盾、审时效的具体讲解。

（二）入境入情，细化措施

原则解析

很多同学在回答情景应变题时，提出的解决措施僵化、套路化，既不合情也不合理，不能针对具体问题给出有效解决措施；答题时能够想到大致的几个方向，再让细化就无话可说，甚至在紧张之下，大脑空白，毫无思路。

出现上述问题的根本原因，是没有做到入境入情，或者是入境入情不够深。面试答题的最高境界，是回归真实的生活，带着真情实感去思考，这种思路对于回答情景应变这类与实际工作生活密切相关的题目尤为适用。

我们答题时，首先要做的就是挣脱答题这种形式对自己思考上的束缚。具体如何去做，也很简单，那就是：答题时，不要当作是在答题，而是想，当这种情况真的发生在你的工作生活中，你会如何去解决？一旦把答题当作答题，很容易一筹莫展。但是，一旦调整心态，告诉自己，工作中发生了这样的事，怎么解决，你就好像被打通了任督二脉，瞬间就有了思路。把自己代入题干场景，置身其中，充分调动我们的常识积累和生活经验，展开充分又合理有意义的联想，想到我们可能会遇到的一系列细小的问题，只有这样，我们才能提出具体的、细化的解决措施，我们的答案也会既符合常理又符合情理。

我们来做一个试验，来看下面这道题。

经典题目示例

马拉松比赛现场，有一位选手跑得慢，有的观众为他加油打气，也有群众说他跑得慢，占用公共道路。你是比赛的管理者，你会怎么处理？（2020 年山东省考面试真题）

我们想想，生活中遇到了这样的情况，作为工作人员，我们的第一反应，是不是去询问一下，这位选手有没有什么身体不适，是否是因为受伤了不舒服跑得慢，要不要休息一下？因为这是实际生活中近乎常识的东西。其次，如果这位选手身体并无大碍要坚持跑完比赛，我们是不是要观察判断下现场情况，看看抱怨的群众有多少，这是否也是我们在实际生活中的经常性动作，行动前先判断形势？如果是个别群众，那很好应对，我们上前解释劝说就可以；如果是群体性的意见，那我们就要慎重对待，观察具体情况，看对交通造成的影响大不大，比赛还有多久结束；解决完了这次的问题，下次比赛安排设计中，我们是不是要对类似的情况做好预警安排？这些步骤思考起来并没有什么难度，因为在实际生活中，你就是这么处理问题的。

所以，面试答题，尤其对情景应变题和人际关系题，一定要回归生活工作本质。哪怕你是个面试小白，你都不是从零基础开始的，因为之前几十年所有的人生阅历和积累，就是你的基础。你要做的，是在熟练掌握面试答题形式的基础上，把它们调动起来，融入你的答题，指导你的答题。答好情景应变题的一大关键，是充分发挥你的想象。但这想象不是凭空想象，而是合理的想象。

可能有的小伙伴要说了：还是不行，还是没思路。不要心急，“知道”和“做到”总是有差距的，要做到知行合一，就要反复去练习，然后才能由量变产生质变，轻车熟路。方向正确，就是个好的开始，练习才能有效果。打个最朴实无华的比方：一个金疙瘩掉在地上，你也得弯下腰去捡起来不是？弯腰的这一步，是少不了的，经常练习，弯腰才能更自如。我们在下次遇到这种题时，有意识地去回归生活和工作，相信一定可以打开思路。

经典题目示例

你所在的办事大厅里突然涌进非常多的办理事务的人，甚至把大厅围得水泄不通，你作为该大厅的负责人，会如何处理？

示范作答

身为办事大厅的负责人，维护现场秩序不仅是我的职责，更是我应尽的义务。因此，我将以积极且稳妥的态度来处理当前的问题。

首先，我会迅速控制现场的混乱局面。鉴于目前办事大厅内人数众多，且现场秩序混乱，我会立即通过广播系统向在场群众说明当前的情况，呼吁大家有序排队，避免拥挤。同时，我会指示群众根据自己的业务需求在叫号机上取号，按照顺序进行办理。此外，我也会调动安保人员，在排队队伍两侧设置警戒线，确保现场秩序的稳定。此外，我还将在大厅门口设置U型栅栏，并安排安保人员做好解释工作，引导群众在门口有序排队，通过控制进入大厅的人数，实现人流的有效分流。为了让等待的群众能够舒适地度过这段时间，我还会开放接待室、休息室以及不涉密的会议室供他们休息。

其次，我会尽快查明群众突然增多的原因。通过与群众和工作人员的沟通，我将了解是哪些因素导致了群众数量的激增，是因为一些不实消息或谣言误导了群众，还是正常业务办理导致的人员增多。我会详细记录了解到的情况，为接下来的处理提供依据。

接下来，我将根据具体情况采取相应的解决措施。如果群众增多是因为不实消息或谣言的误导，我会向群众致以诚挚的歉意，并澄清事情的真相。同时，我会将正确的消息告知群众，并在官方网站发布相关公告，以防止更多群众受到误导。而如果群众增多是因为正常业务办理导致的人员拥堵，我会迅速联系办公室的同事请求支援，增加办事窗口以提高办事效率。此外，我还会通过广播告知群众哪些业务可以在自助机上办理，并安排引导员在自助区内提供帮助。同时，我会循环播放办理各项业务所需的材料，引导群众提前填表、打印材料，以提高窗口的办事效率。在此过程中，我还会为前来办事的群众提供饮用水，并为老、弱、残、孕者提供快捷办事窗口。

最后，在问题解决完毕后，我会总结本次处理问题的经验和方法，并向领导进行汇报。同时，为了避免类似情况的再次发生，我会在今后办理业务时采取一系列改进措施。例如，开通网上预约办理或电话预约办理等方式，方便群众快速办理相关事务，减少现场等待时间。此外，在办事大厅人流量较大时，我会启动潮汐窗口机制，以应对突发情况，确保现场秩序的稳定。

答案剖析

上述答案中提到的警戒线、广播告知、U型栅栏、接待室及休息室等，都是我们生活中在各类办事大厅司空见惯的存在。为什么有些同学在答题的时候就想不起来它们呢？一方面是练习太少，没有培养出从实际生活中找答案、找灵感的习惯；另一方面，是不愿去动脑思考，惰性使然，还是寄希望于找到不用动脑的套路来解决问题。但是，这种偷懒的想法，还是早去除为好，学习路上的最大捷径就是不走捷径，进面不易，应认真对待。

（三）全面分析，轻重缓急，统筹兼顾，有效解决

原则解析

面对情景应变类题目中的各种突发紧急情况，我们可以按照轻重缓急原则，对其全面分析处理。轻重缓急四象限原则我们应该都不陌生：最先解决重要且急切的事情，其次解决重要但不急切的事情，再次解决不重要但急切的事情，最后解决既不重要且不急切的事情。

在情景应变题当中，具体如何区分重要、紧急、不重要和不紧急的事情？这里为大家总结出了几个原则：第一，大胜于小；第二，人胜于财；第三，公胜于私。但同时也要注意，这几个原则，要灵活应用。

第一，大胜于小。

这里的“大”与“小”指的是题干中不同主体涉及人数的多与少。也就是说，如果题目当中有个人和集体，应想办法先解决集体的问题，再解决个人的问题，因为涉及集体的问题更难控制，一旦解决不好，容易造成严重的不良影响。

我们来看几个具体案例。

1. 小区内业主与物业就缴纳停车费用发生争吵，引来小区居民围观，你作为一名居委会干部，会如何处理此事？

这道题中有集体，即围观的居民，也有个人，即业主与物业。本着“大胜于小”的原则，应当先疏散群众，然后着手调节业主和物业之间的纠纷。如不先疏散群众，随着围观群众越来越多，一来容易造成不良影响，二来后续个人问题，即业主与物业之间的矛盾，调解难度也会加大。

2. 由于村里某企业排污，村民因受到影响集体到县政府告状，作为乡镇干部，你会如何处理？

这个问题中的集体为全体村民，解决问题的关键，在于能否让“集体”变为“个人”。我们可以先安抚村民的情绪，然后让村民自己选几位代表来反映情况，将“集体”变为“个人”之后，在场面更为可控、沟通也更加有效的情况下，再积极、认真负责地去解决问题。灵活处理，变大为小。

3. 你单位接待一个重要的外宾团组，上午要开一场研讨会，并且请了业内的专家来讲课，但是会议开始前专家突然不来了，导致外宾们议论纷纷，质疑这次研讨会的专业性。作为研讨会的负责人，你该怎么办？

这道题中的个人为“专家”，集体为“议论纷纷的外宾”。作为负责人，我

们可以让同事立即处理专家事宜。与此同时，要以负责人的身份，向参会外宾做出解释，打消他们的质疑。

第二，人胜于事。

在情景应变类题目中，如果涉及人身安全，那一定是要首先考虑妥善处理的，其他事务都要暂时靠后。生命至上，以人为本是原则，是底线。

例如：主干道旁的化工厂仓库爆炸，你是此事件负责人，你如何处理？

此问题牵涉交通问题、环境污染问题、仓库抢搬问题等，但最主要的问题应当是人的抢救，体现以人为本、生命至上的行事原则，因此，必须先赶赴现场，展开人员抢救行动，并请专业人士帮助排查是否有连环爆炸的可能，同时联系各兄弟单位去处理其他相关问题以及通过媒体告知大众险情。

再如：一满载电子产品的大卡车在高速公路上发生侧翻，司机受伤严重，电子产品撒落一地，并遭到周边群众的哄抢，此时你正与同事在高速公路上执勤，面对这种情况，你作为执勤交警，该怎么办？

这起事故中，救治司机、制止哄抢、维持秩序、处理事故都是我们要做的，但首要之务一定是救治司机。所以，可以和同事分工合作、分头应对。你应迅速赶到受伤司机身旁，查看伤情，稳定伤势，同时拨打120急救电话，说明患者伤情请求救援，注意在此过程中勿轻易移动伤员。同时应紧急联系指挥中心、110、120、路政部门，说明现场事故情况，请求各部门火速增援。

第三，公胜于私。

这一原则也比较容易理解。我们报考的是公职岗位，意味着工作中代表的是党和政府，工作的职责是为人民服务，也就决定着我们在面对公私冲突时，通常是以公事为先，先解决公事，再解决私事。但要注意的是，在实际工作中，对这一原则也要灵活应用，不能凡事一概而论。

例如：某天单位有一项紧急任务需要你立即处理，这时你接到电话说你的家人突然发病，需要马上送医院。面对这样的紧急情况，你如何处理？

首先明确需要解决的主要问题，一是紧急任务，二是家人突然发病，两项任务都是突发紧急的，一边是工作，另一边是家人生病。此时此刻，在两者中做出选择，一定会非常为难。面对工作与家庭的冲突时，我们尽量需要选择工作优先。但是，这并不意味着我们对家人就不管不问，对待家人我们也要关心关爱。一个连家人都不管不顾的人，如何能取得别人的信任？

中国人民解放军陆军司令员韩卫国2018年发表的《致陆军官兵家属的一封

信》，被媒体争相报道，在国内引发一片赞扬。在信中，韩卫国提出了三种情况：在父母生病临终时、在妻子生子临产时、在孩子升学临考时，只要部队没有打仗任务和确实离不开的特殊任务，都必须及时请假回家。他指出，对于父母生病不回家、妻子生产不照顾、家庭有难不帮助的个别官兵，不但不表扬、不宣扬，而且还要对他的真实品德进行考察。这样人性化治军，真的让人忍不住点赞。所以，在公胜于私的前提下，做好两者的平衡，才是我们的目的和答题的方向。一味为工作牺牲家庭，并不值得称赞。这道题考查的就是工作与家庭出现冲突时的灵活处理。

来看下这道题的示范作答：

各位考官，接到紧急工作任务时正好家人生病需住院，此时此刻，肯定会非常为难，但我仍然要冷静对待，需要以工作为重，先公后私，并尽力协调好家人的发病需住院事宜，做好平衡。具体而言，我会做如下处理。

首先，与家属在电话中做好沟通。询问来电家属，家人的病情，紧急情况，询问是否已拨打120，并向家属说明，目前收到的紧急任务，向家属做好解释，确实脱不开身，希望得到家属的理解，拜托家属将生病家人紧急送往医院，并告知工作结束之后立即前往医院。

其次，平复心情，专心投入到工作中。在保证工作高质量的前提下，尽快完成工作任务。要充分领会紧急任务的工作要求，确认工作的完成时限，明确工作任务的难易程度，并对任务做好规划，不懂的地方及时与领导做好沟通，实施过程中严谨细致地把握细节，保证高效保质地完成好任务。

最后，工作完成后，立刻请假前往医院照顾看望家人。快速抵达医院，购置必要的住院用品，看望家人，再次向家人做好解释工作，陪伴好家人。

我们再来看一道题。

经典题目示例

村民宅基地拆迁，但是回迁楼迟迟没有交房，晚上大量村民拿着被褥，来到回迁楼前，要砸开大门入住，开发商要派人驱赶，作为镇政府的工作人员，你会怎么做？

学以致用

我们分析一下题目中需要解决的问题有哪些：回迁楼迟迟没有交房，村民没有住的地方，很着急；村民强行拿着被褥入住；开发商要进行驱赶。大量村民来砸门，这已经是明显的群体聚集事件，本着“大胜于小”的原则，一定是要首先立即解决的。如果处理不好，会发生极端暴力事件，本着“人胜于事”的原则，是决不能让它发生的。我们作为政府的工作人员，应该适当安排，灵活应对，妥善处理这些问题。

示范作答

首先，我会迅速赶到现场，并向村民们诚恳道歉，理解他们因拆迁问题而产生的焦虑情绪。我会强调，过激行为并非解决问题的有效途径，反而可能带来更大的法律后果。同时，我会承诺我们会全面调查了解事情的真相，并寻求妥善的解决方案。为了更高效地沟通，我会建议村民们选出代表，向我们提供相关的合同和手续，这样我们能更准确地掌握情况，进而有序地推进问题的解决。

接着，我会立即与村委会取得联系，详细了解宅基地的拆迁补偿情况、被拆迁人员数量以及具体的补偿方案。我会要求村委会实事求是地提供信息，并请求他们立即派人前往现场，协助我们安抚村民的情绪，展现政府解决问题的决心和态度。

同时，我会与开发商取得联系，要求他们保持冷静，不要采取过激行为。我会向他们说明政府正在积极介入处理此事，并希望他们能够积极配合我们的工作。我会要求开发商准备好回迁楼的详细资料，包括工程进度、未能按时交房的原因以及预计的交房日期，以便我们到达现场后能迅速了解情况。

在掌握足够的信息后，我会与开发商、村委会人员以及村民代表进行深入的沟通。根据各方提供的证据和情况，我会客观公正地判定责任。如果是因为村民对政策或补偿方案存在误解或不清楚的地方，我会耐心地进行解释和说明，帮助他们消除疑虑。如果开发商已经具备交房条件，我会督促他们尽快履行交房义务，并明确告知他们违约责任和法律后果。如果确实存在实际困难导致不能按时交房，我会要求开发商提供相关证据，并协调他们向村民支付过渡期的临时安置补助费。

在整个处理过程中，我会及时向领导汇报进展情况，并在后期持续跟踪交房工作的落实情况。同时，我也会关注村民的生活起居问题，确保他们的基本生活需求得到满足。通过这一系列措施，我相信我们能够妥善解决这次拆迁问题，维护村民的合法权益，促进社会的和谐稳定。

（四）保持原则、讲究灵活，层层假设，从易到难

假设法是一种操作性和实用性非常强的答题方法，更是解决很多同学答题时无话可说、展不开、空洞不具体的不二法宝。其具体意义和用法，我们在第二章详细讲过，这里不再赘述。这一小节我们主要学习如何在情景应变题中具体应用假设法。

在情景应变类题目中应用假设法要遵循4个原则：第一，假设要合情合理，以解决题干问题为导向，不能漫无边际脱离实际；第二，假设原因要充分，并且由易到难，3层假设即可；第三，根据假设的原因，提出针对性的解决措施，原因不同，解决方式也不同；第四，在假设中为自己创造有利条件，来推进假设方案的顺利进行。

经典题目示例 1

单位要开展一个研讨会，并且请了业内的专家，但是会议开始前专家突然不来了，导致有人质疑这次研讨会的专业性。作为研讨会的负责人，你该怎么办？

示范作答

作为本次研讨会的负责人，我会立即采取行动，与专家取得联系，以明确其实际状况。

如果专家因堵车、汽车故障等客观原因暂时无法到场，我会迅速协调单位的车辆和人员，提供必要的交通支持，确保专家尽快抵达。同时，我会与会场主持人保持紧密沟通，向其说明专家的特殊情况，并请主持人灵活调整会议流程，向与会人员解释清楚情况，适当延后专家的讲座顺序，为专家争取更多时间。

若专家因身体、家庭等不可抗力因素无法亲临现场，我会询问专家是否可以通过网络视频会议或电话会议的形式参与讨论。若条件允许，我会立即安排网络电视、电话等设备，确保专家能够远程参与。同时，我会向现场观众解释专家的情况，并强调尽管专家无法到场，但会通过远程方式与大家进行充分交流。

如果专家因特殊情况既无法到场也无法远程参与，我会请求专家提供其之前

准备的相关材料，以便我们继续开展研讨会并做好记录。会议结束后，我会将会议资料发送给专家，请其提供指导。同时，我会向现场参会人员说明情况，强调我们已做好充分准备，并拿到了专家的资料，确保研讨会的专业性。我会承诺在研讨会结束后，将专家的解答和指导意见以邮件形式发送给各位，确保大家都能有所收获。

此次事件也提醒我，在举办类似会议时，应提前准备充足的材料，以辅助专家确保会议的专业性。同时，还需制订备用应急预案，以应对可能的人员、会场等突发情况。在会议开始前，我会再次确认与会人员的到场情况，确保会议能够正常召开。

总之，作为负责人，我会注重细节，确保会议的顺利进行。通过具体措施的落实，我将努力消除大家的疑虑，确保本次研讨会的高质量召开。

以上就是对这道题的示范作答。另外要强调的非常重要的一点就是，不要泛泛而谈，要细化解决措施。这一点我们在讲组织计划题的时候也提到过。大的方向要有，因为你做事情得心里有数；具体的事实措施也要有，因为你不是领导，是具体的工作人员，你的任务就是细化落实，而非指点江山。

经典题目示例 2

为发展你市经济，你部门开展政策解读会，邀请了两百多家民营企业。但是临近开会时间，发现错将 A 地写成了 B 地，你怎么办?

示范作答

此次因我拟写或复核通知时疏忽，而导致民企与政府工作人员跑错会议地点，我深感自责。我会立即采取补救措施以消除影响，确保会议顺利进行。

首先，我会立即向领导汇报此情况，并承认错误，同时提出补救方案。如果条件允许，我会建议将会议地点更改为 B 地，并紧急联系会务组进行会场布置，确保会议能够按时召开。如果会议地点无法更改，我会立即通知所有参会人员，并协调安排车辆接送跑错地点的参会人员，同时调整发言顺序，确保会议顺利进行。

其次，为了弥补此次失误给参会人员带来的不便，我会与信息化部门同事合作，在 B 地设置第二会场，通过电话会议或网络转播形式，让未能到达 A 地的参会人员能够远程参与会议。同时，我会安排会议录制和共享工作，确保各企业都能观看会议并领会政策要旨。

最后，我将深刻反思此次失误的原因，并在今后的工作中更加细心认真。我将加强微信和钉钉工作指导群的管理，保持与各企业之间的联络畅通，以便快速响应问题。同时，我会向领导建议完善发文审核机制，加强重要通知及文件的审核工作，避免类似错误再次发生。此外，我还将积极探索“互联网＋政务服务”的更多应用，通过官方网站和自媒体直播平台传达政策文件及指导意见，提高政务服务效率和质量。

我深知此次失误给参会人员和单位带来了不必要的麻烦和影响，我将以此为鉴，不断提升自己的专业素养和工作能力，确保今后不再出现类似问题。

以上就是这道题的示范作答。这个示范作答向我们展示了另外一个答题技巧，就是要学会为自己解决问题创造有利条件，比如“B地拥有同等规格的会议室”。有的同学可能要问了，万一B地没有同等规格的会议室，该怎么办？如果那么想，就是把自己绕进了死胡同，答题中，既然你想这样解决问题，就默认问题能这样解决。

（五）向外借力，联动合作

很多同学在回答情景应变类题目时，惯于“单打独斗”，不会借力。在实际工作中，因为工作的需要，也因为个人能力的有限，一件事情的处理往往需要多个部门的共同协作。我们来看如下题目。

经典题目示例 1

农忙“双抢”时节，两个村的村民因为水渠灌溉的问题现场发生口角，数十名村民争执激烈，双方互相推搡，矛盾有进一步激化的风险。此事件已经反馈到上级部门，镇政府了解到情况后派你去处理，请问你会怎么做？

思路分析

按照思考惯性，在面对村民激烈争吵时，很多同学第一时间想到的，就是先开口安抚大家的情绪，请大家少安毋躁。但是，我们分析下题目实际场景：现场已有十几个人在激烈争执，必很嘈杂混乱，这时候张口安抚劝说，你的声音未必能被听到。同时，你作为镇政府工作人员，村民未必对你熟悉，你去劝说，即使报上了镇政府工作人员的身份，也未必会有人听；并且，在如此混乱的情况下，毫无准备地只身一人上前劝说，将自己置于险境，对解决问题并无益处。

所以，我们要在充分考虑实际情况的前提下，学会合作借力。在这种情况下，最好的办法，是边维持秩序，边火速通过村干部找到村民中有威信的人，边打电话边火速赶往现场沟通，这样更能控制住场面，更有说服效果。

有的同学可能要问了，我知道向外借力以及合作联动的重要性了，可问题是这个“向外”指的到底是谁？对于没有机关工作经验的同学来说，这个问题正常且重要。

其实，究竟应该向谁借力，还是要看题目具体的问题和场景。体制内讲究上下、内外有别，所以我们不妨按照这个思路，去思考下从何借力。向上，有上级主管部门、单位领导、工作指导小组；向下，有下级分管单位、基层单位和群众；向外，有本县本市和邻县邻市业务相关单位、社会组织、志愿者、专家学者等；向内，有单位同事、家人朋友，还有个人努力解决问题的自我鞭策。

需要注意的是，如果是向领导或者上级请求援助，需要注意以下4个前提：一是自己是否做到了努力去解决问题；二是是否是在自己的权限范围之内实在无法解决问题；三是是否凭个人之力，难以在规定时间内保质保量地完成工作，需要人力和物力支援；四是是否自己无权决定，需要向领导汇报审批。除此之外，向领导请求援助就是错误的做法；如果需要其他单位和部门的合作，要明确各个部门的职能。不是一道题中涉及的单位和部门越多越好，相反，要合适而又合理地选择合作部门。

另外，向外借力时，要清楚两点：第一，向外借力是为了更有效地解决问题，绝不是为了推卸责任甩包袱，无论借力与否，你都是事件处理的第一责任人。并不是每件事情都得征求别人的帮忙，要看清任务的轻重缓急、理解同事的权限范围。第二，向外借力不要太频繁，一般解决问题中，借力一次，最多两次即可。如果问题别人都帮你解决了，那要你何用？

经典题目示例 2

单位领导在会议上向上级单位汇报工作，你发现文件上几个重要的数据有误，并且文件是你撰写的，你怎么办？

示范作答

为领导写的汇报材料数据有误是一项严重的工作失误，对此我深感自责，但在当时，首要之务是快速反应，想办法解决问题，尽量不影响领导汇报工作，将对我单位的影响降到最低。事后我会就此再向领导做出深刻检讨。

首先，我会立即重新核对数据，与同事一起查找原始资料，确保数据的准确性。如果数据确实存在错误，我会迅速与领导取得联系，将新的准确数据及时提供给他，并请求他允许我对汇报材料中的关键数据信息进行更换。同时，我会在更换的数据部分做出明显标记，以便领导在汇报时能够注意到。

其次，如果领导已经开始汇报而数据有误，我会在不影响领导发言的前提下，通过适当的方式将正确的数据传递给领导。例如，我可以将正确的数据写在便签上，利用为领导服务的机会，如递送水杯或文件时，将便签交给领导。这样，领导可以在汇报过程中根据实际情况对数据进行修正。

最后，在汇报工作结束后，我会主动向领导承认错误，并深刻反思自己的工作态度和方法。我会向领导提交一份书面检讨，详细说明此次失误的原因和今后的改进措施。同时，我会主动承担责任，接受单位的处理，以警示自己和其他同事。

为了防止在今后的工作中再出现类似事件，我会采取以下措施：

一是加强数据收集和核实的准确性，确保所有数据都经过严格的审核和验证；

二是提高汇报材料的审核质量，实行双人或多人审核制度，避免个人疏忽导致的问题；

三是加强自己的业务能力和责任心，时刻保持高度的工作警觉性，确保工作质量和效率。

总之，我将以此次失误为鉴，深刻吸取教训，加强自我管理和提高业务能力，确保今后在工作中不再出现类似问题。同时，我也将积极与领导和同事沟通合作，共同推动单位工作的顺利开展。

以上参考答题中，在解决问题时联系会场外的同事核实数据，请主持人改变发言顺序，就是解决问题中向外借力的具体表现。这是公职人员实际工作中的日常，也是我们备考公考面试必须具备的一种工作思维。

（六）看深一层，直达本质，长效机制

情景应变题往往有突发性，由于解决问题的紧迫性，容易让人忽略寻找问题的本质原因，只专注于解决眼前难题。并且，由于其突发性，问题源头有时不易被察觉，所以很多同学在回答问题时，即使想到要找出本质原因，也因为畏难心理，选择主动放弃。

情景应变题属于“怎么办”的题目，一切以解决问题为最终目的，所以这样答题，也没有硬伤。但是，这样答题，会让你的答案显得格局不够，显得你只会就事论事，不具备长远和前瞻眼光，不具备从根本上解决问题的能力，而这正是公职人员必备的素质。回答情景应变题，本质上是让你去“救火”。有“救火”的能力当然重要，但如果不仅能“救火”，还能“防火”，那才会让人刮目相看。毕竟，只有“防火”，才能从根本上解决问题，并且更是对国家资源、公共人力物力的保护和节省。

那如何才能表现出我们的“防火”思维呢，这里为大家总结出了这样一句话：既看到表层原因，也看到本质原因；既解决眼前问题，也解决长远问题。我们以下面两道题为例。

经典题目示例 1

对于治理污染，环保局没有真正解决，环保效果不明显。多名群众送来“不作为”的锦旗，群众还在门口围观。作为环保局的工作人员，领导安排你出面解决，安抚情绪，你该怎么解决？

题目分析

对于这一道题，我们从“既解决眼前问题，也解决长远问题”的角度来分析。眼前迫在眉睫的问题，是群众送“不作为”锦旗并在单位门口围观。对于这一问题，我们可以从维护现场秩序，沟通了解情况，调查过程，将调查过程和处理结果反馈向领导汇报，然后告知群众从哪几个方面解决。

然而，事情解决至此，并不完整。此次送锦旗的事件，暴露出我们工作中的不足之处，如不及时改正，必会有类似事情持续出现。在今后的工作中，要进一步加大执法力度，对于污染环境的行为，绝不姑息。要加强对执法人员的思想教育和业务培训，防止出现懒政、怠政的情况。要进一步畅通投诉反馈渠道，开

设举报热线，开通微信、官网等举报通道，让群众真真正正地不出门，也可以进行所思所想的表达。相信通过我单位的共同努力，一定能够营造出更好的居住环境，还群众一片绿水青山。

经典题目示例 2

你在窗口工作，因为业务不熟练，导致排长队现象，群众说你办事效率低，甚至出现混乱。你怎么办?

示范作答

首先，面对现场群众情绪激动的情况，我会立即表达诚恳的歉意，并郑重承诺会加速办理流程、提升办理效率。同时，我会与同事协作，向群众解释我们正在努力通过多种方式提高工作效率，希望他们能够理解，因为我们必须确保办理准确无误，所以需要耐心细致地进行，这可能导致办理时间稍长，恳请群众少安毋躁。

其次，我会根据实际情况灵活调整工作方式，迅速解决排队过长的问题，使办事大厅恢复有序状态。

若存在群众不遵守排队秩序，导致我需频繁提醒维持秩序，进而影响办理进度的情况，我会及时致电领导，请求派遣专人维护现场秩序或利用大厅广播引导群众使用取号机取号，根据电子屏幕的指引有序排队，等候办理业务。

若因群众对办理流程不清楚或材料准备不全，导致我在办理时需不断解答问题甚至协助复印文件，打乱办理节奏，降低效率，我将建议领导在大厅设立咨询台，安排业务人员提前询问群众办理事项，告知流程，并检查材料是否齐全，如有缺失，及时告知。对于现场能立即解决的问题，如填写表格、复印资料等，我会立即协助完成；对于无法现场补齐的资料，我会一次性告知所需材料及办理方法。

若因我自身经验不足、效率不高导致群众长时间排队等候，我会主动邀请有空的同事前来服务窗口协助办理业务，以提高办理速度；对于可在自助服务器上办理的业务，我会引导群众使用，并请同事教授操作方法，减少等待时间，分流人群，缓解排队压力。

若因现场办理群众众多，即使提速仍无法解决排队问题，我会请求领导增设办理窗口，多人同时办理，加快进度。同时，我会引导需长时间等待的群众持号至休息室等候，并提供报纸、杂志阅读及茶水饮用，以缓解他们的焦虑情绪。相信通过上述措施，排队现象将得到有效缓解，大厅秩序将逐步恢复。

最后，我会深刻反思此次事件，探索提高自身及大厅工作人员工作效率的方法。一是加强业务内容学习，熟悉办理流程，提升工作能力，以应对不同办理事项，避免给群众造成不必要的等待；二是建议领导优化服务流程，如设立潮汐窗口，根据工作特点灵活调整业务办理；三是加强宣传工作，通过微信、微博、官网及现场公告等方式，提前告知群众办事流程，通过双方共同努力提高办事效率。

以上就是两道题目的示范作答。其实我们也可以把“看深一层，直达本质，长效机制”这一思维叫作“总结反思”。但是在做总结反思的时候要注意两点：第一，先解决问题，再反思；第二，这个反思建议分为两个方面，一是就事反思，二是就类反思。

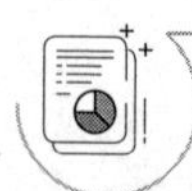

四、公共危机类题目常见场景应对

本章提到，情景应变题一共可分为 3 大类：一般工作生活类、考试场景类，以及公共危机类。这 3 种各有特色，但如果要找出让绝大多数考生最束手无策的一类，那一定是公共危机类。

公共危机类题目以公职人员特有的工作场景为背景，问题有特殊化和专业化的特点，待处理的问题一般在别的行业也比较少见，比如舆情危机、群众上访、救难救灾等。很多同学因为不熟悉机关内工作日常，所以对一些机关常见特有场景，缺少基本思路，在考场上遇到此类题目时，一筹莫展，无从下手。实际上，因为有规律可循，处理应对方式又大体类似，这类问题的回答反而不难。下面，我们来看几种公共危机类题目常见场景的一般处理方法，以后再遇到此类问题时，能胸有成竹，从容应对。

【舆情应对类答题要点】

一、迅速反应，及时回应

（1）影响较轻的，如遇负面新闻，可参考“黄金 3 原则”，即针对负面消息，3 分钟之内要有正面回应，3 小时之内要有具体应对措施出台，3 天之内要将正式处理结果公之于众。

（2）影响较重的，如遇重大突发事件，可参考“黄金 4 小时”原则。重大突发事件发生后，一般两小时后就会有相关信息出现在网上，4 小时后就有可能被大量转发。因此，要把握好应对舆情应对的“黄金 4 小时”，在 4 小时之内快速做出反应，对突发事件做出定义定性，引导舆论方向。

二、查清情况，证实真伪，抓住关键

（1）查清舆论源头，判定舆论真伪。可通过查看相应录像，走访实地，采访目击者，或者开通举报及证据收集渠道。

（2）科学研判，证实真伪，拟好解释。

三、多样公示，灵活应对

（1）官网解释情况，留下相关联系方式及后续处理流程，“三微一端”加大宣传。

（2）线下接受采访，必要时开新闻发布会。

（3）临时组建负责小组，积极接听来电，解释网上问题。

【群体信访受理答题要点】

一、接待流程

（1）核实来访人身份。

（2）安排专人负责接待。

（3）记录来访人来意及诉求等。

二、分析具体情况，积极回应

（1）能够当场回答的，当场给予专业性解答。

（2）不能够当场回答的，说明情况，告知大概回复时间。

（3）不属于本科室管属范围的，移交所属科室；不属于本单位的，移交相关单位。

（4）不属于合理诉求的，做好规范解释。

三、调查信访内容，解决问题

（1）成立调查小组，分配调查任务。

（2）实地走访与收集查阅相关资料相结合，如相关文件、工作台账、相关卷宗等。

（3）整理调查结果。

四、及时回复

（1）书面或致电相关信访人员调查及处理结果。

（2）对信访情况作出整理、立卷、装订、归档。

【事故灾难类答题要点】

一、现场救援

（1）与工作队第一时间赶赴现场，组织救援，救治伤者，疏散群众，防止衍生事故发生，导致更大的损失。

（2）慰问事故群众，看望伤员，安抚家属情绪，消除其紧张和恐慌情绪。

二、调查事故原因

（1）多渠道全方位调查摸清事故原因，及时向上级汇报调查情况。

（2）处理相关责任人。

三、协调相关部门，就事故造成的损失，向相关各方进行赔付

四、积极协调相关部门，尽快复工复产

五、写出事故总结报告，分析原因，并吸取经验教训，完善应急预案

【交通事故答题要点】

一、现场救援，控制事态

（1）协同医疗救援部门，第一时间赶赴现场，组织救援，立即将伤者送往医院救治。

（2）保护现场，协调过往车辆驾驶人员和行人予以协助。疏导交通，避免衍生事故的发生。

二、查清事故原因

（1）成立现场调查小组，对事故原因进行调查，对事故造成的损失进行评估。

（2）将调查的具体情况及时向上级领导部门汇报，对事故相关的责任人进行处理，协调相关部门对造成的损失进行赔付。

三、加强管理，以绝后患

（1）协调相关部门加强安全保障措施，增强人民群众交通安全意识，杜绝此类事故再次发生。

（2）积极配合相关部门协调工作，恢复正常交通秩序。对于重大交通事故应当及时公布结果，避免造成社会不必要的恐慌。

四、写出总结报告，认真分析原因，吸取经验教训，完善应急预案

【群体中毒事件答题要点】

一、争分夺秒，组织救援

（1）第一时间联系医疗部门，抢救中毒群众，疏散污染区群众，控制有毒有害物质蔓延。

（2）保护现场，为进一步救治与防治提供依据。

（3）及时向上级部门汇报救治的具体情况，听从上级部门指挥。

二、查清原因

（1）协同公安部门与医疗环保部门，深入调查中毒事件原因。

（2）将调查结果第一时间汇报上级部门，等待上级指令。

三、公布信息

及时公开救治情况与问题的处理情况，避免由于信息闭塞引起不必要的恐慌，干扰社会正常秩序。

四、吸取经验教训，完善应急预案，加大监管力度，避免此类事件再次发生

【突发群体性事件答题要点】

一、控制事态，平息矛盾。保护人民群众生命财产安全，维护正常社会秩序

二、疏散围观群众，分离矛盾双方，有效控制当事人，避免事态进一步扩大

三、以公开、公平、公正的态度，不偏不倚、实事求是地解决问题

【自然灾害类答题要点】

一、赶赴现场，组织救援

（1）工作小组第一时间赶赴现场，组织抢险救灾，疏散群众，防止次生灾害发生。

（2）对受灾群众进行心理辅导和心理干预，稳定群众情绪。

二、解决受灾群众生活问题

（1）安排好受灾群众的吃穿住用行，同时把相关物资迅速发放到受灾群众手中，保证群众日常之需。

（2）对年老体弱多病者进行特殊医疗护理。

（3）可规范性组织开展社会向灾区募捐活动。

三、及时请示汇报

及时将具体情况如工作的各个环节，向上级领导部门请示汇报。

四、灾后自救，复工复产

带领群众开展灾后生产自救，重建家园，尽快恢复正常社会秩序。

五、总结报告，完善应急预案

第六章

新颖类题型

这一章，我们来学习公考面试中的新颖类题型。随着公考面试的愈加成熟，这种题目也成为不可小觑的“一匹黑马”。这一章，我们重点学习漫画类、演讲类以及无领导小组这 3 类题目。

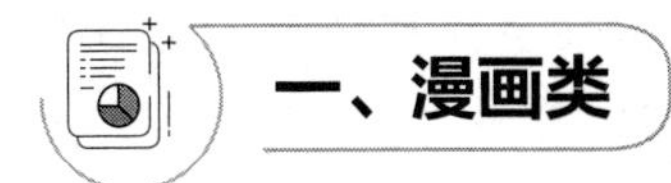

一、漫画类

近几年，漫画题考查的频率越来越高，甚至成为某些省份面试中的必考题，如河北、江苏等。漫画这种表现形式相信我们都不陌生，它惯于用讽刺、幽默、夸张、比喻的方式来描绘生活、反映现实，所以，在解读漫画时，一定要发散思维，展开充分的联想。

（一）解锁漫画题

公考面试中出现的漫画题一般有两类：一类是时政类漫画，一类是哲理类漫画。前者吐槽、讽刺或赞美一些社会现象、时政热点，后者则蕴含一些人生哲理。对于前者，我们要能联想到其映射的社会热点和现象；对于后者，我们要能透过现象看本质，看出其蕴含的人生道理。

很多同学对漫画题有惧怕心理，拿到漫画题的时候，大多是一头雾水，毫无思路。其实，漫画题是面试中给我们自由发挥空间最大的一种题型，如果方法得当，多加练习，很可能成为我们答题的亮点。

要答好漫画题，就要了解它的来龙去脉。本质上，漫画题是综合分析题的一个变种。不同之处在于，综合分析题在题干中清楚地给出了我们所要分析的现象或观点，而在漫画题中，我们需要通过对漫画的解读，来挖掘、提炼、总结出这个论点，然后进行论证。所以，漫画题只是比综合分析题多了挖掘论点、总结启示这一步。

上面我说“漫画题是面试中给我们自由发挥空间最大的一种题型”，发挥空间所在之处，指的就是提炼观点这一步。一幅漫画揭示的道理大方向是一定的，但是选择具体论点的角度却有多个，我们可以根据自己的积累和练习情况，在尊重题目的情况下，选出我们最有话可说、最能够发挥出亮点和特点的论点，把它转化成这样一道综合分析题来进行论述。

（二）看得懂才能答得好

如何解决看不懂?

要答好漫画题，首先要看懂其寓意。考场上出现的大多数漫画不会太深奥、太难以理解。如果在平时，我们多看几分钟，细细琢磨琢磨，都能提炼出不错的寓意和道理。但考场上的真实情况是：很多同学一看到漫画题就更为紧张，越紧张思绪越乱，十几秒钟过去还是毫无头绪，最后，只能草草思考之后，说了一个自己都不满意的非常表层肤浅的边角料启示，和漫画真正想揭示的道理相差甚远。这种情况下，答题分数自然不会理想。

出现这种情况完全可以理解。面试考场是一个非常高压的场合，在高压环境下，让你去干一件你本身并不熟悉或擅长的事情，压力和难度自然会增大。紧张最本质的原因，是不熟练，练习得太少。练得少、没积累，还心急，在考场能秒懂漫画才怪。所以，最管用的方法，就是平时多去看，多去思考，对比你的答案和高分答案，找出差距和思维的局限性。练习积累得多了，自然就能练就一副火眼金睛，让你在考场上多一分从容与胜算。那在平时练习中，我们应该从哪几个方面入手，来学习看懂漫画？这里为大家总结了以下几点。要注意的是，这几点并不是孤立存在的，我们在解读一幅漫画时，可以综合运用这几种方法，然后展开联想，发散思维，将漫画的直观图像所反映的内容同生活、社会实际联系起来，把握漫画的要义。

（三）看懂漫画四步走

1. 看标题

标题是一幅漫画最重要的组成部分，读懂标题对于看懂漫画，理解整幅漫画的寓意起着关键性的作用，所以要格外注意漫画的标题。当然，面试中漫画的标题，在启发你的同时，也圈定了你大致的思考方向和范围，所以，你表达的最终立意，一定不能与漫画给定立意相悖。我们来看这道漫画题（见图 6-1）。

图 6-1　漫画题 1

这幅漫画的标题是“人生如扣”，按照标题提示，我们将“扣子”作为思考的重点。图中扣子没有扣好，我们主要考虑两个方面：扣子扣错的原因，以及扣子扣错对后续的影响。在这两点上展开思考。扣子扣错的原因，有可能是做事态度不认真，不注重细节，或者对于事情没有规划、没有全面统筹，给我们的启示可以是：做事情要注重细节，细节决定成败，做事情要有大局观，要有统筹规划等。对于影响，上个扣子扣错，下个扣子必错无疑，后面再努力也于事无补，足见正确的方向对人生的决定性作用。

2. 看整体

一幅漫画通常包括好几个主体。我们在分析漫画时，要把每个主体，每一部分都考虑进来，从整体上解读漫画寓意。画面上出现的每一部分都不会是多余的，对于看懂漫画寓意，都是有用的。我们来看这幅漫画（见图 6-2）。

图 6-2　漫画题 2

猫爱吃鱼，天经地义，这似乎并没有什么特别的。但这幅漫画的玄机在下半部分：看似美味的鱼的正下方，却暗含陷阱。两个部分结合起来看，这幅漫画告诫我们：面对诱惑时，要保持清醒，禁得住诱惑，以免误入歧途和陷阱。

3. 看细节对比

我们观察一下图 6-3 这幅漫画中所包含的细节。第一次考试中，第一个孩子考了 100 分，得到了一个吻作为奖励；另一个孩子考了 55 分，收获了一个巴掌作为惩戒；第二次考试中，上次考了 100 分的孩子考了 98 分，挨了一巴掌，而上次只考了 55 分的孩子这次考了 61 分，反而得到一个亲吻作为奖励。结合漫画细节，联想现实工作中的奖惩制度，是不是可以引发我们如下思考：奖惩制度是应该以进步和退步作为标准，还是以合格和优秀作为标准？鞭打快牛是否合理？

请观看漫画，结合自身岗位，谈谈你对奖惩制度的理解。

图 6-3 漫画题 3

4. 看文字

很多漫画上有文字说明。要注意漫画中的文字，认真思考这些文字中所隐含的观点，很多时候，这些文字里隐含的就是作者的观点，所以要一字一句地读懂。我们来看这幅漫画（见图 6-4）。

图 6-4 漫画题 4

从图 6-4 这幅漫画可以看出，一旁的“正常工作”被冷落无暇顾及，而数不清的“会议通知”却压得人喘不过气来。我们很容易由此联想到，它揭示的是人们在日常工作中被文山会海压得喘不过气，对正常重要工作反而无暇顾及的现象。

（四）头脑风暴

下面，我们用几道漫画题（见图 6-5 至图 6-12），来一次读懂漫画的头脑风暴练习。

图 6-5　漫画题 5

图 6-6　漫画题 6

图 6-7　漫画题 7

图 6-8　漫画题 8

图 6-9　漫画题 9

图 6-10　漫画题 10

图 6-11　漫画题 11

图 6-12　漫画题 12

各漫画的解析如下。

（1）图 6-5：应该把责任工作扛在肩上，而不是把它挂在嘴边。

（2）图 6-6：形式主义泛滥。

（3）图 6-7：摒弃只管自己的一亩三分地的个人意识，帮助他人，也是在帮助自己。

（4）图 6-8：政府人才引切勿以“帽”取人，而应因需引人，引才贵在适用，要干得好，留得住。

（5）图 6-9：当今社会上，一些人见贤不思齐，而是心生妒忌，利用人数的优势来诋毁优秀的人，导致形成“平庸万岁”的不良风气。

（6）图 6-10：对于公务员深入基层一线帮助人民劳动，社会上存在的一些质疑的声音和态度。

（7）图 6-11：随着人工智能的发展，机器人取代真人住在世界，真人反倒要靠机器人的施舍才能维持生活。

（8）图 6-12：恪守诚信的重要性。你对别人报以诚信，别人会加倍回馈于你。

（五）看出区分度的两个诀窍

多看、多练、多思考，是快速看懂漫画题最根本的方法。但只是看懂还不行，在面试这种零和博弈中，高于别人，优于别人，才是我们的最终目的。这里为大家总结出了两个提炼面试漫画寓意的方法。它们不仅能让你的寓意启示符合考试场合定位，还能让你答出新意和区分度。

1. 设身处地，联系政府工作实际，以政府工作人员身份思维思考问题

比如下面这道题（2022 年江苏省考面试真题）。

图 6-13 分上下两部分。上面这幅图上有 4 个一模一样的自行车，乘坐这 4 辆自行车的分别有残疾人、高个男人、成年女性和小孩。除了成年女性坐上去刚刚合适，其余 3 人是各有各的别扭；下面这幅图最大的不同是自行车的变化，这张图上，每个人乘坐的车子各异，为残疾人设计的是靠背式的三轮车，为高个成年男性提供的是一款加高加大的自行车，为小孩提供的是一款儿童版的自行车，非常符合每个人的特殊需求。

图 6-13　漫画题 13

看到这里，很多同学可能会这样总结这幅漫画暗含的启示：做工作要以人为本，考虑到服务对象的实际需求；做事情要具体问题具体分析；应该做产品要个性化、差异化和精细化，只有这样才能提高竞争力；做事情要精益求精、实事求是，不能满足现状。这样分析也合情合理，但是，作为即将成为公职人员的考生，这么想远不能体现出政府工作人员思考问题时的思维和素养。

那么，我们就来结合政府工作实际，充分展开联想。日常政府工作中，是否存在类似统一化、平均化和“一刀切”的现象？这种行为看似公平，实则是懒政不作为。作为政府的工作人员和人民公仆，我们在日常的行政工作中，一定要做到以人为本、精准服务，这是建设服务型政府的基本要求。所以，站在政府工作人员的角度去联想，答题才能有代入感。这也间接向考官表明了我们的态度，我做好了准备，投身到政府工作中来，我有着充分的思想和心理准备。

再如 2021 年河北省的这道漫画题：请谈谈这幅画（见图 6-14）带给你什么样的启示。

图 6-14 中，右边的男子正准备给小树苗浇水，发现树苗下坐着一个人，便问他：“你在干什么？”那人回答：“等着乘凉。”这很容易让我们想到，做人要自强自立、先讲付出和贡献再求回报、做付出者而非所求者这些启示与道理。

图 6-14 漫画题 14

这一小节讲的是在提炼漫画寓意时，要结合政府工作，锻炼政府思维。结合出题年份——2021 年，我们是否能联想到我国脱贫攻坚时期那些有着严重"等靠要"思想的人，他们靠国家援助资金，靠财政拨款，靠扶贫资金，就是不靠自己的能力去改善生活状态，谋求个人发展。这种思想的滋生和蔓延，不仅仅会使我们的精准扶贫步履维艰，更会拖慢建设小康社会的工作进程。下面，就这个主题，来给同学们一个示范作答。

示范作答

各位考官好，下面我分享下对这幅漫画的一些思考。这幅漫画让我想起了脱贫攻坚时期的一些现象，特别是那些持有"等靠要"思想的人。所谓的"等靠要"，就是指等待国家援助资金，依靠政策财政拨款，要求扶贫资金，而不是通过自己的努力去改善生活状态，谋求个人发展。这种思想的滋生和蔓延，无疑给我们的精准扶贫工作带来了极大的困扰，也阻碍了建设小康社会的工作进程。

冰冻三尺，非一日之寒，导致"等靠要"思想出现的原因是多方面的。首先，扶贫制度的不完善是一个重要原因。当前的精准扶贫工作在一定程度上过于侧重物质扶贫，部分扶贫干部认为只要提升了贫困户的物质水平，就完成了脱贫任务。这种直接给予物质的扶贫方式，容易让贫困户产生"不劳而获"的心态，从而滋生出"等靠要"的慵懒思想。其次，部分贫困户本身的"慵懒"本性也是不可忽视的原因。一些贫困户在得到政府救济后，并没有对生活产生更高的追求，而是满足于现状，缺乏脱贫的积极性和主动性。他们看到政府有如此好的扶贫政策，就更愿意安于现状，不思进取。

为了改变这种局面，我们需要采取有针对性的措施。首先，扶贫先扶志。我们要在思想上对贫困户进行动员，让他们明白幸福都是奋斗出来的，只有自力更生，才能让生活越来越好。我们要引导他们积极支持和配合脱贫工作，认识到扶贫政策和扶贫人员只是帮助他们脱贫的外力，而真正的脱贫还需要靠他们自己的努力和奋斗。其次，扶贫先扶智。精准扶贫不仅仅是物质扶贫，更重要的是培养贫困户可持续发展的劳动能力。我们可以通过开展技能培训、搭建就业平台等方式，帮助贫困户提升自身能力，让他们有能力、有机会通过自己的勤劳致富。

通过“扶智”和“扶志”相结合，我们可以将“输血”变为“造血”，让贫困户从内心深处产生脱贫的动力和信心。这样，我们不仅能够打赢脱贫攻坚战，更能够确保脱贫成果的可持续性，让全面建设小康社会更加精彩。

最后，我想强调的是，脱贫攻坚工作是一项长期而艰巨的任务，需要我们持之以恒地推进。只有不断创新扶贫方式，完善扶贫制度，才能真正实现全面脱贫的目标。同时，我们也需要引导贫困户树立正确的价值观和生活观，让他们从内心深处认识到自己的价值和潜力，从而更加积极地参与到脱贫工作中来。

总之，通过“扶智”和“扶志”相结合，我们一定能够改变“等靠要”的思想，让贫困户真正走上自主脱贫的道路。这样，我们不仅能够打赢脱贫攻坚战，更能够为建设一个更加美好、更加繁荣的社会奠定坚实的基础。

2. 想别人想不到的，“新而不斜”为亮点

不要过分拘泥于漫画本身，在看懂漫画，不脱离漫画背景的前提下，可以跳出漫画，说出新意。

经典题目示例

羊吃草的漫画（见图 6-15，2019 年机关事务管理局面试真题）

图 6-15　漫画题 15

我们先来拆解下图 6-15 这幅漫画。羊被困在迷宫里，看似四面楚歌，但这只羊出其不意地通过吃掉筑成围墙的草走出了迷宫。这很容易让我们联想到，当我们在生活中遇到困难，陷入困境时，要冷静分析，不畏困境，创新思维，大胆行动，最终战胜困难，走出困境。

这一点大多数同学能想到，但人人都能想到的点，不容易成为答题的亮点。在看懂漫画基本立意的基础上，我们能否找到其他“新而不斜”的观点和启示？

我们再来分析一下这幅漫画。羊是食草动物，以吃草为生，它充分发挥自己的特性，吃掉用草做成的围墙，摆脱困境。从这一点我们是否可以得出这样的启示：要充分了解自己，结合自身特点，根据面临的具体状况，充分发挥自身所长。

但要注意的一点是，这些启发，都是在看懂漫画的基础和前提下，通过细致分析，再拓展联想出来的。所以，这是一个渐进的状态。看懂是前提，之后才能拓展。看懂漫画向考官表明的是我们基本的思考能力，拓展延伸向考官展示的，则是我们的细致深入和别具一格。所以，第一步不可缺少，是第二步的前提和基础。

下面，就这道题做一个示范作答。

示范作答

各位考官好。这幅漫画以其独特的视角和深刻的寓意，给我留下了深刻的印象。漫画中的羊被困在迷宫中，最终通过吃掉筑成围墙的草成功逃离，这一场景不仅富有趣味性，也对我们的生活和工作具有启示意义。

首先，漫画中的羊展现出了非凡的创新思维。在常规的认知中，羊可能会在迷宫中四处寻找出口，但这样往往会耗费大量的时间和精力。而这只羊却选择了打破常规，从围墙入手，通过吃掉草墙来开辟新的道路。这种创新思维不仅帮助它迅速逃离了困境，也为我们提供了一个宝贵的启示：在面对问题时，我们应该勇于尝试新的方法，不拘泥于固有的思维模式。

其次，漫画中的羊也表现出了冷静思考的品质。在面对复杂的迷宫时，羊没有因为困惑而慌张失措，而是通过观察和分析，找到了问题的关键所在——围墙是由草构成的。这种冷静思考的能力，使它能够制订出有效的解决方案。在我们的生活和工作中，我们也应该学会冷静思考，不被问题的表象所迷惑，而是要深入剖析问题的本质，找到解决问题的关键。

最后，漫画还告诉我们，要善于发挥自己的长处。羊作为食草动物，具有吃草的天然优势。在迷宫中，它正是利用了自己的这一长处，成功地吃掉了草墙，走出了困境。同样地，我们在解决问题时，也应该充分发挥自己的特长和优势，以更高效、直接的方式解决问题。

综上所述，这幅漫画给我带来了深刻的启示：在面对问题时，我们应该具备创新思维、冷静思考的能力，并善于发挥自己的长处。这些品质不仅能够帮助我们解决当前的问题，而且能够让我们在未来的生活和工作中更加从容自信地面对各种挑战。

以上就是我的作答，谢谢各位考官。

我们再看一道题（见图 6-16）。

图 6-16 漫画题 16

图 6-16 这幅漫画中有两只骄傲的大公鸡、一只困惑的仙鹤和一把无情的钢锯，两只大公鸡正准备锯掉仙鹤的双腿。

看到这幅漫画，我们能轻松联想到一个成语，叫作“鹤立鸡群”。两只大公鸡出于对优秀仙鹤的嫉妒，要锯掉仙鹤的腿，让它变得和自己一样平庸。由此我们可以联想到当今社会上一些人见贤不思齐，心生妒忌，利用人数的优势来打压优秀的人，最终形成了“劣币驱逐良币”的不良社会风气。这完全可以作为这道题的一个破题点。最近有句话叫作“吹灭别人的灯并不会照亮你的路”，说的是同一个意思。

在此基础上，我们再反过来思考一下，仙鹤为什么会遭此厄运，它自身有没有什么做得不对的地方？当然有。作为仙鹤，本应充分发挥自身优势，展翅高飞，它却混迹于鸡群，待在了不属于自己的地方。这是否可以让我们联想到，人只有站在适合自己的舞台上才能取得成功，选择往往比努力和能力更重要。这可以成为我们答题的第二个破题点。

我们再更进一步想。钢锯代表着什么？很明显，它代表的是一种强大的力量。两只公鸡也只有借助钢锯的力量，才敢也才能锯掉仙鹤的双腿，而仙鹤被困在钢锯之中，空有一身本领却发挥不出来，无丝毫还手之力。我们可以把这种力量联想为某些不合理的制度约束。它束缚了人才，打压了创新，非但不能促进发展，反而成为发展的绊脚石。联想生活实际，比如不合理的考核制度等。这可以成为我们答题的第三个破题点。

从上面两道题我们可以看出，说出新意并不是剑走偏锋，而是要稳中求进。答题的时候，把常规的点先放在前面，把新颖的点放在后面，循序渐进，给考官一个接受的过程。前面的点说明你脚踏实地，后面的点说明你有自己的想法。这样的搭配，才是好策略。

（六）漫画类题型练习

（1）漫画：一个女人和一个小孩对坐。图片左上一句话“一个人说话全有理，两个人说话见高低”，问有什么感悟？（2023 年河北省考面试真题）

（2）请认真观察下面这幅漫画，拟定一个标题并联系实际谈谈你的看法？

漫画内容：一个人望着天走在了悬崖边，旁边有个人在喊他，路上也有很多的脚印，前面还有一座大山。（2023 年湖南省考县乡面试真题）

（3）请认真观察漫画，自拟标题结合实际谈看法。

漫画内容：有 5 只手在给一个爬楼梯的人搭梯子。（2023 年湖南省考县乡面试真题）

（4）两个人拉牛，牛不走，然后旁边有另一个人在牛前放上一棵草，牛就愿意走了。3 个人趴在看台上看球赛，一个比一个矮，后来给矮的垫上了箱子，3 个人都能看见了。（2023 年安徽省考面试真题）

（5）漫画内容为：左手撑大伞，大伞上有破洞，右手撑小伞补大伞的洞。请你取两个标题并谈谈对你的启示。（2023 年山西省考面试真题）

（6）漫画题：《画靶》，一个古人射箭的时候先把箭射到空白靶上，然后围绕箭射的位置再画靶心和圆圈，先画箭后画靶。看漫画谈谈你的感想。（2023 年河北省考面试真题）

（7）漫画：蜗牛把壳放在椅子上，然后小蜗牛开心地跑了。拟定两个以上的标题，选择一个结合社会现象展开论述。（2023 年国税系统面试真题）

（8）漫画题：一个人坐在台上高谈阔论，但是舞台快塌了。下面一堆人在台下看着，却没有人提醒他。最下面有句话：当危险来临的时候，没人告诉你才是最危险的。（2023年河北承德面试真题）

（9）漫画题，一个人站在里面，周围都是指示牌，上面分别写着不要乱扔垃圾、不要乱扔果皮、不乱吐痰等。谈谈你的认识？（2023年河北承德面试真题）

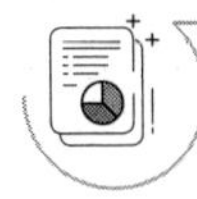

二、演讲类

近年来，演讲类的题也以不低的频次出现在公考面试中，尤其是像外交部、商务部这类比较注重考生语言表达能力的部门，对演讲题可谓是“情有独钟”。比如以下往年真题：

（1）演讲：社会治理中的和合文化。（2023年浙江省专项招录面试题）

（2）我们做事的时候一开始会感到迷茫和彷徨，做了一半以后，感觉做的事情稍微简单了，以“半”为题，进行演讲。（2023年河北省考面试真题）

（3）以“伟大与平凡”为题进行演讲。（2022年国考部委面试真题）

要答好演讲题，首先要明白什么是演讲。演讲又叫讲演或演说，是指以有声语言为主要手段，以体态语言为辅助手段，针对某个具体问题，鲜明、完整地发表自己的见解和主张，阐明事理或抒发情感，进行宣传鼓动的一种语言交际活动。

很多同学排斥演讲题，最主要的原因在于平时很少接触演讲，即使曾经参加过演讲比赛，基本也都是提前背好稿子，反复排练之后再上场的模式。而公考面试中的演讲题，要求我们在考场这个非常高压的场合下，面对能够决定我们上岸与否的考官，即兴发挥。在这种情况下，考生的心理压力可想而知。然而，任何事物都有两面性，演讲题给我们带来挑战压力，同时也给了我们一个表现自己的机会，人无我有，人有我优，迎难而上，做到最优，一定会成为你综合表现中的亮点和加分项。

很多机构和老师为了给学生降低难度，在讲课时大手一挥，直接把演讲题等同于综合分析题，告诉学生按照综合分析题来答，只要声音大一点，有感情一些就可以。其实并非如此。如果将演讲题完全等同于综合分析题来作答，你就失去了一个很重要的在考官面前表现自己的机会。大家不妨浅浅地思考一下，如果真的可以等同，为什么要专门出一道演讲题，而不直接再考一道综合分析题？

要打开面试演讲题的高分密码，最关键的是要明白下面这两个问题：第一，考演讲题，是想考查你的什么特质？第二，通过演讲题，你可以向考官展现你的什么优点？想清楚这两点，我们才能利用好演讲题，把它变成自己的提分利器。第一个问题的答案，需要我们站在考官角度去思考。面试演讲受考场布局、时间分配、题目设定、无提前准备的限制，考官对你不会有对正式演讲比赛选手般表现的期待。

只是想通过面试演讲这种答题形式，检验我们的心理素质、语言表达能力和综合气场。所以，我们在演讲中，如果能做到自信大方流畅地表达，散发出不卑不亢的气场，那一定会给考官留下不错的印象。很多同学一提到演讲，就想着一定要充分去调动自己的感情，感情真诚打动人心固然重要，但在面试演讲这种场合，过分拿腔拿调，反而不适合，考官听着也会尴尬。最好的面试演讲，一定是自然且真诚的。

那如何才能做到自然且真诚地答题？面试演讲的评分标准，分为两个方面：内容和形式。所以出色的面试演讲一定是形式和内容的结合，两者同等重要，缺一不可。下面我们就通过形式和内容两个方面，来教大家如何在回答演讲题时做到两者完美结合，自然且真诚。

（一）形式做对，让考官爱听你说话

“演讲”由两个字构成，“演”和“讲”。所以，我们只会讲不行，还要会演。这也是演讲题区分于其他面试题型的根本性区别。会“演”，才能让我们的演讲听起来真诚、自然，并且充满感情，而语言节奏、肢体语言和独特气场这3个方面，至关重要。

1. 语言节奏

为什么相同的内容被不同的人说出来，有的听起来悦耳动听，越听越舒服惬意，有的听起来就味同嚼蜡，多听一分钟都是煎熬？也许其中很重要的一点，就是前者有很好的语言节奏，而后者则是平铺直叙。

演讲中好的语言节奏能帮我们展现出真情实感，这样的演讲才有灵魂。先打动自己，然后才能打动考官。下面我们就从语速快慢和重音轻音两个方面，来学习下如何展现语言节奏。

（1）从语速快慢中带感情

白居易的《琵琶行》中有这样几句形容琵琶曲的诗句：“大弦嘈嘈如急雨，

小弦切切如私语。嘈嘈切切错杂弹，大珠小珠落玉盘。”短短几句，道出了琵琶曲引人入胜的节奏，对我们演讲时语速的把握，也是有一定启发：在平时练习中，在总体节奏不疾不徐的基础上，一定要注意哪些地方该快，哪些地方该慢，在该快的地方快，该慢的地方慢；要注意哪些地方你要慷慨激昂，哪些地方要娓娓道来。节奏有了快慢，有了停顿，表达自然就有了感情，才能吸引听众。

（2）从重音中找力量

总听人说演讲要有力量，要打动人心，却很少有人能一言两语就说清怎么才能做到。这里告诉大家一个屡试不爽、极易上手、几乎不费吹灰之力，并且尤其适合公考演讲需要短期提高突破的诀窍，那就是：把握好重音。挑选特定的词语适当重读，可以让我们的演讲听起来更有力量，也更有感情。这个方法听起来似乎有点太过简单，也不高大上，但朴素的方法，往往有奇效，就像治好感冒的，常常是最普通、最便宜的感冒胶囊一样。

那如何找对重音？这要视你演讲的具体内容而定。一般来说，表达中想要格外强调的内容，就是你应该用重音的地方。比如说“奋斗路上，他坚守为民服务的初心”，可以把“初心”两个字重读；“权为民所用，利为民所谋”，重音可以放在两个“民”字上。在平时学习中，要有意识地去练习这一方法，熟能生巧，多多练习之后，自然能对重音有条件反射式的准确把握。

2. 肢体语言

良好的肢体语言，能让我们的演讲看起来更加自然、充满感情，也能让我们看起来更加自信，气场更加强大。我发现大多数考生对于肢体语言的疑问和困惑，都存在于以下几个问题中。

（1）站着还是坐着？

对这个问题没有标准答案。演讲时，我们可以选择站起来，也可以坐着。我的建议是：如果考场条件允许，并且内心也比较淡定从容不紧张，我们可以离开座位站着演讲。这样会给考官留下自信大方的印象。在离开座位的时候，我们要向各位考官报告一下：“各位考官，请允许我站起来作答。”开始演讲时，要说开场语：“各位考官好，今天我演讲的题目是……”最后，在演讲结束之后告诉考官：“各位考官，我的演讲到此为止，谢谢。”然后再返回到座位。这是站着演讲必备的礼节。

需要注意的是，如果选择站起来演讲，我们一定要做到身姿挺拔，落落大方，这一点非常重要。人都是视觉动物，如果你站起来，弯腰驼背、眼神躲闪，那无论你的内容多好，考官给你的分数都是要打折扣的。另外，有的同学作答时非常紧张，于是就想着用站起来演讲来缓解自己的紧张，我不太建议这样做，因为真实的情况是，站起来之后，你很可能会更紧张。

（2）要不要用手势？

在演讲中，手势有不可低估的作用。恰当地运用手势，对于表达演讲者的感情、表现演讲者的体态形象、增强演讲的说服力和感染力有着重要的作用。但是，我们在面试演讲中要不要用手势，却是个因人而异的问题。

有的同学担心，有手势会显得不够稳重，也有人担心，没有手势会显得呆板。其实手势的目的只有一个，那就是为我们的演讲锦上添花，关键就看你能否自然地运用。如果不自然，反而容易弄巧成拙。当然，很少有人能一开始就做得很好，这需要我们不断练习。在练习中，多注意以下几点：

手势不能太多，否则会显得不够沉稳，且有喧宾夺主之嫌。并且，手势应该是开放的，能够扩大我们肢体语言的影响半径。在演讲中，尽量不要封闭自己，不要看起来像是被绑住了。把手放在口袋里，放在背后，双手抱紧，都是不合适的。自信地说话，让双手处于解放状态，可以根据内容做出相应的动作。

（3）要不要眼神交流？

眼神交流不仅需要，而且至关重要。这一点在第二章有详细讲述，感兴趣的同学可以回过头去再看一遍。

3. 你自己的独特气场

对于演讲人应有的气场，很多人认为应该是慷慨激昂的。事实上，演讲可以呈现的表达形式有很多种，可以是激情澎湃的，也可以是娓娓道来的。这些都可以是很好的演讲呈现形式，大家可以根据自己的表达风格自行选择。每个人都是不同的，适合自己的才是最好的，才是对别人最有感染力、最吸引人的。

4. 紧张怎么办？

两个解决方法。一方面，本质就是多练，道理很简单，一旦你习惯了这种场合，你就不会再感到紧张或害怕。举个很直白的例子，如果让你去背诵李白的《静夜思》，那我相信，无论在什么样的高压场合下，有多少观众，你都会正常发挥。因为你对它的内容实在是太熟悉了。熟练能极大缓解你的紧张情绪，你越熟练，就会越自然，即使有些紧张，也不会影响你的发挥。另一方面，你要学会和紧张共存，甚至利用好紧张。网球运动员费德勒在2017年获得温布尔登网球公开赛冠军后说：无论你训练多少，你在比赛的时候，都得面临紧张从四面八方涌来的感觉。你要习惯这种感受。正是因为习惯了在比赛中与紧张和压力和谐共存，他获得了 8 届温布尔登网球公开赛冠军。这种状态，我们把它叫作“适度有益紧张”：承认紧张的存在，坦然接受它，不逃避不强求，把紧张化为面对挑战的小兴奋，不要被紧张所裹挟，要让紧张为你所用。

（二）内容上，以事说理、以事传情

面试演讲题与我们平日里接触的演讲有很大不同。除过上面提到的即兴发挥，面试演讲其实可以说是一个迷你版演讲，时间一般只有三四分钟，不可能像平日里演讲比赛那样，让我们洋洋洒洒地展开。所以，面试演讲的结构要紧凑，开头要吸引人，主体部分要有理有据，结尾要简洁有力。

1. 结构要清晰紧凑

面试演讲的结构一般可分为称呼问好、开篇引入、正文阐述和结尾呼吁号召 4 个部分。大家可以根据自己对题目的理解，来构建演讲的基本框架，明确每个部分演讲的主要内容，争取个性化作答。

2. 开篇引入

三四分钟的演讲，一定要把它的结构安排得紧凑合理，在这里，给大家推荐几种比较好用的开篇引入方式。第一种是名言引入，第二种是故事引入，第三种是开门见山。

比如以“百姓情怀”为主题进行演讲，我们可以用名言引入破题。“古代荀子曾说过，水能载舟，亦能覆舟；孟子有云，民为贵，社稷次之，君为轻。习近平总书记也用朴素而又伟大的言语告诉我们，老百姓是天，老百姓是地。这些都阐述了以人民为中心的治国理念，表达了深深的百姓情怀。”

再看如何用故事引入，如：什么是百姓情怀？我想“最美奋斗者”周永开书记，用他的一生，给了我们最好的答案。他将“党是一生的追随”作为座右铭，在职时带领群众植树造林，创造家乡良好的生态环境；离休后牵头组建退休干部义务护林队，推动花萼山建成国家级自然保护区。此外，他还将离休费捐资助学、扶贫济困，把一辈子都奉献给了花萼山。什么是百姓情怀？周永开同志用几十年如一日的坚守告诉我们，百姓情怀是凌驾于责任心、事业心之上的精神价值追求，是党的干部开展民生工作的必然要求。

以上 3 种方式中，如果有相关储备，我个人比较推荐用故事引入。面试演讲时间短，如果想要在最短的时间中吸引听众的注意力，用简短有力的故事破题是最有效的方法之一。这个故事可以是历史故事、寓言故事，可以是我们身边人的故事，也可以是我们自己的故事。

3. 论证充实

论证充实是指在紧扣题目核心主题的基础上，充分运用道理和事例等来论证自己的见解。一般情况下，我们可采用理证和例证相结合的方式来论证自己的观点。这里还是以“百姓情怀”主题演讲为例，为大家展示演讲主体部分如何展开。

各位考官好，我今天的演讲题目是《小人物、大情怀》。纵观历史，在两千年前的史书《左传》中，“民生”一词就首次出现：“民生在勤，勤则不匮。”百年前，“三民主义”先驱者孙中山先生更是提出：“所谓民生，是人生的生活、社会的生存、国民的生计、群众的生命。”刚刚结束的二十大会议上提出的按劳分配、就业优先、多层次社会保障体系、健康中国、高质量教育体系、农业农村优先、蓝天碧水净土保卫战、社会治理共同体、大安全大应急等，都让我们感受到了浓浓的民生温度。

……

“衙斋卧听萧萧竹，疑是民间疾苦声。些小吾曹州县吏，一叶一枝总关情。”此时，我忽然想起清代郑板桥这首饱含浓烈、真挚爱民之情的短诗。我想，用这首诗来比喻我们普通公务人员的工作，也恰如其分。虽然我们没有显赫的职位，也没有耀眼的名望；没有惊天动地的创举，也没有催人泪下的事迹，但我们勤奋、朴实、兢兢业业，不追名逐利，在平凡普通中激扬着自己的青春，在默默无闻中见证着国家的稳步前进，在无私奉献中守护着百姓福祉。这就是我们小人物的大情怀，我们称它为：百姓情怀！

4. 素材巧选取

很多同学答题时车轱辘话来来回回地说，原因之一是没有素材积累。巧妇难为无米之炊，没有储备，无论你的心理素质有多好，都无法进行有效输出。所以，在平日练习中，一定要有意识地去多积累一些适合演讲的素材。

演讲的核心内容依托于好的演讲素材，所以素材的选择尤为重要。在这里推荐两种面试演讲中好用的素材：一是自己的经历，因为自身经历在阐述的过程中能够凸显细节，表达出真情实感，对于考官而言新鲜度也高。二是结合时政的素材，这些素材能够展示考生的公职人员意识、社会敏感度，体现出与报考岗位的匹配度。

另外，仔细分析一下往年真题我们会发现，其实百分之九十以上的面试演讲题目与我们的三观有关。公职人员被期待持有的三观是基本稳定的，所以面试演讲的素材，完全可以提前准备。在平日练习中，可以多注重积累以下几方面的素材：人物故事、名言名句、相关论述。比如理想信念、忠诚爱国、实事求是、突破创新、担当作为、清正廉洁、苦学勤练、大局意识、与时俱进、为人民服务、团结协作等。这些是与公职人员的日常工作紧密相连的正能量素材。

5. 结尾呼应

面试演讲的结尾建议简洁有力一些，回应开头就可以了。

三、无领导小组讨论

无领导小组讨论是近年来部委面试及地方面试的热门考查形式之一。其实无论是无领导小组，还是考查频率稍低的结构化小组，都是在结构化面试的基础上做出的相应环节和内容的调整，本质上并没有区别。但是，熟悉这种考查形式的各个环节和相关细节，也是我们备考中的任务之一。下面，我们就从考查总体流程（考前准备、入场准备环节、正式考查、考官整理记录评议评分、分数整合及最终判定）和如何提升在面试中的表现两个方面，来深入了解无领导小组讨论这种考查形式。

（一）考查流程详解

无领导小组讨论经典题目示例

2022 年深圳市海事局无领导小组面试题：

K 市以高端产品、渠道搭建、属地化经营等为重心，立足技术、品牌和全球性销售渠道，走出了从“产品与规模”到“品牌与创新”的“出海”新路径。K 市先进制造业增加值占规模以上工业增加值的比重，从 2012 年的 33.3% 提升至 2021 年的 49.4%；其中，智能家电、智能装备、智能穿戴等产业份额不断攀升。

成绩十分耀眼，但问题依然存在；特别是 K 市企业在创新发展方面仍存在很多问题。对此，K 市专家召集全市优秀企业召开专题座谈会；在座谈会上，企业负责人针对企业在创新方面的实际情况提出了以下九大难题。

（一）企业在发展过程中，自身存在资金不足的问题，在一定程度上讲，还面临着资金链断裂的压力，企业创新资金的投入明显不足，企业资金短缺是创新的“瓶颈”。

（二）企业的大部分员工缺乏创新意识，更善于使用拿来主义，在企业创新方面习惯借鉴国外或者别人的做法。

（三）中国企业的创新产品尚未形成规模化生产，市场份额占比小，品牌效应不足，导致产品没有市场，制约着企业创新的进一步发展。

（四）企业与高校的合作方式存在问题，有些高校课研人员陶醉于技术成果的先进性，忽视和脱离了企业的实际需求，而有些企业缺乏长远的战略眼光和足够的耐心，希望高校能够提供可以直接产业化的产品。合作双方的目标和利益诉求不同，使得研发成果脱离了企业的实际需求。

（五）科创型企业，大多数都存在可抵资产少、资金需求急、需求额度大、融资成本敏感度高的实际，银行现有的贷款产品难以同时满足上述需求。同时，企业的信用贷款额度小，而抵质押担保贷款审批周期长，对于部分科创企业来说，融资成本依然较高。

（六）为解决科创企业存在信息互通的壁垒，市政府牵头搭建了一个科技创新平台；但是，平台信息却存在着更新不及时的问题，对企业并没产生实质性的帮助。

（七）知识产权保护工作不到位，企业刚刚研发出一项新型技术，还没等申请专利，就已经被别的企业盗用了。

（八）大量外国品牌入驻中国市场，抢占了中国大量的市场份额，严重地挤压了国内自主品牌的发展空间，进一步加剧了企业创新发展的现实难度。

（九）在创新研发的过程中，企业本身能够提供给创新人才的资源十分有限，导致人才创新的积极性大打折扣，很多企业都存在创新人才流失严重的问题。

问题一：请将企业创新过程中存在的问题概括为三类，并按照紧迫性进行排序。

问题二：请从以上九个问题之中选出你认为最亟须解决的一个问题，并提出相应的解决措施；举措要求具体、切实、可行。

答题要求：第一环节，个人陈述，每人三分钟。第二环节，围绕任务二，自由讨论。5 人组 50 分钟，6 人组 55 分钟，以此类推；要求最终达成一致意见。第三环节，总结陈词，选出一名代表进行总结陈词，时间不超过 5 分钟；待发言代表发言结束之后，其他小组成员可以补充发言。

无领导小组讨论一般座位图如图 6-17、图 6-18 所示。

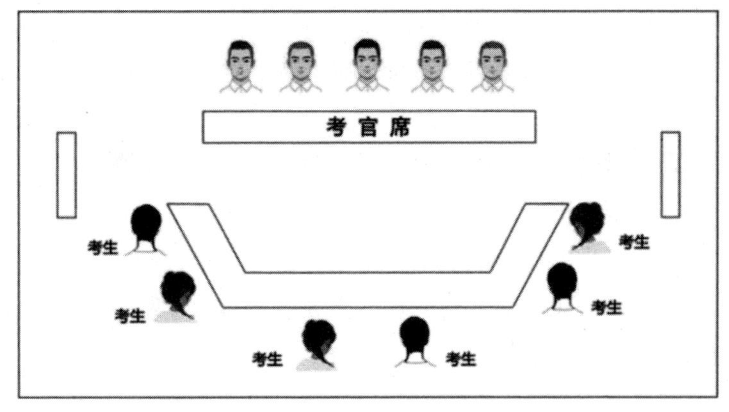

图 6-17　无领导小组讨论一般座位图（1）

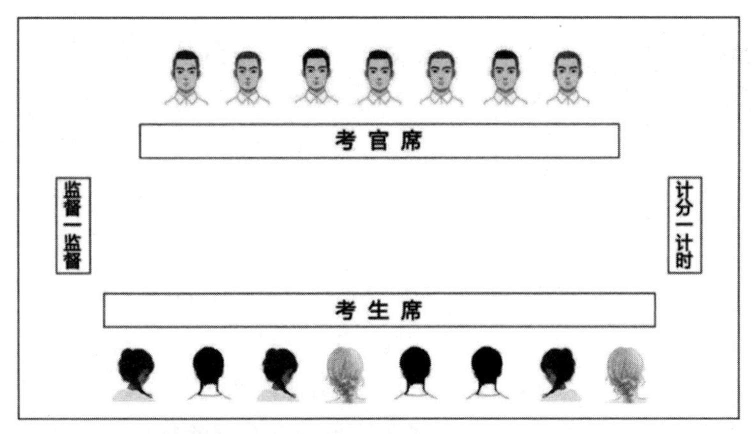

图 6-18　无领导小组讨论一般座位图（2）

无领导小组讨论一般流程详解

1. 考前准备

（1）考官分组。通常每组考官有 5 ～ 9 人，其中一位为主考官。

（2）考生分组。通常每组有 6 位考生，但特殊情况下可有 4 ～ 10 人。一般情况下，报考同一职位或相近职位的考生会被安排在同一组。

（3）场地和材料准备。无领导小组采用的多是考生围桌而坐的形式，方便考生展开讨论。考官的座位与考生的座位保持一定的距离，便于考官观察考生的表现。图 6-17 和图 6-18 是两种常见的无领导小组讨论座位排列的方式。

（4）材料准备。考生题本、草稿纸、笔、考官的评分表和记录用纸，都会事前准备好。

2. 入场准备环节

（1）考生入场。入场前，考生在工作人员的监督下随机抽取考号，并将编号佩戴在显眼位置，由工作人员对其身份进行确认。确认无误后，工作人员引导考生按编号顺序进入考场，然后依次坐下。

（2）考官确认考生身份。考生就座后，考官会对其编号进行核对，以便于在面试过程中进行观察、准确记录与评分。

（3）主考官向考生宣读考试规则和纪律。

（4）工作人员向考生发放材料，宣读指导语。向考生发放的材料包括该次讨论的题目题本、草稿纸、笔等。

3. 正式考查

（1）工作人员向考生发放讨论题本。整场考试时间为 60 ～ 70 分钟。

（2）独立思考。考生拿到讨论的题目后，有 10 分钟左右的独立思考时间，并可在此期间列出发言提纲，为下一阶段的观点陈述和自由讨论做好准备。

（3）单独发言 / 陈述观点。10 分钟的准备时间过后，主考官宣布讨论开始。讨论的第一阶段为陈述个人观点，小组总用时为 15 ～ 20 分钟。主考官宣布开始后，考生发言次序等由考生自主决定，可选择率先发言，也可在听取其他成员发言之后再发表意见。在此期间，考官不得加入考生讨论或回答考生提问。

在个人观点陈述阶段，每位考生根据前一阶段的思考结果，阐述自己的观点，个人阐述时间一般不得超过 3 分钟。考生发言过程中，其他考生不得无故打断或中止发言者的发言，每个考生都必须发言，发言的顺序可按照题本要求执行，也可采取自愿原则，由考生自行决定。考生发言过程中，考官对照评分表中所列条目认真观察考生综合表现，并进行记录，为考生的评分打下基础。

（4）小组讨论。个人观点陈述结束之后，进入小组讨论阶段。小组讨论用时共 30 分钟左右。在进行小组讨论时，考生可以继续阐述解释自己的观点，可以对他人观点提出质疑或者认可，也可以对自己和他人的观点进行合并总结。考生讨论过程中，考官对照评分表中所列条目认真观察考生在讨论中的表现，并进行记录，对考生进行初步评分。

（5）总结汇报。

①考官宣布讨论时间到，请考生停止讨论。此时，不论小组讨论进行到了哪一阶段，都必须停止讨论。所以在讨论时，要注意把控讨论时间和节奏。

②小组成员共同推荐一名代表或小组成员自荐，对小组讨论结果进行总结汇

报。总结汇报用时 5 分钟左右。考生代表小组向考官简要汇报整个讨论的过程及讨论结果，其他考生可以对其汇报进行补充。

③考官就考生的总结汇报进行提问，考生可根据考官的质疑情况进行简单的回复（部分无领导小组考查不包括考官质疑环节）。

④主考官宣布考试结束，工作人员引导考生退场。

4. 考官整理记录、评议、评分

（1）考官整理考查记录。考生退场后，所有考官对自己的记录进行简单整理。

（2）考官评分。各位考官分别在评分表中对每位考生进行评分，并签名。

（3）工作人员收起考官的评分表，并当场进行加密封存。考官对考生的评分结束后，由工作人员收集评分表，以便统一汇总分数。

5. 分数统计及整合

整合考生分数。工作人员将不同考官对同一考生的分数进行加权平均，从而得出每一位考生的最后得分。

6. 公布考生得分

考生的最后得分统计出来后，需由现场监督工作人员进行确认，并在最后的成绩单上签名，交面试组织方负责人员。面试组织方根据相关通知在现场或者试后通知考生成绩及是否入围，并在单位官网对最终成绩进行公布。

无领导小组讨论考官指导语示例

各位考生好，欢迎你们参加面试。今天的面试以无领导小组讨论的形式进行，希望通过这次讨论增进对你们的了解。请你们不要紧张，积极讨论，认真作答。

你们在预考室已经阅读了给定的材料，做好了相关准备工作。下面请大家继续完成题本上“程序”中的第二阶段及以后的各项任务，但必须注意：

第一，接下来的面试总体时间为 70 分钟，请大家务必在规定的时间内完成。题本中给出了各阶段时限，供你们分配时间时参考，由你们自行掌握。

第二，在讨论过程中，考官只作为旁观者，不参与讨论，不发表任何意见。

第三，讨论开始后，考生不得再向考官询问任何问题，讨论完全由考生按照题本规定的程序自主进行。

第四，发言时请注意语言文明，不要相互攻击。

如果大家对上述要求还有不理解的地方，可以举手提问。

……

如果没有问题，现在开始。

……

时间到。面试到此结束，请各位考生交回题本，谢谢大家！

（二）如何提升面试表现

（1）结合自身情况，找到讨论中适合自己的身份定位，充分展现自身所长。比如，如果你性格外向、组织能力强，可以在讨论中积极争取领导者角色；如果你心思细腻缜密，可以做时间把控者和观点记录者；如果你善于倾听总结，逻辑思维强，可以做观点补充者和阶段性总结者，诸如此类。无论你自身性格特点如何，你总能找到适合自己的身份定位，并在讨论中发挥好。但这里要注意两点：第一，定位不僵化。即使平时练习时准备好某一定位，最后也应视面试现场具体情况而定，视具体情况而变。第二，定位分工并非非此即彼。这几种角色分工，只是一个基本方向，比如，在实际讨论环节，我们完全可以既从总体上引导讨论的方向和节奏，又着手细节去把控时间、提醒超时。自我定位的目的，是放大你的优势和长处，让你专且不独。

从长期的实战演练的实践中，我发现很多同学在自身定位中常见的一个问题，是看不到自身所长，认为自己什么都不擅长，不清楚究竟应该如何定位。实际上，一个人总有相对擅长的方面，更何况能进入面试的都是佼佼者，不论本身素质基础还是学习能力都不会差。要解决这一问题，我建议可以试试以下两种方法：第一是多练习。练习得多了，你对无领导小组讨论自然而然就有了感觉，自然能感觉到，是做掌控全局的领导者还是辅助者更加得心应手。第二是试着多问问旁观者的意见。记住，整场讨论我们都是作为被观察者存在的，所以旁观者的感受，甚至比我们自身的感受还要重要。让经验丰富的旁观者从考官角度，客观中肯地给我们提出意见，并结合你的切身体会，一定能有所启发。

（2）无领导小组讨论中，贡献度是最重要的评判标准。所谓贡献度，是指你为了小组任务的圆满解决，做出了多少贡献。有很多同学问我：无领导小组讨论中，考官依据什么来给每位考生打分？语言表达能力、解决问题的能力、讨论参与度、礼貌风度，还是知识储备？当然这些都是考虑因素，但都没有触及根本。

无领导小组讨论本质上是一项团队合作，你在团队的意义和价值，根本上取决于你在多大程度上推进了团队任务的圆满完成。有很多同学认为，只要积极发言、给出观点、参与讨论，就是为任务完成做出了贡献，其实不尽然。

这里聊聊我的一位学生参加某一重要部委无领导小组面试时的真实经历，发生在她身上的这个小故事比较有代表性。面试当天讨论小组高手云集，但她本身是名校法学硕士，又参加过很多全国性的辩论比赛，所以尽管小组成员普遍实力很强，还是能自如应对。在当天所有的考生中，有一位考生观点非常犀利深刻，确实很有能力，但态度上稍显强势，在自由讨论环节，两人就一个观点意见不同而僵持不下，甚至到了快要吵起来的地步。随着讨论时间一点点地逼近结束时间，在对方咄咄逼人、寸步不让的情况下，权衡考虑之后，最后她选择放弃自己的观点，同意以对方的观点作为小组观点进行总结陈述。这场考试最后的结果，是我的这位学生面试排名第一。

看到这里，也许有的同学会认为，那位强势的考生之所以落选，是因为太强势，其实也并非如此。一千个人眼中有一千个哈姆雷特，你所认为的强势，在别人眼中也许是敢于坚持自己的观点。像参与度、礼貌程度这些都是带有主观色彩的，很难把控，但有一个词是实实在在的，那就是你对小组的“贡献度”，所有我们应该在无领导小组中展现出的个人素养，都是以提升自己对团队的贡献度、推动团队合作为目的的。无领导小组讨论本质上是一项团队合作，是整个团队而非单独考生的秀场。小组的核心任务就是解决问题，你的表现优秀与否，取决于你在多大程度上推动了团队问题的解决进程。上述故事中的这位考生在最后关头，为了团队任务能够按时完成，主动做出让步，放弃自己的观点，其实就是为团队任务达成做出了贡献。

（3）认真倾听，时刻准备发言。在无领导小组考查的自由讨论环节，一般情况下大多考生能做到踊跃发言。但是要注意，发言重要，理解和记录别人的观点同样重要。有的考生认为他人的发言与自己无关，在其他成员发言时不注意倾听甚至走神，导致无法自然加入讨论，或者抢来了发言机会，却不知如何表达，最终错失表现机会。所以，在整个无领导小组讨论的过程中，一定要认真倾听他人的发言，必要时记好笔记，感觉他人的发言马上要结束了，要能立刻接过话语，及时把自己的观点表达出来。

另外需要提醒一点的是，从流程安排和任务设置上，无领导小组讨论有基本固定的考查模式。但在具体操作层面，各地的具体流程和题型特征还是有所差异的。在备考时，不仅要熟悉无领导小组讨论的基本环节，还要全面了解报考地无领导小组讨论面试的考情考务，这样才能在面试阶段做到有的放矢。

第七章

面试素材的积累

面试备考中我们会遇到很多问题，如看到题目无思路、答题时无话可说、停顿卡壳、不知如何开口、大脑突然一片空白等。其实这些问题的存在，都和素材积累不足有关，也都可以通过积累素材来解决。巧妇难为无米之炊，素材积累的重要性，以及素材储备丰富对我们的助益，相信每一位认真备考的同学都有切身体会。这一章，我们共同学习一些面试备考的重点素材，一方面是把它们当作现成的知识积累，让大家在答题中能够直接拿来用，节约大家的时间和精力。更重要的一点，则是抛砖引玉，让大家在日后学习中，多加积累，建立自己的备考素材库。学习强国 App、人民日报微信公众号、求是网微信公众号、人民日报评论微信公众号等，都是素材积累的重要来源。

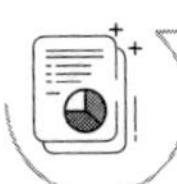

一、党的二十大报告理论摘要

报告提出的一系列重要论述

1. 三个务必

中国共产党已走过百年奋斗历程。我们党立志于中华民族千秋伟业，致力于人类和平与发展崇高事业，责任无比重大，使命无上光荣。

全党同志务必不忘初心、牢记使命，务必谦虚谨慎、艰苦奋斗，务必敢于斗争、善于斗争，坚定历史自信，增强历史主动，谱写新时代中国特色社会主义更加绚丽的华章。

2. 十年来的三件大事

十年来，我们经历了对党和人民事业具有重大现实意义和深远历史意义的三件大事：一是迎来中国共产党成立一百周年，二是中国特色社会主义进入新时代，三是完成脱贫攻坚、全面建成小康社会的历史任务，实现第一个百年奋斗目标。

这是中国共产党和中国人民团结奋斗赢得的历史性胜利，是彪炳中华民族发展史册的历史性胜利，也是对世界具有深远影响的历史性胜利。

3. 跳出治乱兴衰历史周期律的第二个答案

经过不懈努力，我们党找到了自我革命这一跳出治乱兴衰历史周期律的第二个答案，自我净化、自我完善、自我革新、自我提高能力显著增强，管党治党宽松软状况得到根本扭转，风清气正的党内政治生态不断形成和发展，确保党永远不变质、不变色、不变味。

4. 归根到底是两个“行”

实践告诉我们，中国共产党为什么能，中国特色社会主义为什么好，归根到底是马克思主义行，是中国化时代化的马克思主义行。

5. 中国共产党的中心任务

从现在起，中国共产党的中心任务就是团结带领全国各族人民全面建成社会主义现代化强国、实现第二个百年奋斗目标，以中国式现代化全面推进中华民族伟大复兴。

6. 中国式现代化的本质要求

中国式现代化的本质要求是：坚持中国共产党领导，坚持中国特色社会主义，实现高质量发展，发展全过程人民民主，丰富人民精神世界，实现全体人民共同富裕，促进人与自然和谐共生，推动构建人类命运共同体，创造人类文明新形态。

7. 牢牢把握五个重大原则

我们必须增强忧患意识，坚持底线思维，做到居安思危、未雨绸缪，准备经受风高浪急甚至惊涛骇浪的重大考验。前进道路上，必须牢牢把握以下重大原则：

——坚持和加强党的全面领导。

——坚持中国特色社会主义道路。

——坚持以人民为中心的发展思想。

——坚持深化改革开放。

——坚持发扬斗争精神。

8. 全面建设社会主义现代化国家的首要任务

高质量发展是全面建设社会主义现代化国家的首要任务。发展是党执政兴国的第一要务。没有坚实的物质技术基础，就不可能全面建成社会主义现代化强国。

9. 全面建设社会主义现代化国家的基础性、战略性支撑

教育、科技、人才是全面建设社会主义现代化国家的基础性、战略性支撑。必须坚持科技是第一生产力、人才是第一资源、创新是第一动力，深入实施科教兴国战略、人才强国战略、创新驱动发展战略，开辟发展新领域新赛道，不断塑造发展新动能新优势。

10. 人民民主是社会主义的生命

人民民主是社会主义的生命，是全面建设社会主义现代化国家的应有之义。全过程人民民主是社会主义民主政治的本质属性，是最广泛、最真实、最管用的民主。

11. 在法治轨道上全面建设社会主义现代化国家

全面依法治国是国家治理的一场深刻革命，关系党执政兴国，关系人民幸福安康，关系党和国家长治久安。必须更好发挥法治固根本、稳预期、利长远的保障作用，在法治轨道上全面建设社会主义现代化国家。

12. 全面建设社会主义现代化国家，必须坚持中国特色社会主义文化发展道路

全面建设社会主义现代化国家，必须坚持中国特色社会主义文化发展道路，增强文化自信，围绕举旗帜、聚民心、育新人、兴文化、展形象建设社会主义文化强国，发展面向现代化、面向世界、面向未来的，民族的、科学的、大众的社会主义文化，激发全民族文化创新创造活力，增强实现中华民族伟大复兴的精神力量。

13. 为民造福是立党为公、执政为民的本质要求

江山就是人民，人民就是江山。中国共产党领导人民打江山、守江山，守的是人民的心。治国有常，利民为本。为民造福是立党为公、执政为民的本质要求。我们要实现好、维护好、发展好最广大人民根本利益，紧紧抓住人民最关心、最直接、最现实的利益问题，坚持尽力而为、量力而行。

14. 全面建设社会主义现代化国家的内在要求

尊重自然、顺应自然、保护自然，是全面建设社会主义现代化国家的内在要求。必须牢固树立和践行“绿水青山就是金山银山”的理念，站在人与自然和谐共生的高度谋划发展。

15. 国家安全是民族复兴的根基

国家安全是民族复兴的根基，社会稳定是国家强盛的前提。必须坚定不移贯彻总体国家安全观，把维护国家安全贯穿党和国家工作各方面全过程，确保国家安全和社会稳定。

16. 全面建设社会主义现代化国家的战略要求

如期实现建军一百年奋斗目标，加快把人民军队建成世界一流军队，是全面建设社会主义现代化国家的战略要求。必须贯彻新时代党的强军思想，贯彻新时代军事战略方针，坚持党对人民军队的绝对领导，坚持政治建军、改革强军、科技强军、人才强军、依法治军，坚持边斗争、边备战、边建设，坚持机械化、信息化、智能化融合发展，加快军事理论现代化、军队组织形态现代化、军事人员现代化、武器装备现代化，提高捍卫国家主权、安全、发展利益战略能力，有效履行新时代人民军队使命任务。

17. “一国两制”是中国特色社会主义的伟大创举

“一国两制”是中国特色社会主义的伟大创举，是香港、澳门回归后保持长期繁荣稳定的最佳制度安排，必须长期坚持。

18. 必须时刻保持解决大党独有难题的清醒和坚定

全面建设社会主义现代化国家、全面推进中华民族伟大复兴，关键在党。我们党作为世界上最大的马克思主义执政党，要始终赢得人民拥护、巩固长期执政地位，必须时刻保持解决大党独有难题的清醒和坚定。……全党必须牢记，全面从严治党永远在路上，党的自我革命永远在路上，决不能有松劲歇脚、疲劳厌战的情绪，必须持之以恒推进全面从严治党，深入推进新时代党的建设新的伟大工程，以党的自我革命引领社会革命。

19. 五个“必由之路”

全党必须牢记，坚持党的全面领导是坚持和发展中国特色社会主义的必由之路，中国特色社会主义是实现中华民族伟大复兴的必由之路，团结奋斗是中国人民创造历史伟业的必由之路，贯彻新发展理念是新时代我国发展壮大的必由之路，全面从严治党是党永葆生机活力、走好新的赶考之路的必由之路。这是我们在长期实践中得出的至关紧要的规律性认识，必须倍加珍惜、始终坚持，咬定青山不放松，引领和保障中国特色社会主义巍巍巨轮乘风破浪、行稳致远。

二、重点名词解释

1. 四个意识

四个意识指的是政治意识、大局意识、核心意识、看齐意识。四个意识集中体现了党根本的政治方向、政治立场、政治要求，是检验党员、干部政治素养的基本标准。

2. 四个自信

四个自信指的是中国特色社会主义道路自信、理论自信、制度自信和文化自信。四个自信是有机统一的，中国特色社会主义道路是实现途径，中国特色社会主义理论体系是行动指南，中国特色社会主义制度是根本保障，中国特色社会主义文化是精神力量，它们统一于中国特色社会主义伟大实践。

3. 两个维护

两个维护指坚决维护习近平总书记党中央的核心、全党的核心地位，坚决维护党中央权威和集中统一领导。

4. 四史教育

四史教育是党史、新中国史、改革开放史和社会主义发展史教育的统称。“四史”内容各有侧重，整体讲的是中国共产党为人民谋幸福、为民族谋复兴、为世界谋大同的实践史，中国共产党的领导是“四史”的主线。

5. 两个确立

两个确立指的是确立习近平同志党中央的核心、全党的核心地位，确立习近平新时代中国特色社会主义思想的指导地位。全党有核心，党中央才有权威，党才有凝聚力。

6. 碳中和

碳中和是指国家、企业、产品、活动或个人在一定时间内直接或间接产生的二氧化碳或温室气体排放总量，通过植树造林、节能减排等形式，以抵消自身产生的二氧化碳或温室气体排放量，实现正负抵消，达到相对“零排放”。

7.《关于加强新时代人民政协党的建设工作的若干意见》

该《意见》从总体要求、政治责任、理论学习、组织建设、改进作风、严明纪律、加强领导 7 个方面进行了明确规定，提出了系统要求。

（1）加强新时代人民政协党的建设的总体要求。

（2）切实担负起实现党对人民政协领导的政治责任。

（3）坚持用习近平新时代中国特色社会主义思想武装头脑。

（4）推进人民政协党的组织和党的工作有效覆盖。

（5）驰而不息改进作风。

（6）坚持用严明的纪律推进全面从严治党。

（7）加强对新时代人民政协党的建设工作的领导。

三、不同主题名言金句

（一）为民服务

（1）但愿苍生俱饱暖，不辞辛苦出山林。

（2）政之所兴在顺民心，政之所废在逆民心。

（3）治政之要在于安民，安民之道在于察其疾苦。

（4）典德莫高于爱民，行莫贱于害民。

（5）没有一种根基，比扎根于人民更坚实；没有一种力量，比从群众中汲取更强大；没有一种资源，比赢得民心更珍贵持久。

（6）央视《走基层》栏目开卷语：“坐在同一条板凳上，才缩短了心与心的距离；住在农家的炕头上，收获的才不只是建议。我的脚下沾有多少泥土，我的心中就沉淀多少真情。走近你，读懂你，为了你，依靠你。”

（7）参天之木，必有其根；怀山之水，必有其源。

（8）苟利于民，不必法古；苟周于事，不必循旧。

（9）解决民生问题是最大的政治，改善民生是最大的政绩。

（10）衣食以厚民生，礼义以养其心。

（11）为民造福没有终点，只有连续不断的新起点。

（12）只有不合格的干部，没有不合格的群众。

（13）水有源，故其流不穷；木有根，故其生不穷。

（二）党员干部严格自我要求

（1）为政以德，譬如北辰，居其所而众星共之。

（2）政者，正也。其身正，不令而行；其身不正，虽令不从。

（3）领导干部要加强修养、提升境界，培养和树立六种意识：信仰意识、公仆意识、自省意识、敬畏意识、法治意识和民主意识。

（4）取法于上，仅得为中；取法于中，故为其下。

（5）从善如登，从恶如崩。

（6）不受虚言，不听浮术，不采华名，不兴伪事。空谈误国，实干兴邦。

（7）苟利国家生死以，岂因祸福避趋之。

（8）持平常心，做本分事。要修炼平常心，不去计较任何得失荣辱，达到八风吹不动的境界。

（9）党员干部要堂堂正正做人，老老实实干事，清清白白为官。

（三）奋斗进取

（1）艰难困苦，玉汝于成。

（2）不满足是向上的车轮。

（3）老骥伏枥，志在千里；烈士暮年，壮心不已。

（4）古之成大事者，不惟有超世之才，亦必有坚忍不拔之志。

（5）勿忘昨天的苦难辉煌，无愧今天的使命担当，不负明天的伟大梦想，以史为鉴、开创未来，埋头苦干、勇毅前行，为实现第二个百年奋斗目标、实现中华民族伟大复兴的中国梦而不懈奋斗。

（6）惟奋斗者进，惟奋斗者强，惟奋斗者胜。

（7）只要有坚定的理想信念、不懈的奋斗精神，脚踏实地把每件平凡的事做好，一切平凡的人都可以获得不平凡的人生，一切平凡的工作都可以创造不平凡的成就。

（四）青年力量

（1）只有青春勇于奋斗，那么青春才值得回忆。

（2）青年处于人生积累阶段，需要像海绵汲水一样汲取知识。

（3）年轻人要把艰难困苦作为历练，要从一点一滴小事做起。

（4）立志是一切开始的前提，青年要立志做大事，不要立志做大官。

（5）青年有着大好机遇，关键是要迈稳步子、夯实根基、久久为功。

（6）现在，青春是用来奋斗的；将来，青春是用来回忆的。

（7）青年一代有理想、有本领、有担当，国家就有前途，民族就有希望。

（8）青年最富有朝气、最富有梦想，青年兴则国家兴，青年强则国家强。

（9）光阴荏苒，物换星移。时间之河川流不息，每一代青年都有自己的际遇和机缘，都要在自己所处的时代条件下谋划人生、创造历史。

（10）青年是标志时代的最灵敏的晴雨表，时代的责任赋予青年，时代的光荣属于青年。

（11）同人民一起奋斗，青春才能亮丽；同人民一起前进，青春才能昂扬；同人民一起梦想，青春才能无悔。

（12）青年的人生之路很长，前进途中，有平川也有高山，有缓流也有险滩，有丽日也有风雨，有喜悦也有哀伤。

（13）一个时代的精神是青年代表的精神，一个时代的性格是青春代表的性格。

（14）你所站立的地方，正是你的中国。你怎么样，中国便怎么样。你是什么，中国便是什么。你有光明，中国便不黑暗。

（五）法治力量

（1）治国者必先受治于法，只有依法行政，才能依法治国。

（2）遵守法律没有特权，执行纪律没有例外。

（3）法令行则国治，法令弛则国乱。

（4）法律不应该仅仅是刻在石碑上，而应该刻在我们的心里。

（5）法者，天下之程式也，万事之仪表也。

（6）奉公如法则上下平，上下平则国强。

（7）家有常业，虽饥不饿；国有常法，虽危不亡。

（8）国无常强，无常弱。奉法者强，则国强；奉法者弱，则国弱。

（9）法者，天下之度量，而人主之准绳也。县法者，法不法也；设赏者，赏当赏也。

（10）法治兴则国兴，法治强则国强。

（11）天下之事，不难于立法，而难于法之必行；不难于听言，而难于言之必效。

（六）诚实守信

（1）人无信不立，政府无信不威，社会无信不稳，国无信不昌。

（2）自古驱民在诚信，一言为重百金轻。

（3）自以为聪明的人，往往是没有好下场的，世界上最聪明的人是老实的人，因为只有老实人才能经得起事实和历史的考验。

（4）内不欺己，外不欺人。

（5）守信的人是最快乐的。

（七）实践出真知

（1）纵使思忖千百度，不如亲手下地锄。

（2）喊破嗓子，不如甩开膀子。

（3）不仅要仰望星空，更要脚踏实地。

（5）道虽迩，不行不至；事虽小，不为不成。

（6）征途漫漫，团结是金；大道至简，实干为要。征途漫漫，惟有奋斗；梦想成真，惟有实干。

（7）行者常至，为者常成。

（8）一语不能践，万卷徒空虚。

（9）要做起而行之的行动者、不做坐而论道的清谈客。

（10）解决一个“慢”字，消除一个“怕”字，写好一个“实”字，展现一个“活”字。

（11）知屋漏者在宇下，知政失者在草野。

（12）没有比人更高的山，没有比脚更长的路。

（13）合抱之木，生于毫末；九层之台，起于累土；千里之行，始于足下。

（14）纸上得来终觉浅，绝知此事要躬行。

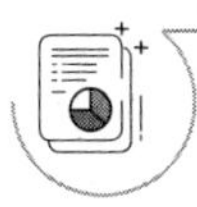

四、经典人物事例

1. 杂交水稻之父袁隆平

袁隆平院士是杂交水稻研究领域的开创者和带头人，致力于杂交水稻的研究。运用超级杂交稻的技术成果，中国以仅占世界 7% 的耕地，养活了占世界 22% 的人口。他荣获首届全国道德模范“全国敬业奉献模范”称号，被誉为“世界杂交水稻之父”，是“共和国勋章”获得者。

袁隆平院士为国为民不畏艰难，勇于付出，奉献终身，他对祖国和人民始终怀有深厚的感情。他常说：“科学研究是没有国界的，但科学家是有祖国的，不爱国，就丧失了做人的基本准则，就不能成为科学家。”他注重理论联系实际、务实进取。袁隆平院士认为：成功的要诀在于“知识、汗水、灵感、机遇”。在超级水稻研究成功前，他做了三千多次试验，正是这种踏实肯干的务实精神，才有了最后的成功。他顾全大局、不计名利、甘为人梯。自从事杂交水稻研究起，他都是从大处着眼，从难处着手，从全局着想，所以课题一上立马就能带动不同地区和单位合作攻关。他不慕名利，把自己的研究专利无私地贡献给国家。

2. 钱七虎：为国作长城

钱七虎是我国防护工程学家。在他七岁那年，父亲临终前叮嘱他“要干一番事业”，他时刻铭记在心。他资助了将近六百位困难学生，将自己的院士津贴、奖金、工资等捐助慈善事业，累计超过一千八百万元。钱老说，“为国家和人民安全贡献心血，有价值”。

【感动中国颁奖辞】什么才是安全，不是深藏地下，构筑掩体，是有人默默把胸膛挡在前面。什么才是成就，不是移山跨海，轰天钻地，是奋斗一甲子，铸盾六十年，是了却家国天下事，一头白发终不悔。

3. 邓小岚：幽谷兰香远

“没有歌声的童年，是很寂寞的。”2004年，邓小岚来到河北马兰村义务支教，教授音乐，募集乐器，组建合唱团。十几年间，一批批孩子走出大山，站上更大的舞台，而邓老师温暖的目光始终未曾改变。如今，邓老师又“回到”了马兰，守望着她牵挂一生的地方。

【感动中国颁奖辞】你把自己留给一座小小山村，你把山村的孩子们送上最绚丽的舞台，你在这里出生，也在这里离开。山花烂漫，杨柳依依，为什么孩子的歌声如此动人？因为你对这片土地爱得深沉。

4. 杨宁：山川展画图

杨宁2010年从广西大学毕业后，回到家乡融水苗族自治县安陲乡江门村，成为一名大学生村官。一次走访，她看到乡亲三人分吃一碗粉，便下决心要当“脱贫领头人”。经历三次失败后，她自掏腰包，免费提供稻谷肥料，发动村民种紫黑香糯水稻，终于大获丰收。

【感动中国颁奖辞】连就连，连上书记结对子。莫看女娃年纪小，敢卖婚房种新田。连要牢，担子虽重娃敢挑，苗乡今年多喜事，紫了糯米撑荷包。牢又牢，党和乡亲我作桥，后有党员千千万，不怕弯多山又高。

5. 沈忠芳：无名草更芳

沈忠芳是我国第三代防空武器系统总指挥。他曾目睹日军轰炸家园，于是报考飞机设计专业，渴望保卫祖国；毕业后，他投身导弹研制，从此隐姓埋名六十余载。他说：“人生最大的幸福，莫过于为人民的幸福奋斗。”

【感动中国颁奖辞】从无到有，从近到远，从长缨在手，到红旗如画。这一代人从没有在乎过自己的得与失，这一代人一辈子都在磨砺国家的剑与盾。今天，后辈们终于能听到你们的传奇，隐秘而伟大，平静而神圣。

6. 徐淙祥：欣欣田间麦

1972年，高中毕业的徐淙祥回到家乡。“为了种好粮，俺能不要命”，进行高产试验时，他从早到晚蹲在田里，用放大镜观察小麦长势和虫情，用笔记本记录风速、雨量，经年累月，从不间断。牵头成立农业种植专业合作社，注重科技育种，帮助本村和周边农民成功脱贫致富。

【感动中国颁奖辞】饿过，所以懂得温饱；拼过，才更执着收获。种了一辈子庄稼，现在赶上了好年景。禾苗在汗水中抽穗，稻麦在农机下归仓，珍惜陇亩颗粒，心怀天下仓廪，你是泥土上的黄牛，夕烟下的英雄。

7.“银发知播”群体

天文、物理、文学、美学，没有墙壁的教室，不设门槛的大学……这群爷爷奶奶在网课直播间里，欢脱幽默地传授硬核知识。他们是老师、院士，将毕生所学通过网络授以青年，用日复一日的耐心播下知识的种子。

【感动中国颁奖辞】春蚕不老，夕阳正红，没有墙壁的教室，不设门槛的大学。白发人创造的流量，汇聚成真正的能量。知播，知播，传播知识与文化，始终是你们执着的方向。

8. 徐梦桃：梦想无时休

北京冬奥会上，31 岁老将徐梦桃带着钢钉出场，凭借完美一跳夺冠，成就了个人职业生涯的全满贯。此前，伤病困扰的她曾萌生退意，但“狠心”的父亲告诉她“不差这一步”，一定要坚持下去。最终，她以女子决赛最高分 108.61 分夺冠！

【感动中国颁奖辞】烧烤炉温暖的童年，伤病困扰的青春，近在咫尺的金牌，最终披上肩膀的国旗，全场最高难度，这是创纪录的翻转，更是人生的翻转。桃之夭夭，灼灼其华，梦之芒芒，切切其真。

9. 陈清泉：强国尚功勋

中国香港第一位中国工程院院士。1982 年，在香港任教的他预判出电动汽车的发展前景，以此为研究方向，希望帮助祖国抓住机遇。他创造性地把汽车、电机、控制等技术融合到一起，形成一门全新学科。

【感动中国颁奖辞】汽车曾经改变世界，而你要改变汽车。中国制造，今天车辙遍布世界，你是先行者，你是领航员。在新能源的赛道上，驰骋了四十多年，如今，你和祖国，正在超车。

10. 陆鸿：人生贵自强

江苏小伙陆鸿，幼时因病导致脑瘫。埋怨过、消沉过，但不愿成为家人累赘的他，开始摆摊、开店、学影视后期，练就一手绝活。2017 年，他带领残疾人做自媒体、开网店。如今，他的工厂已成为远近闻名的残疾人扶贫创业基地，“永不服输！”

【感动中国颁奖辞】有人一生迟疑，从不行动；而你从不抱怨，只想扼住命运的喉咙。能吃苦，肯奋斗，有担当，似一叶扁舟在激湍中逆流而上，如一株小树在万木前迎来春光。在阴霾中，你的笑容给我们带来力量。

11. 林占熺：寸草向春晖

福建农林大学教授林占熺，是《山海情》中凌一农教授的原型人物。为解决“种植食用菌就必须砍树”的世界级难题，他无数次试验，发明出以草代木培养食药用菌的方法；为科研，他的亲弟弟倒在了菌草栽培的一线，林占熺也在常年奔波中差点遭遇意外……如今，“菌草”已走出国门，为全世界脱贫致富提供了方案。

【感动中国颁奖辞】咬定青山大地，立根黄沙破岩，传递幸福，不以闽宁为限，传播文明，不以山海为远。时不我待，所以只争朝夕；心系乡土，所以敢为天下先。你不是田间的野草，你是新时代滋养的大树。

12. 归根清华的百岁物理学家杨振宁

杨振宁先生是跨世纪的物理学家，在粒子物理学、统计力学和凝聚态物理等领域作出里程碑性贡献。他心系祖国科教事业，为国家的科技发展、中外科技文化交流作出了重要贡献，推动了香港中文大学数学科学研究所、清华大学高等研究中心、南开大学理论物理研究室和中山大学高等学术研究中心的成立。

【感动中国颁奖词】站在科学和传统的交叉点上，惊才绝艳。你贡献给世界的，如此深奥，懂的人不多。你奉献给祖国的，如此纯真，我们都明白。曾经，你站在世界的前排，现在，你与国家一起向未来。

13. 七十年航空报国的科学家顾诵芬

顾诵芬是我国飞机空气动力设计奠基人。他在7岁时，曾亲眼目睹日本的轰炸机从头顶飞过，于是从小就立下了“保卫中国的蓝天”的志愿。自上海交通大学毕业后，他就投入了祖国航空事业的建设当中。1967年，顾诵芬担任歼-8战斗机的总设计师，没有经过专业训练的他，瞒着爱人亲自坐上飞机上天观测。他的工作经历与新中国航空工业的发展轨迹完全重合。

【感动中国颁奖词】像静水深流，静水里涌动报国的火，似大象无形，无形中深藏着强国梦。心无旁骛，一步一个脚印，志在冲天。振长策，击长空，诵君子清芬。

14. 守护高原人民健康的老院士吴天一

1958年，吴天一跟随部队来到了青海。那时，大量来支援高原建设的人都患上了怪病，一位患者饱受折磨痛苦离世的模样，让他深受触动……于是，他开始了长达60年的高原病学研究，当时中国的这项研究，还是一片空白。2001年，青藏铁路修建，吴天一担任医学专家组组长。五年里，14万筑路大军无一因高原病死亡，这是吴天一用毕生的心血，创造出的医学奇迹。

【感动中国颁奖词】喝一口烧不开的水，咽一口化不开的糌粑，封存舍不下的亲情，是因为心里有放不下的梦。缺氧气，不缺志气；海拔高，目标更高。在高原上，你守望一条路，开辟了一条路。

15. 长津湖幸存志愿军战士朱彦夫

朱彦夫参加了抗美援朝的长津湖战役，是他们连的唯一幸存者。经过47次手术、93天的昏迷，朱彦夫失去了双手双脚，仅剩下一只0.3视力的右眼。但他不想躺在功劳簿上度过一生。他回到家乡，用残肢夹着粉笔，教乡亲们认字；他拄着拐、拖着假肢，一步一步带村民们走向致富之路。60岁时，他执笔写下《极限人生》，将他和曾经战友的故事捧给了世人……

【感动中国颁奖词】生命，于你不止一次；士兵，于你不只是经历。没有屈服长津湖的冰雪，也没有向困苦低头。与自己抗争，向贫穷宣战。一直在战斗，一生都在坚守，人的生命，应当像你这样度过。

16. 首位闯进奥运会男子百米决赛的苏炳添

作为第一个跨入男子田径100米9秒区的亚洲人，苏炳添的历史性突破不是一蹴而就的。2012年，当他第一次参加奥运会，就遇上了“世界第一飞人”博尔特，那次的经历让他感受到巨大的差距，他下定了决心：过10秒进9秒区。2015年世锦赛，他又一次和博尔特站在了同一起跑线，而这一次，他与博尔特仅差0.03秒。但这一年，苏炳添已到了退役的年龄……

【感动中国颁奖词】世界屏住了呼吸，9秒83，冲出亚洲的速度。你超越伤病和年龄，超越了自己。你奔跑的背后，有强大的祖国。

17. 见证国家脱贫奇迹的陈贝儿

2021年，由香港媒体人拍摄的纪录片《无穷之路》“破圈”，主创陈贝儿深入热带雨林、戈壁沙滩，跨越6省10地记录下脱贫地区的真实面貌。再次回想这条“无穷之路”时，陈贝儿哽咽道，“我碰到了很多很了不起的人，……他们可能就是一个老村民，一个扶贫的书记，他们碰到困难时的那种坚持跟他们对于生存下去的那种生命力是非常非常强的”。

【感动中国颁奖词】从霓虹灯的丛林中转身，让双脚沾满泥土。从雨林到沙漠，借溜索穿过偏见，用钢梯超越了怀疑。一条无穷之路，向世界传递同胞的笑容，你记录这时代最美的风景。

18. 身残志坚的脱贫攻坚奋斗者张顺东李国秀夫妇

张顺东 6 岁时被高压电击伤，失去右手，双脚严重受伤；李国秀生来就没有双手。这样一对身体残缺的夫妻相互扶持，成了彼此的“手足”。张顺东说：“夫妻同心，黄土才能变成金。”

为了美好生活，他们付出常人千百倍的努力，张顺东的双脚也因过度劳累溃烂，不得不截肢。尽管生活中有不少困难，但这对夫妇却没有向命运屈服，把日子过得像花儿一样。

【感动中国颁奖词】山对山来崖对崖，日子好比江中排。毛竹天生筋骨硬，顺风顺水出山来。李家大姐人才好，张家大哥看上她。没脚走出致富路，无手绣出幸福花。

19. 中国核动力事业奠基人彭士禄

彭士禄 4 岁成为孤儿，8 岁被抓进监狱，受尽拷打。从苏联留学归来，他决心投身祖国核动力事业。他隐姓埋名数十年，为祖国造核潜艇，建核电站。生前他常说：“是人民将我养大，我几辈子都还不了，只要祖国需要，我愿贡献一切！”

【感动中国颁奖词】历经磨难，初心不改。在深山中倾听，于花甲年重启。两代人为理想澎湃，一辈子为国家深潜。你，如同你的作品，无声无息，但蕴含巨大的威力。

20. 双耳失聪自强不息的青年学生江梦南

半岁时，江梦南因用药物失聪，开始学说话的时候，从字、词到日常用语，她对着镜子学口型、摸着父母喉咙学发音，通过读唇语学会了“听”和“说”。从小到大，凭借优秀的学习成绩，她成为家乡小镇上近年来唯一考上重点大学，最终到清华大学念博士的学生。江梦南的目标始终是明确的，那就是解决生命健康的难题。

【感动中国颁奖词】你觉得，你和我们一样，我们觉得，是的，但你又那么不同寻常。从无声里突围，你心中有嘹亮的号角。新时代里，你有更坚定的方向。先飞的鸟，一定想飞得更远。迟开的你，也鲜花般怒放。

21. 航天追梦人

2020 年 12 月 17 日凌晨，一颗明亮的“流星”划过夜空，这是刚刚从 38 万公里外的月球带回月球样品的嫦娥五号返回器。1 时 59 分，嫦娥五号带着 1731 克月球样品顺利返回地球，中国人终于实现了千百年来“上九天揽月”的梦想。

至此，中国探月工程实现“六战六捷”，“绕、落、回”三步走规划圆满收官。

2021 年 5 月 15 日，天问一号探测器成功着陆在火星乌托邦平原南部，实现了我国首次地外行星着陆。5 月 22 日，祝融号火星车驶上火星表面，留下了中国人在火星上的第一条印记。

【感动中国颁奖词】发射、入轨、着陆，九天探梦一气呵成；追赶、并跑、领跑，五十年差距一载跨越。环宇问天，探月逐梦，五星红旗一次次闪耀太空，中国航天必将行稳致远。

22. 四川森林消防员

明知山有火，偏向火山行：凉山大火，消防员们化身铁血战士，为了身后所要保护的一家一户百姓的生命，坚定不移地冲向战场。

2019 年 3 月 30 日下午，四川凉山木里县发生森林火灾，四川森林消防总队凉山支队西昌大队组织消防队员奔赴一线展开扑救。2019 年 3 月 31 日下午，在将四川凉山木里县森林火灾明火扑灭后，向山谷两个烟点迂回接近时，遭遇林火爆燃，27 名森林消防指成员和三名当地扑火人员全部牺牲。

“闻令而动、逆火而行”是这群年轻一代的使命和责任，这也让他们在生死关头，敢于冲锋陷阵。这世上哪有什么英雄，只是一群平凡的人在平凡的岗位做出了不平凡的事情，他们用实际行动诠释了习近平总书记说的“伟大出自平凡，平凡造就伟大”。

23. 最美扶贫书记黄诗燕

黄诗燕扎根基层九年，以炎陵黄桃为突破口，带领国家级贫困县炎陵县提前两年实现脱贫摘帽。黄诗燕的身体却严重透支，2019 年 11 月 29 日下午，炎陵县召开脱贫攻坚巩固提升工作会议，黄诗燕因多日劳累，骤然倒下，不幸殉职。

“功成不必在我，建功必须有我。脱贫功成，务必在我。”黄诗燕在炎陵工作期间，常把这句话挂在嘴边，就连生命最后一刻，他都坚守在脱贫攻坚一线，发出了最后一道“战斗令”。他真正诠释了什么是“鞠躬尽瘁，死而后已”。

24. 当代“愚公”毛相林

重庆市巫山县的下庄村，曾经极度偏僻、交通不便，被“锁”在“天坑”之中。1997 年起，下庄村党支部书记毛相林带领村民问天要路，以血肉之躯在“空中荡、地上爬”，历经七年时间在绝壁上凿出了一条长八公里的出山路。

为了修路，毛相林不知磨破了多少双胶鞋，手上和脚上磨起的血泡鼓了破，破了又鼓。他说“抠也要为子孙后代抠出一条路来。”这就是一名真正的共产党人的情怀，是他打心眼里对群众的关心与爱。

25.“小巷总理”谭竹青

谭竹青担任长春市十委社区居委会主任，带领社区居民将社区从只有一家小吃部的规模，发展到了具有17家企业的规模，并在社区创办了幼儿园、养老院，还为社区部分困难群众解决了医疗、教育等生活难题。她被群众誉为“小巷总理”。对于小巷居民来说，她不是亲人却胜似亲人。

“为官一任，就得造福一方”，这些话不仅常挂在谭竹青的嘴边，也落实在她的工作中。她全身心投入社区工作，走百家门，知百家情，解百家难，暖百家心，把党和政府的关怀送到千家万户。谭竹青从青春年少到白发苍苍，把50年的岁月专注在这一方小小的岗位上，用近半个世纪无怨无悔的付出，改善了几千人的生活。

26.“排雷英雄”杜富国

“排雷英雄”杜富国，在执行扫雷任务时，命令战友“你退后，让我来”，排查过程中，突遇爆炸。瞬间，他用身体保护了战友，自己却失去了双手双眼。

危急时刻的一句“你退后，让我来”，短短六字，蕴含了多大的能量，需要鼓足多大的勇气。年轻的杜富国在危险面前的大无畏精神，无不使人动容，深深折服。“弃身锋刃端，性命安可怀？”杜富国同志用生命谱写了一曲无悔的青春赞歌，悠扬又响彻云霄。

举人物事例时如何去除模板感?

（1）增加人物事例储备。平时多关注感动中国人物、共和国勋章获得者、各行各业劳动模范等新闻报道和人物传记，增加对常考话题人物生平事迹的了解，这有利于我们在考场上调取更多相关信息，进行更有针对性的作答。

（2）细化人物事例中最打动你的点。讲述一个人物事例时，不要贪大求全，最好能够要抓住其中最触动你的一两点深入论述。这样可以显示出你对待人物事例有自己真正的思考和感受，而不仅是为了作答背诵素材。

（3）结合自身经历。讲述人物事例时不应只是单纯就事论事，而应该结合个人的相关经历表达内心的真实想法，这样讲出来的内容才不会浅尝辄止、空洞无物。特别是结尾谈弘扬和践行的时候，更应该将论述角度切到具体工作岗位的职责中去，谈谈在面临困难和问题时，自己如何将受到的鼓舞转变成攻坚克难的勇气和方法。简而言之，就是把别人的故事和自身联系起来。这才是考官想听到的务实的内容。

（4）结合报考岗位选择合适的人物事例。比如，如果你报考的是政法系统相关岗位，可以举法治人物例子，“全国我最喜爱的好法官”陈少华、“全国模范法官”宋鱼水、“知心法官”黄志丽、全国“模范检察官”张飚等；如果你报考的是医疗岗位，那扎根山村坚守清贫的“中国好医生”李德斌、“病毒终结者”陈薇、渐冻症战士张定宇、百岁“战麻斗士”李桓英等，都是好例子；如果你报考的是教育系统，那可以写用19年坚守挑起大山孩子们的希望的时代楷模张玉滚，为了让孩子学习好、传承好中华优秀传统文化拿出全部家底在家乡办起国家通用语言学校的库尔班·尼亚孜，坚持教文育人、推动“人文性”写入全国《语文课程标准》的“人民教育家”于漪老师，40年扎根山村扶贫扶智的支月英等。这样举例，一方面可以引起考官的共鸣；另一方面可以展现出你对这场考试的用心和态度，以及你对报考岗位的敬重。

五、常用理论

1. 手表定律

一个人有一只手表时，可以根据手表清楚得知现在是几点钟。然而，当他同时拥有两只手表，并且两只手表显示时间不一样时，他却会陷入混乱，无法确定现在的时间。

启示：不能设置两个不同的目标，左顾右盼，否则只会适得其反，得不偿失。要在行动时树立正确的目标，并朝着这个目标，坚定不移地努力奋斗。

2. 森林效应

一棵树如果孤零零地生长于荒郊，即使成活也多半是枯矮畸形的；然而，如果它生长于森林丛中，则极有可能长得参天耸立郁郁葱葱。这是因为，枝枝争抢水露，棵棵竞取阳光。

启示：一个人只有在集体中经历竞争、淘汰、相互比较和相互之间的评价才能奋进，才能在激烈的社会竞争中立于不败之地。

3. 从众效应

当个体受到群体的影响、引导或施加压力时，往往会怀疑并改变自己的观点、判断和行为，以和他人保持一致。这也就是我们通常所说的“随大流”。

启示：我们要尊重群体及他人意见，但是也要培养、坚定自己的价值观和认识，对自己有清晰正确的认识。否则，在面对众多反对声的时候，容易失去主见，失去自己的立场和原则，随波逐流。

4. 木桶原理

一只木桶能盛多少水，并不取决于最长的那块木板，而是取决于最短的那块木板。木桶原理也可称为短板效应。

启示:（1）要注重团队协作，团队就像一个木桶，一人的失误，会影响整个团队的工作效果。（2）要乐于帮助别人共同进步，提高团队共同战斗力和凝聚力。

5. 刺猬法则

两只刺猬由于寒冷而拥在一起。可是，因为各自身上都长了刺，会扎到对方，分开了，但冷得受不了，于是又凑到一起。几经折腾，两只刺猬终于找到一个合适的相处距离，既能互相取暖而又不至于被扎。

启示：刺猬效应强调的是人际交往中的“心理距离”。只有保持良好的心理距离，才能够取得良好的交往效果。并且，距离产生美。现实生活中，人与人之间如果想保持和谐相处，也需要保持一定的空间距离。

6. 鲶鱼效应

挪威人喜欢吃沙丁鱼，尤其是活鱼。市场上活鱼的价格要比死鱼高许多，所以渔民千方百计地让沙丁鱼活着回到渔港。然而，虽然经过种种努力，绝大部分沙丁鱼还是在途中窒息死。但是，有一条渔船不知为何却总能让大部分沙丁鱼活着回到渔港。直到船长去世，谜底才揭开。原来船长在装满沙丁鱼的鱼槽里放进了一条以沙丁鱼为主要食物的鲶鱼。鲶鱼进入鱼槽后，由于环境陌生，便四处游动。沙丁鱼见了鲶鱼十分紧张，左冲右突，四处躲避，加速游动。这样沙丁鱼缺氧的问题就迎刃而解了，沙丁鱼也就不会死了，一条条沙丁鱼活蹦乱跳地回到了渔港。这就是著名的“鲶鱼效应”。

启示：培养自身忧患意识，不可高枕无忧，安于现状。竞争无处不在，适者生存、优胜劣汰是竞争法则。在顺境中持有逆境思维，方可长久。

7. 破窗效应

房子破损的玻璃如果没有人去修补，隔不久，其他窗户也会被人打破；一面墙上的第一块涂鸦如果没有人清洗，整面墙上很快就会布满乱七八糟的涂鸦；在一个干净的地方，人们不好意思丢垃圾，而一旦地上被人丢了一块垃圾，人们就会跟着往地上丢垃圾。

启示：勿以善小而不为，勿以恶小而为之。任何一种不良现象的存在，都在传递一种信息，这种信息会导致不良现象的无限扩展，同时必须高度警觉那些看起来是偶然的、个别的、轻微的“过错”，如果对这种行为不闻不问、熟视无睹、反应迟钝或纠正不力，就会纵容更多的人“去打烂更多的窗户玻璃”，极有可能产生“千里之堤，溃于蚁穴”的恶果。

8. 冰激凌哲学

卖冰激凌须从冬天开始。冬天顾客少，会迫使你在保持产品质量的基础上降低成本，改善服务。如果能在冬天中经营下去，夏天的竞争自然也是小菜一碟。

启示：要有危机意识，挑战逆境。在逆境中向目标前进，犹如逆水行舟，要付出更大的努力和更多的艰辛才可能成功。一旦在逆境中成功，今后的道路，便会顺畅很多。

我们不可能时时与环境相宜，当无力改变环境时，就应设法改变自己，使自己尽可能去适应环境。不因逆境而一蹶不振或妥协丧志。境由心造，乐观的心态，是战胜逆境的精神动力；积极的行动，是走出逆境的有效途径。

9. 零和游戏

一个游戏无论几个人来玩，总有输家和赢家，赢家所赢的都是输家所输的，所以无论输赢多少，正负相抵，最后游戏的总和都为零，这就是零和游戏。

启示：要善于跳出“零和”的圈子，寻找能够实现“双赢”的机遇和突破口。应该用“双赢”观念取代“零和”观念。“利己”不一定要建立在“损人”的基础上。通过诚实高效合作，实现皆大欢喜的双赢结局才是我们应该追求的。

10. 磨合效应

新装机器通过一段时间的使用，摩擦面上的加工痕迹被磨光，整个机器的各部分零件会变得更加密合，配合更为默契，机器的使用体验也会提高。这一现象被称为磨合效应。

启示：新组成的集体中，成员互相不了解，难免会产生一些磕磕碰碰。一个人到了新环境后，要积极适应并融入新环境，适应集体。

11. 鸟笼逻辑

有人在房间显眼处挂了一个美丽的鸟笼，过不了几天，主人必定会做出以下两个选择之一：把鸟笼扔掉，或者买一只鸟放到鸟笼里。因为这比向旁人无休止地解释要轻松得多。这就是鸟笼逻辑，指人们绝大部分时候的惯性思维。

启示：大多数时候，人们都受制于强大的惯性思维——鸟笼必定用于养鸟，结婚必先置办新房，要成才必须考入名校等。这种惯性思维能够帮助我们迅速认知和适应周围世界。然而，过犹不及，如果把惯性思维扩展到生活的每一个角落，就会成为一种刻板思维。鸟笼如果设计精巧，其实可以作为观赏品；同样，购置新房也并不是结婚的先决条件。所以，我们应该摆脱鸟笼逻辑对我们的限制。

12. 二八定律

19 世纪末 20 世纪初意大利的经济学家帕累托发现，社会约 80% 的财富集中在 20% 的人手里，而 80% 的人只拥有 20% 的社会财富。这种统计的不平衡性在社会、经济及生活中无处不在，这就是二八定律。

启示：二八定律不仅在经济学、管理学领域应用广泛，它对我们的自身发展也有重要的意义：学会避免将时间和精力花费在琐事上，学会抓主要矛盾。一个人的时间和精力都是非常有限的，要想真正“做好每一件事情”几乎是不可能的，要学会合理地分配时间和精力。要想面面俱到不如重点突破。把 80% 的资源花在能出关键效益的 20% 的方面，这 20% 的方面又能带动其余 80% 的发展。

13. 飞轮效应

为了使静止的飞轮转动起来，一开始必须使很大的力气，一圈一圈反复地推，每转一圈都很费力，飞轮也会越转越快。当达到很快的速度后，飞轮所具有的动能会很大，使其短时间内停下来所需的外力便会很大，于是，飞轮就能够较长时间地克服外界阻力维持运动。

启示：人在进入新的或陌生的领域的时候，都会经历由难到易的过程。如果要让飞轮转起来不花太大力气，就要坚持。万事开头难，持续的改善和提升中蕴藏了巨大的力量。

14. 跷跷板互惠原则

一位大学教授做过一个小小的实验。他从一群素不相识的人中，随机挑出一些人来，给他们寄去圣诞卡片。按照他原先的估计，可能会有个别回音。然而，随后发生的一切大出乎他的意料，这些人回赠的节日卡片如雪花似的寄了回来。大部分给他回赠卡片的人根本就没想过打听一下这个陌生的教授到底是谁，他们收到卡片，自动就回赠了一张。这个实验规模虽小，却很巧妙地证明了人际互惠原则在人们的行为中所起的作用。在现实生活中，我们总是采用尽量相同的方式回报别人为我们所做的一切。

启示：要学会与他人互惠，在条件允许的情况下，不要吝啬对他人的善意和友好。助人为快乐之本。一个永远不吃亏的人，即使占了很大便宜，也不会快乐。一个事事只想着利己的人，迟早是要出问题的。

15. 音叉效应

子弹无法洞穿的防弹玻璃，却能被与其谐振频率一样的音频振动音叉震得粉碎；雪山里的一声呐喊，就能引发雪崩。音叉效应指对于有的事物，要收到想要的效果，不在于你对它的作用力的大小，而在于找准它的脉搏。

启示：解决问题时要抓住关键。在面对问题的时候，只有找到问题的关键，找到问题自身的“频率”，才能给出精准的治本之策，收到“四两拨千斤”的效果，最终成功解决问题。同时，要善于打破固有思维。面对坚硬的玻璃，人们的常规思路是从外部打破它，但往往需要花费很多的成本，而转变思路，利用音叉与玻璃的谐振频率一致就能一击即破。在工作中，往往打破固有思维，创新工作思路和方法，才能提高工作效率，收到事半功倍的效果。

16. 共生效应

人们在从事日常的劳动、工作和学习时，参照群体中的榜样，受到群体成员的智慧、能力及以往的劳动成果的积极影响，在思维上获得启发，能力水平得到有效提高。

17. 鳄鱼法则

一只鳄鱼咬住你的脚，如果你试图用手去挣脱，鳄鱼便会同时咬住你的脚与手。你越挣扎，就被咬得越多。所以，万一鳄鱼咬住你的脚，你最好的保全自身的方法，就是牺牲你的一只脚。

启示：方向错了，停止就是止损，不要有侥幸心理。

18. 福克兰定律

福克兰定律是由法国管理学家 D. L. 福克兰提出的，指没有必要作出决定时，就有必要不作决定。当不知如何行动时，最好的行动就是不采取任何行动。

启示：不要盲目采取决定。如果我们匆忙地做出决定，就可能会带来一系列的问题和后果。例如，在投资时，如果没有足够的信息和知识，就盲目地做出决定，可能会导致投资失败和金融损失。又如，与家人、朋友或同事间争吵时，如果我们盲目地做出决定，可能会使情况恶化。因此，最好的做法是冷静下来，不做决定，等双方情绪平复之后再做决定。